Martina Blank, Sarah Nimführ (Hg.)
Writing Together

Postcolonial Studies | Band 45

Editorial

Die Postkoloniale Forschung hat die Kritik am Kolonialismus in der Geschichte sowie dessen Erbe in der Gegenwart auf das politische und wissenschaftliche Tableau gebracht. Die damit zusammenhängende Theoriebildung zeigt nicht zuletzt die tiefe Verstrickung europäischer Wissenschaft mit der Geschichte und Gegenwart des Kolonialismus auf. Längst interveniert die postkoloniale Kritik auch in politische und öffentliche Diskussionen gegen das Vergessen der kolonialen Vergangenheit und regt wichtige Debatten etwa zum gesellschaftspolitischen Umgang damit an. Die Reihe **Postcolonial Studies** bietet diesen Diskussionen einen eigenen editorischen Raum, unabhängig von disziplinaren Grenzen.

Martina Blank (Dr. phil.) ist wissenschaftliche Mitarbeiterin am Institut für Humangeographie der Goethe-Universität Frankfurt am Main, wo sie schwerpunktmäßig zu Migration und Flucht forscht.
Sarah Nimführ (Dr. phil.) ist Universitätsassistentin in der Abteilung Kulturwissenschaft der Kunstuniversität Linz. Ihre Forschungsschwerpunkte liegen in den Bereichen Flucht, Migration und jüdische Diaspora in der Karibik.

Martina Blank, Sarah Nimführ (Hg.)

Writing Together

Kollaboratives Schreiben mit Personen aus dem Feld

[transcript]

Die Open-Access-Publikation dieses Buches wurde durch den Open-Access-Publikationsfonds der Goethe-Universität Frankfurt am Main unterstützt.
The open access publication of this book was funded by the Open Access Publication Fund of Goethe University Frankfurt am Main.
Teile der dargestellten Forschung in diesem Sammelband wurden durch die Österreichische Akademie der Wissenschaften (ÖAW) [DOC-24515] sowie dem Austrian Science Fund (FWF) [T 1255-G] finanziert.
Gefördert durch die Deutsche Forschungsgemeinschaft (DFG) - PU 209/12-1

Bibliografische Information der Deutschen Nationalbibliothek
Die Deutsche Nationalbibliothek verzeichnet diese Publikation in der Deutschen Nationalbibliografie; detaillierte bibliografische Daten sind im Internet über http://dnb.d-nb.de abrufbar.

Erschienen 2023 im transcript Verlag, Bielefeld
© **Martina Blank, Sarah Nimführ (Hg.)**

Umschlaggestaltung: Maria Arndt, Bielefeld
Druck: Majuskel Medienproduktion GmbH, Wetzlar
https://doi.org/10.14361/9783839463994
Print-ISBN: 978-3-8376-6399-0
PDF-ISBN: 978-3-8394-6399-4
Buchreihen-ISSN: 2703-1233
Buchreihen-eISSN: 2703-1241

Gedruckt auf alterungsbeständigem Papier mit chlorfrei gebleichtem Zellstoff.
Besuchen Sie uns im Internet: *https://www.transcript-verlag.de*
Unsere aktuelle Vorschau finden Sie unter *www.transcript-verlag.de/vorschau-download*

Inhalt

1 Kollaboratives Schreiben mit Personen aus dem Feld
Annäherungen an eine dekoloniale Wissensproduktion
Sarah Nimführ und Martina Blank 9

I. Umgestaltung universitärer Wissenspraktiken und Wissenskulturen

2 "Writing with my professors"
Contesting the boundaries of the field in the Global History Dialogues Project
Johanna M. Wetzel, Marcia C. Schenck and Kate Reed 31

3 Collaborative writing to make a change
Antworten und Fragen zum Weiterdenken über das kollaborative Schreiben
als hegemoniekritische Forschungspraxis
Leona Sandmann 55

4 Textgestalten als multimodal experimentelle Kollaborationen
zwischen Design und Anthropologien
Luisa Hochrein, Isabella Kölz, Lena Schweizer und Lukasz Singiridis 75

II. Forschungsbeziehungen und Machtasymmetrien

5 (Un)writing with children
Creating the space for epistemological justice
Silvia Mc Clanahan 107

6 Getting the story right and telling it well
Decolonising research and academic writing through storytelling
and collaborative writing
Sanelisiwe Nyaba and Nicole Paganini 125

7 Writing with beekeepers on a blog
A collaborative experiment
Greca N. Meloni 143

III. Repräsentationen und ethische Implikationen am Beispiel von Flucht_Migration

8 »Aber Du musst schreiben«
Epistemische Gerechtigkeit durch kollaboratives Publizieren
mit Fluchtmigrant*innen?
Martina Blank 165

9 Politiken und Ethiken der Namensgebung
in kollaborativen Schreibprojekten
Anonymisierungs- und Pseudonymisierungsverfahren zwischen Schutz
und Bevormundung
Sarah Nimführ 191

10 Gemeinsam forschen und (nicht) schreiben
Herausforderungen beim kollaborativen Arbeiten im Kontext
von Flucht_Migration
Laura McAdam-Otto und Margrit E. Kaufmann 215

Schlussbetrachtung

11 Handlungsempfehlungen für kollaboratives Schreiben in der Wissenschaft
Martina Blank und Sarah Nimführ 239

Anhang

Autor*innenverzeichnis 247

1 Kollaboratives Schreiben mit Personen aus dem Feld

Annäherungen an eine dekoloniale Wissensproduktion

Sarah Nimführ und Martina Blank

Im September 2020 treffen wir uns auf der 3. digitalen Konferenz des Netzwerks Fluchtforschung. Martina trägt in einem Panel zur Koproduktion von Wissen im Kontext von Flucht und Asyl zu einem gemeinsamen Schreibprojekt mit einer Person aus dem Feld vor. Sie erzählt von den Herausforderungen und Fallstricken, die damit einhergegangen sind. Wenige Tage zuvor hatte ihr ein Kollege einen Beitrag von Sarah weitergeleitet, in dem sie über ein ähnliches Projekt reflektiert hatte. An diesem Tag ist Sarah zufällig als Zuhörerin dabei und schreibt Martina direkt im Anschluss an die Diskussion im Zoom-Chat an. Schnell wird klar: Wir drehen uns gerade um die gleichen Fragen und Probleme. In den Tagen und Wochen darauf zoomen wir mehrfach und tauschen uns aus. Dabei kommen wir immer wieder auf dasselbe Problem zurück: Als wir unsere Schreibprojekte angegangen waren, hatten uns Vorlagen und Hinweise gefehlt. Beide hatten wir in unseren jeweiligen Disziplinen und auch quer dazu vergeblich recherchiert und nur wenige Beiträge gefunden, die uns als Vorbilder dienen konnten, von anleitenden Reflexionen ganz zu schweigen. Irgendwann fragt Sarah: Sollen wir das machen? Sollen wir diese Lücke füllen? Und so machen wir uns an das Projekt eines Sammelbandes zum gemeinsamen Schreiben mit Personen aus dem Feld.

Quer zu den Disziplinen sind Forschungs- und Publikationsprojekte zunehmend von einer kritischen Auseinandersetzung mit Repräsentation, Positionalität und Machtungleichheiten geprägt. Verschiedene Interventionen aus marxistischen, feministischen, antirassistischen, postkolonialen und anderen kritischen Perspektiven haben in den vergangenen Jahrzehnten transformative Wissenspraxen und die Dekolonisierung bestehender Wissenssysteme auf die Agenda aller sozial- und geisteswissenschaftlichen Disziplinen gesetzt (z.B. Chakrabarty 2000; Escobar 1995; Haraway 1988; Mignolo 2009; Quijano

2016; Spivak 1988). In Zuge dessen erleben Kollaborationen mit Akteur*innen im Feld einen Aufschwung in der kritischen Wissensproduktion. Mehr und mehr engagierte Forscher*innen bemühen sich, ihre Forschung partizipativ zu gestalten und die »Beforschten« im Sinne einer transformativen und dekolonialen Wissenspraxis mit einzubeziehen (Alonso Bejarano et al. 2019; Bendix et al. 2021; Faust/Hauer 2021; Groth/Ritter 2019; Nimführ 2022, 2020a; Vorbrugg et al. 2021), um zumindest temporär und teilweise eine Annäherung der Interessen von Forschenden und Beforschten herzustellen (Hamm 2013).

Ziel solcher Verfahren ist ein dialogischer Forschungsprozess, der eine Partner*innenschaft zwischen Forschenden und Beforschten etabliert und es den Forschungssubjekten ermöglicht, sich zu beteiligen und Inhalte, Verfahren und Ergebnisse der Forschung mitzubestimmen. Dabei findet ein Paradigmenwechsel statt: von konventionellen und extraktiven Methoden hin zu subjektiven und kontextspezifischen Ansätzen (MacDonald 2012). Die Bezeichnung Mitforscher*in, Forschungspartner*in oder Ko-Forschende bezieht sich in diesem Zusammenhang auf Personen mit spezifischem Wissen, die aktiv an der Wissensproduktion mitwirken und adressiert diese damit als Expert*innen und nicht als bloße Forschungsobjekte, Befragte oder Teilnehmer*innen (Otto/Nimführ 2019: 72; Lenette 2022: 2). Solche Forschungsprozesse sind oft auch einer transformativen Agenda verpflichtet. Beispiele reichen von der partizipativen Forschung in der Entwicklungsforschung (z.B. Kothari 2001) und Friedens- und Konfliktforschung (z.B. Strocka 2008), *Real-World Laboratories*, die in der Nachhaltigkeits- und Stadtforschung üblich sind (z.B. Chatterton et al. 2018), Partizipative Aktionsforschung, die in der feministischen und Bewegungsforschung sehr verbreitet ist (z.B. Bergold/Thomas 2012; Brenssell/Lutz-Kluge 2020; Kindon/Pain/Kesby 2007; Reason/Bradbury 2012), bis hin zu analogen Konzepten wie »militant enquiry« und »scolar-activism« (Chatterton/Fuller/Routledge 2007; Derickson/Routledge 2014; Halder 2018; Routledge/Derickson 2015; The Autonomous Geographies Collective 2010), die ihre Wurzeln in der globalisierungskritischen Bewegungsforschung haben.

Diese Forschungskollaborationen werden dabei häufig mit als marginalisiert geltenden Personen eingegangen, mit dem Anspruch, dadurch Forschung zu dekolonisieren (Lenette 2022: 5). Dieser Anspruch ist nicht unumstritten. So stellt die Community-Forscherin Linda Tuhiwai Smith zum Beispiel die Frage, wer überhaupt das Recht hat, solche Forschungsprozesse zu initiieren:

»While we should recognize that there are many places where the struggle against oppression and exploitation can be taken up, Indigenous peoples must set the agenda for change themselves, not simply respond to an agenda set for us by others.« (Smith 2000: 210)

In letzter Konsequenz erteilt dies allen von Wissenschaftler*innen initiierten Kollaborationen eine Absage. Wenn wir solche Projekte aber nicht gänzlich aufgeben wollen, folgt daraus, dass Wissenschaftler*innen in dekolonialen Forschungsprojekten ihre Partner*innen im Feld von Anfang an in alle Schritte des Forschungsprozesses einbeziehen sollten, ein Weg, den auch Smith nicht ausschließt (Smith 2012: 17–18). Analog fordern auch Juana Mora und David Diaz einen radikalen Bruch mit den vorherrschenden Forschungsagenden:

»The entire research endeavor must be participatory in nature in order to produce qualitatively different research that is based on community-identified problems and needs.« (Mora/Diaz 2004: 24)

Prinzipiell ist im Rahmen eines induktiven Forschungsformats ein solches Einbeziehen aller Akteur*innen bzw. eine allumfassende kollaborative Vorgehensweise, wie von Mora und Diaz gefordert, von Anfang an möglich. Eine Bestandsaufnahme zeigt jedoch, dass Kollaborationen zumeist nur in ausgewählten Teilen des Forschungsprozesses stattfinden (Brenssell/Lutz-Kluge 2020; Kindon et al. 2007; Reason/Bradbury 2012). Dies liegt oftmals in den strukturellen Rahmenbedingungen begründet. Wenn zum Beispiel zu Beginn eines Forschungsprojektes ein Förderantrag formuliert wird, muss die Projektbeschreibung von Anfang an konkret skizziert sein. Nur selten können Forscher*innen bereits auf Kontakte zu Interaktionspartner*innen im Feld und Ergebnisse einer *Prestudy* zurückgreifen, müssen aber dennoch überzeugende Thesen aufstellen, da hypothesengetriebenen Ansätzen häufig mehr Überzeugungskraft zugeschrieben wird, als einem rein induktiven Vorgehen. So werden Forscher*innen oftmals durch verschiedene Anforderungen des wissenschaftlichen Betriebs in ihren Bestrebungen zu Kollaborationen eingeschränkt. Gleichzeitig gibt es immer mehr Versuche, dialogische Wissensproduktion zumindest teilweise umzusetzen. Die überwiegende Mehrheit der partizipativen Elemente findet sich in der Phase der Datenerhebung im Feld. Darüber hinaus werden die Forschungssubjekte zunehmend in die Interpretation der Daten einbezogen, wobei jedoch klassisch arbeitsteilige Feedbackschleifen vorherrschen (Leinius 2021; Vorbrugg et al. 2021: 83–84), während die Forschungsteilnehmer*innen nur selten in den eigentlichen Analyseprozess oder gar die Festlegung des Analysemodus einbezogen werden (Riaño 2016). An den »Rändern« der Forschungsprozesse, d.h. bei der Projektgenerierung und der Ergebnispräsentation, finden sich deutlich weniger partizipative Ansätze (Vorbrugg et al. 2021: 82ff.). Dies betrifft insbesondere die Zusammenarbeit von Forscher*innen und Forschungssubjekten in Schreibprozessen, die bisher auch kaum methodisch reflektiert wurde. Schreiben und Publizieren sind jedoch entscheidende Bestandteile der eigentlichen Wissensproduktion (Deleuze 1990; Deleuze/Guattari 1988; St. Pierre 2015). Daher gibt es in allen Disziplinen und Themenbereichen einen Aufruf zum kollaborativen Schreiben (Lassiter 2005; Speedy/Wyatt 2014; The SIGJ2 Writing Collective 2012). Die feministische Forschung hat hier eine Vorreiterrolle eingenommen (Haraway 1988; Monk/Manning/Denman 2003; Mountz et al. 2015; Pratt 2010), aber auch postkoloniale Studien (z.B. Bendix/Müller/Ziai 2021). Versuche, mit Forschungspartner*innen aus dem Feld zu schreiben, sind jedoch selten und nur wenige dringen in den Kern der institutionalisierten Wissenschaft vor (z.B. Alonso Bejarano et al. 2019; Down/Hughes 2009; Lees/Robinson 2021; Nagar 2014; Nimführ/Sesay 2019), während sich die meisten dieser Versuche an den Rändern wissenschaftlicher Arbeit wiederfinden (z.B. Colectivo Situaciones 2002; Colectivo Situaciones/MTD de Solano 2002; Red Popular de Mujeres de la Sabana 2017). Folglich sind Überlegungen zum Schreiben mit Personen aus dem Feld noch selten (Nimführ 2020b). Eine der wenigen Aushandlungen findet sich in Richa Nagar's »Mudding the waters« (2014), in welchem kollaborative Textkompositionen vorgestellt und reflektiert werden. Reflexionen zu gemeinsamen Disseminationsstrategien oder Ko-Autor*innenschaften gibt es zudem zu innerakademischen Kollaborationen, z.B. zu Möglichkeiten und Herausforderungen kollaborativer Schreibprozesse unter Studierenden (Luna/Ortiz 2013). Eine Publikation, die Erkenntnisse zur kollaborativen Schreibpraxis mit »beforschten« Personen zusammenträgt, fehlt bisher trotz steigenden Interesses und einer anwachsenden Anzahl kollaborativer Beiträge in Form von Monografien (Alonso Bejarano et al. 2019), Sammelbandbeiträgen (Blank/Hannes 2021; Nimführ/Otto/Samateh 2020, 2017), Journalartikeln (Nimführ/Sesay 2019) sowie weiterer Formate (Abieris e Abis 2021).

Dieser Lücke widmet sich der vorliegende Band. Unter der leitenden Frage »Warum und wie gemeinsam mit Personen aus dem Feld schreiben und publizieren?« reflektieren die Autor*innen forschungstheoretische, methodologische und praktische Fragen eines *Writing together*. Das Buch eröffnet damit eine interdisziplinäre Diskussion zu ethischen Implikationen, Herausforderungen und zur Gestaltung kollaborativer Schreibprozesse und bietet engagierten Forschenden und an diesem Forschungsmodus Interessierten eine Orientierungshilfe zur dekolonialen Wissensproduktion. Somit ist dieser Sammelband als ein Beitrag zu verstehen, der die aktuell geführte Debatte um die Wichtigkeit kollaborativer Bearbeitungsstrategien und damit verbundene methodologische und epistemologische Herausforderungen (z.B. Mignolo 2018; Smith 2012) bereichert und Vorbilder und method(olog)ische Reflexionen zu dieser Form der Zusammenarbeit bietet und diskutiert.

Unser Verständnis von Kollaboration orientiert sich dabei an drei zentralen, dekoloniale Forschungsansätze kennzeichnenden, Anforderungen:

a) Die Aufhebung der Dichotomie zwischen Expert*innen und Forschungssubjekten.
b) Die Ermöglichung einer gemeinsamen Definitions- und Deutungshoheit im Forschungsprozess.
c) Die Anerkennung lokaler/indigener/nicht-akademischer und nicht-eurozentrischer Formen und Inhalte des Wissens.

Es ist jedoch nicht einfach, diesen Anforderungen beim kollaborativem wissenschaftlichen Schreiben gerecht zu werden. Zu den größten Herausforderungen gehören institutionelle Richtlinien oder strukturelle Grenzen, wie z.B. das Erfordernis der alleinigen Autor*innenschaft bei einer Qualifikationsarbeit oder, im Falle von Artikeln in wissenschaftlichen Zeitschriften, die Einhaltung bestimmter Kriterien in Bezug auf die Form und den Stil, in dem Veröffentlichungen verfasst werden müssen.

Auch unterschiedliche Ausgangssituationen der potenziellen Ko-Autor*innen können zu Schwierigkeiten im Schreibprozess führen. Die Autor*innen befinden sich in verschiedenen Lebensabschnitten und setzen daher unterschiedliche Prioritäten für das gemeinsame Schreibprojekt. Für berufstätige Wissenschaftler*innen ist das Schreiben Teil ihrer bezahlten Tätigkeit, während es für viele Ko-Autor*innen aus der Praxis eine unbezahlte Nebenbeschäftigung ist, weshalb sie möglicher- und verständlicherweise weniger in der Lage und bereit sind, Zeit und Energie für einen gemeinsamen Artikel aufzuwenden. Eine weitere Herausforderung sind die unterschiedlichen Bildungsbiografien. Nicht immer treffen akademische Hintergründe aufeinander. Aber selbst wenn dies der Fall ist, können auch disziplinäre Unterschiede in der Herangehensweise und im Schreibstil das gemeinsame Schreiben erschweren.

Auch auf der Ebene der Textgestaltung kann es Herausforderungen geben. Die einzelnen Autor*innen haben möglicherweise unterschiedliche Erwartungen an den Text, was bedeutet, dass ein*e Autor*in die Aufmerksamkeit auf ein bestimmtes Thema lenken möchte, ohne sich strikt an die vordefinierten Standards und die Struktur eines wissenschaftlichen Artikels zu halten, während der*die andere Autor*in sich vielleicht verpflichtet fühlt, den vorherrschenden Regeln des wissenschaftlichen Schreibens zu folgen und daher immer ein Auge auf die Struktur des Artikels hat. Dies kann zu einer Rollenverteilung führen, die von Anfang an ziemlich festgelegt ist. Gerade bei gemeinsamen Schreibprojekten in wissenschaftlichen Zeitschriften kann die Forderung nach einer bestimmten, nicht immer allgemein verständlichen Wissenschaftssprache und die Erfahrung, viele ermüdende wissenschaftliche Arbeitsschleifen zu durchlaufen, bis eine Arbeit angenommen wird oder nicht, diese Rollenverteilung verstärken, da bestimmte Kenntnisse, Erfahrungen und Kompetenzen von entsprechenden Bildungsbiografien abhängen.

Was sind also die Möglichkeiten des kollaborativen Schreibens? Im Idealfall kann es dazu beitragen, die »Kolonialität des Wissens« (Quijano 2016) zu unterlaufen oder zumindest zu irritieren. Dieser Prozess ist aber keineswegs einfach, eindeutig und linear. Wir sehen dekoloniale Wissensproduktion als einen gemeinsamen Lernprozess, der nicht als »alles oder nichts« verstanden werden kann, sondern auch den Mut zur Unvollständigkeit haben darf und soll, zumindest vorläufig. Mit den hier im Buch vorgestellten Projekten und Erfahrungen möchten wir Einsichten gewinnen, ob und wie oder wenn nicht, warum nicht, gemeinsames Schreiben zu einer qualitativen Veränderung von Machtverhältnissen sowohl im Forschungsprozess als auch bei der Generierung von Wissen führen kann und wie dies marginalisierte Perspektiven betonen und Strukturen der Ungerechtigkeit herausfordern kann. Kollaboratives Schreiben als dekolonialen Ansatz sehen wir aber nur dann erfüllt, wenn sich nicht nur die Begrifflichkeiten und Methodologien ändern, sondern wenn sich vor allem auch die Logik der Wissenschaftsdebatte wandelt. Westliche Wissenschaft muss sich selbst im Sinne eines *Provincializing Europe* (Chakrabarty 2000) als partikular erkennen, damit dekoloniale Wissensformen als gleichwertige und nicht länger als »andere« Formen des Wissens begriffen werden.

Dieser Sammelband ist Ergebnis eines gemeinsamen, interdisziplinären Reflexionsprozesses. Unter welchen Bedingungen produzieren wir Wissen? Welche Forschungs- und Arbeitsverständnisse haben wir und welche Forschungszugänge und -methoden wenden wir an? Was sind die ethischen Implikationen und Herausforderungen kollaborativer Schreibprozesse? Diesen und weiteren Fragen widmeten wir uns u.a. in einer Denkwerkstatt im Juli 2022, zu der wir uns mit allen Autor*innen des Bandes trafen. Ziel war die gemeinsame Erarbeitung des Sammelbandes, in dem die Beiträge nicht unvermittelt nebeneinander, sondern in direkter Diskussion zueinander stehen sollten. Zu diesem Zweck verschriftlichten die einzelnen Autor*innen ihre Reflexionen im Vorfeld und stellten sie zur Diskussion. Die gemeinsamen Erkenntnisse flossen schließlich in die einzelnen Beiträge zurück. Diese Denkwerkstatt war aber letztlich nur ein Bruchteil der gemeinsamen Arbeit, die vollständig digital vonstatten ging. Sarah in Linz, Martina in Frankfurt und beide auch immer wieder anderenorts im Feld, haben die Herausgeberinnen über drei Jahre an diesem Sammelband miteinander gestrickt, ohne je kopräsent gewesen zu sein. Dasselbe gilt für die Zusammenarbeit mit den anderen Beitragenden, auch unsere ursprünglich in Frankfurt geplante Denkwerkstatt hielten wir letztlich digital ab. Aus der pandemiebedingten Not geboren, erwies sich die digitale Zusammenarbeit als Geschenk: Wir vernetzten uns sehr niedrigschwellig interdisziplinär und international. Aber wir verließen auch die rein schriftlich-technische Ebene, die so viele wissenschaftliche Kollaborationen dieser Art prägt. Anstelle der üblichen e-Mail-Kommunikation griffen wir verstärkt auf das nunmehr oft selbstverständliche Instrument der Videokonferenz zurück und lernten uns so kennen. Wir, die Herausgeberinnen und wir, die Autor*innen. Wir entwickelten Beziehungen und ein Gespür füreinander. Und so ist über die Zeit hinweg ein vertrauter Umgang miteinander gewachsen, der sehr viel mehr möglich gemacht hat, als wir aus unserer bisherigen Erfahrung mit Sammelbänden kannten.

Dies birgt aber auch neue Herausforderungen. Vor unserer gemeinsamen Schreibwerkstatt stand ein *Peer Review* der Beitragenden. Aber schnell stieß sich diese traditionelle Praxis der wissenschaftlichen Qualitätssicherung an den von uns reflektierten Inhalten. *Writing together*, Schreiben mit Personen aus dem Feld, wird oft erst da möglich, wo mit den Konventionen wissenschaftlichen Schreibens gebrochen wird. Doch wo endet dieser Bruch, wie können alternative Schreibpraxen kollektiv reflektiert werden, ohne durch die Hintertür wieder dieselben Maßstäbe und Praktiken einzuführen, die für den Schreibprozess mühsam überwunden wurden? Zurecht fragte daher eine Beitragende:

»I am white as white can be. Ich bin mit Englisch und Deutsch aufgewachsen, meine Mutter kommt aus einer deutsch-jüdischen Familie, die 1937 nach England flohen und ich bin deutsch-britisch working-class sozialisiert. Jetzt sitze ich vor diesem tollen und relevanten Beitrag und weiß einfach nicht, wie es »my place« sein kann, zu eben diesem Text dieser Autor:innen zu diesem Thema Feedback zu geben. Ich stoße hier an meine Grenzen – ich denke im Kontext des Beitrags viel über Sprache (nicht im Sinne von wording) nach, entdecke Formulierungen, die ich nicht verstehe oder solche, die ich ganz toll finde und gleichzeitig finde ich, was ich (so verkörpert und sozialisiert, wie ich hier eben sitze), denke/empfinde hat in diesem Zusammenhang einfach keinen Platz/ist irrelevant im Kontext des Textes wie seines thematischen Zuschnitts. Ausgehend von dem, wie du [Sarah; Anmerkung der Herausgeberinnen] und Martina geschrieben haben »support in thinking it through« – frage ich mich: do they need my (white) support here at all? Die Fragen, die ihr stellt, die im Sinne eines Feedbacks auch irgendwie wertend sind (What do you think is particularly successful? What further suggestions do you have?) können von mir schlecht gestellt und noch schlechter mit Inhalt gefüllt werden.«

Wie also deutlich wird, ist dieser Band als Ganzes ein kollaboratives, reflexives Projekt, das verschiedene Erfahrungen in kollaborativem Schreiben zusammenbringt und in Diskussion setzt. Die in den einzelnen Kapiteln vorgestellten Kollaborationen diskutieren dabei erfolgreiche Beispiele und erläutern Schwierigkeiten einer Praxis dekolonialer Wissensproduktion.

I.   Umgestaltung universitärer Wissenspraktiken und Wissenskulturen

In dem Beitrag »*Writing with my professors*«: *Contesting the boundaries of the field in the Global History Dialogues Project* zeigen Marcia C. Schenck, Johanna Wetzel und Katharine Reed Perspektiven und Erfahrungen von Studierenden und Lehrenden im *Global History Dialogues Projects* (GHDP) auf. Das GHDP bringt geflüchtete und migrantische Lernende, sowie auch Lernende aus verschiedenen Gastländern auf fünf Kontinenten zusammen und unterweist sie in der *Oral History*-Methode, welche sie dann verwenden, um lokale Forschungsprojekte durchzuführen. Die Autorinnen fragen, wie traditionelle Vorstellungen vom »Feld« durch Ko-Autor*innenprojekte in einer diversen Gemeinschaft, wie sie durch das GHDP entsteht, verkompliziert werden. Gleichzeitig analysieren sie, wie derartige Projekte die Kluft zwischen »Feld« und »Akademie« überbrücken und neue Dialogräume schaffen. Sie setzen sich mit Positionali tät und Machtasymmetrien innerhalb des Autor*innenkollektivs auseinander und reflektieren die Herausforderungen und Chancen des kollaborativen Schreibprozesses. Dabei laden sie dazu ein, über Ressourcen und Zeitgrenzen, institutionelle und disziplinäre Hierarchien hinweg, die Umgestaltung universitärer Wissenspraktiken und Wissenskulturen zu durchdenken.

In *Collaborative writing to make a change: Antworten und Fragen zum Weiterdenken über das kollaborative Schreiben als hegemoniekritische Forschungspraxis* schreibt Leona Sandmann über kollaboratives Schreiben und Publizieren mit nicht-Wissenschaftler*innen als politischen Akt, der hegemoniale Ordnungen im wissenschaftlichen System herausfordern kann. Im Streit von tradierten und progressiven Wissenschaftsformen werden normative Verständnisse von Wissenschaft neu ausgehandelt, aber auch forschungsethische Fragen aufgeworfen. In dem Beitrag reflektiert die Autorin ihren persönlichen Gedankenprozess in der Annäherung an eine Praxis kollaborativen Schreibens und reflektiert dabei – aus Perspektive eines*r Wissenschaftlers*in – Fragen der Praktikabilität, Legitimität und Positionalität. Im Stil eines Forschungstagebuchs bildet dieser Beitrag einen Abschnitt dieses Prozesses ab, gestützt auf Erfahrungsmomente aus empirischen Feldforschungen, Gesprächen mit Freund*innen und Kolleg*innen sowie ausgewählten Texten des wissenschaftlichen und schreibdidaktischen Literaturkorpus. Der Beitrag lädt zum Weiterdenken ein und fordert zur Selbstreflexion auf: Unter welchen Bedingungen und aus welcher Motivation kann ich als Wissenschaftler*in kollaborativ schreiben?

Textgestalten als multimodal experimentelle Kollaborationen zwischen Design und Anthropologien von Luisa Hochrein, Isabella Kölz, Lena Schweizer und Luk Singiridis reflektiert Erfahrungen in experimentellen multi-modalen Arbeiten, aber auch *beyond text*. In Text- und Bildcollagen diskutiert das designanthropologische Kollektiv sein experimentell-kollaboratives Arbeiten und Denken zwischen Ethnografin und Forschungspartner*innen aus dem Design und macht sichtbar, wie sie gestalterische und kulturanthropologische Darstellungs- und Schreibpraktiken diskutieren, ausprobieren und verbinden. Weil die so entstehenden multimodalen Experimente aber oft nicht in die gängigen Publikationsformen akademischer Journals passen, verhandelt der Beitrag Fragen danach, wie akademische Logiken/Praktiken den Ausschluss gemeinsamer Wissensproduktion mit unseren Forschungspartner*innen bedingen und damit hegemoniale, anthropologische Praktiken verfestigen. Da auch das Format dieses Sammelbands eine solche Herausforderung darstellte (Layout und Format waren vom Verlag vorgegeben), steht seine Genese, die zu einem Spekulationsdesign und zum grafischen Besetzen zweier Buchseiten inspirierte, exemplarisch dafür, wie kollaboratives Schreib-Gestalten für das Kollektiv funktioniert.

II.   Forschungsbeziehungen und Machtasymmetrien

Silvia Mc Clanahan widmet sich in ihrem Beitrag *(Un)Writing with Children: Creating the space for epistemological justice* der bisher wenig beachteten Gruppe der Kinder. Ausgehend von einer Diskussion über soziale Gerechtigkeit in einem Protestcamp, an dem die Autorin und ihre 8-jährige Tochter teilnahmen, stellt der Artikel die wiederkehrenden Fragen und auftauchenden (Un-)Möglichkeiten gemeinsamer Wissensproduktion und Ko-Autor*innenschaft mit Kindern vor. Unter Rückgriff auf die dekoloniale Theorie und die unmittelbaren Erfahrungen im Camp werden die Grenzen der institutionalisierten Wissenssysteme sowie die Potenziale der entstehenden Räume diskutiert, die epistemischen Ungerechtigkeiten entgegenwirken können. Der Artikel verweist auf die Notwendigkeit, sich im Lichte sozialer Gerechtigkeit gegenseitig epistemisch fähig zu machen.

In *Getting the story right and telling it well: Decolonising research and academic writing through storytelling and collaborative writing* von Sanelisiwe Nyaba und Nicole Paganini reflektieren die beiden Autor*innen ihre gemeinsame Forschungsbeziehung. Dabei geht es um die Fragen, was gemeinsames Schreiben zu einer »dekolonialen« Praxis machen kann und was als akademisches Schreiben gilt, das in einem Wissenssystem verwurzelt ist, das sich selbst über indigenes Wissen, gelebte Erfahrung und die Perspektiven der »Anderen« stellt. Aus einer künstlerischen und akademischen Perspektive setzen sie sich für demokratische und dekolonisierte Wissenssysteme ein, die lokale Weisheit und Beobachtungswissen, traditionelles und indigenes Wissen als gleichwertig mit konventioneller Forschung anerkennen. Dem nähern sie sich, indem sie ihre eigene Zusammenarbeit »auspacken« und ihre persönlichen Erfahrungen in einem Dialog reflektieren.

Ausgehend von einer ethnografischen Forschung über Bienenzucht in Sardinien analysiert *Writing with beekeepers on a blog: a collaborative experiment* von Greca N. Meloni die kollaborativen Prozesse, die durch das Schreiben eines Blogs mit Bienenzüchtern ausgelöst wurden. Der Beitrag hinterfragt das widersprüchliche Verhältnis zwischen gegensätzlichen Wissensformen und unterschiedlichen Machtpositionen und reflektiert, wie sich die Dominanz des Filmens von Imkern in die Gestaltung des Blogs Abieris e Abis, Antropologia dell'apicoltura in Sardegna (http://www.fareapicoltura.net) einschrieb. Der Blog sollte asymmetrische Beziehungen zu den Informant*innen überwinden und Anthropologie einem nicht-akademischen Publikum schmackhaft machen. Angesichts der moralischen Fragen, die sich beim Schreiben als einer Form der Zusammenarbeit stellen, fordert der Beitrag neue Theorien für die Praxis der Kollaboration im Feld.

III.   Repräsentationen und ethische Implikationen am Beispiel von Flucht_Migration

In »*Aber Du musst schreiben*«: *Epistemische Gerechtigkeit durch kollaboratives Publizieren mit Fluchtmigrant*innen?* schreibt Martina Blank aus der Perspektive sozialgeographischer Fluchtforschung über den Versuch, »es anders« zu machen. Am Beispiel der gemeinsamen Produktion eines Artikels über die Aufnahme von Fluchtmigrant*innen in Frankfurt a.M. zusammen mit einer Bewohnerin einer Sammelunterkunft, geht sie der Frage nach, wie eine Umverteilung wissenschaftlicher epistemischer Macht aussehen könnte. Dazu reflektiert sie die Bedingungen, Herausforderungen, Probleme und Chancen des gemeinsamen Publizierens mit Personen aus dem Feld und zeigt auf, dass es dabei nicht nur um das Schreiben selbst geht, sondern auch darum, die Bedingungen dafür zu schaffen: Beziehungen aufzubauen, eine gemeinsame Sprache zu finden, Positionalitäten auszuhandeln und Alltagsprobleme zu lösen, als Voraussetzung für die Wissensproduktion. Mit besonderem Blick auf den Kontext von Flucht und Asyl arbeitet sie Erfolgsfaktoren heraus, weist auf Fallstricke hin und setzt einige Fragezeichen.

In *Politiken und Ethiken der Namensgebung in kollaborativen Schreibprojekten. Anonymisierungs- und Pseudonymisierungsverfahren zwischen Schutz und Bevormundung* von Sarah Nimführ werden Fragen der Pseudonymisierung und Anonymisierung von Ko-Autor*innen diskutiert. Besonders in emotional aufgeladenen Forschungskontexten sind Reflexionen bezüglich der Repräsentation von Forschungspartner*innen in öffentlichkeitswirksamen Formaten unerlässlich, um diesen größtmögliche Sicherheit zu geben. Gleichzeitig spiegelt die Sorge um Anonymität und die De-Identifizierung von Daten als »normalisierte« Notwendigkeit (Lenette 2022: 81), Annahmen über die Art der Verletzbarkeit der Ko-Autor*innen wider. Die Fokussierung auf das Label *Verletzbarkeit* von Personen, die Flucht_Migration erlebt haben, geht von einem unidirektionalen, von oben nach unten gerichteten Modell der Macht-beziehungen aus, das eine dekoloniale Denkweise untergräbt. Der Beitrag lotet aus, welche Möglichkeiten der Repräsentation es zwischen Schutz und Bevormundung gibt.

Gemeinsam forschen und (nicht) schreiben: Herausforderungen beim kollabora-tiven Arbeiten im Kontext von Flucht_Migration von Laura K. McAdam-Otto und Margrit E. Kaufmann reflektiert Erfahrungen kollaborativer Forschung im Kontext von Flucht_Migration und ergründet Bedingungen, die kollabora-tives Schreiben überhaupt erst ermöglichen und warum das gemeinsame Schreiben in den vorgestellten Beispielen nicht oder nur partiell realisiert werden konnte. Die Autor*innen nehmen Bezug auf eine Forschung mit jungen Geflüchteten, ein statusgruppenübergreifendes Publikationsprojekt sowie ein Projekt zur Vermittlung von Deutschkenntnissen an Frauen* mit Flucht_Migrationsgeschichten. Dabei fragen sie, wer überhaupt an der Text-produktion teilnehmen kann und möchte. Als Ethnografinnen binden sie ihre Überlegungen in die *Writing Culture*-Debatte ein. Darauf bezogen verdeutli-chen McAdam-Otto und Kaufmann ethische Implikationen, materielle und privilegienbezogene Hürden und weitere Trennlinien der Zusammenarbeit von Forschenden und Forschungspartner*innen.

Die hier versammelten Beiträge zeigen verschiedene Blickwinkel auf die Ausgestaltung kollaborativer Schreibprojekte mit Personen aus dem Feld und reflektieren theoretische, konzeptionelle wie auch praxismethodologische Aspekte der unterschiedlichen Schreibzugänge. Es werden nicht nur verschie-dene Phasen eines gemeinsamen Schreibprojekts adressiert, sondern es wird auch die Vielfalt kollaborativen Schreibens aufgezeigt, die sich von der Entste-hung neuer Dialogräume über eine Reflexion der Forscher*innen-Beforsch-ten-Beziehung bis hin zu gescheiterten gemeinsamen Schreibversuchen erstreckt. Die in diesem Buch dargestellte Bandbreite eines *Writing together* ist groß. Dennoch sind alle Beiträge durch den gemeinsamen Anspruch verbun-den, zu einer dekolonialen Wissensproduktion beizutragen. Ihnen gemein ist der Versuch, epistemische Ungerechtigkeiten zu überwinden, hegemoniale Wissensordnungen herauszufordern und Schreibbeziehungen und Repräsen-tationsformen offener zu gestalten. Damit möchten wir zu einer Reflexion unserer Feldbeziehungen und Schreibpraxen anregen und gleichzeitig Inspi-ration für mehr Projekte dieser Art geben. Wir hoffen, damit Mut zu machen, ein *Writing together* zu wagen.

Danksagung

Zuallererst möchten wir uns ganz besonders bei allen Personen bedanken, die unsere Forschungsprojekte überhaupt erst möglich gemacht und uns auf die Idee kollaborativen Schreibens gebracht haben. Ausdrücklicher Dank gilt auch all denjenigen, die bereit waren, ihre Geschichten und positiven wie auch negativen Erlebnisse zu teilen. Die Entstehung eines Buches ist maßgeblich von vereinten Kräften geprägt, die oft unsichtbar bleiben. Wir sprechen daher unseren besonderen Dank an all diejenigen aus, die bei diesem Prozess mitgewirkt haben: die Autor*innen, die sich nicht nur mit ihren Beiträgen eingebracht haben, sondern auch durch ihre engagierte Teilnahme an der Denkwerkstatt zum Buch sowie internen peer-Review-Verfahren mitgewirkt und das Buch durch ihre Einblicke wesentlich geprägt haben. Bedanken möchten wir uns auch bei Samah Abdelkader, Lukas Schäfermeier und Joachim Schroeder sowie Manuel Bolz und Cigdem Gündüz, die den Sammelband über Strecken begleitet und mit ihren Ideen bereichert haben. Für die redaktionelle Überarbeitung des Bandes danken wir Aisha Salih, deren hervorragende Unterstützung wir sehr geschätzt haben. Beratend zur Seite gestanden hat uns Professor Dr. Robert Pütz, der zudem eine Teilfinanzierung des Buchprojektes möglich gemacht hat – vielen Dank! Für den großzügigen und unkomplizierten Druckkostenzuschuss, der einen unbeschränkten Zugang zu unseren Kenntnissen für alle Interessierte ermöglicht, danken wir dem Open Access Publikationsfonds der Goethe-Universität Frankfurt.

Literaturverzeichnis

Abieris e Abis (2021): Anthropologia dell'Apicoltura in Sardegna, siehe https://www.fareapicoltura.net/

Alonso Bejarano, Carolina/Mijangos García, Mirian A./López Juárez, Lucia/Goldstein, Daniel M. (2019): Decolonizing Ethnography: Undocumented Immigrants and New Directions in Social Science, Durham, London: Duke University Press.

Bendix, Daniel/Müller, Franziska/Ziai, Aram (Hg.) (2021): Beyond the Master's Tools? Decolonizing Knowledge Orders, Research Methods and Teaching, London: Rowman & Littlefield.

Bergold, Jarg/Thomas, Stefan (2012): »Participatory Research Methods: A Methodological Approach in Motion«, in: Forum: Qualitative Sozialforschung/Forum Qualitative Social Research 13(1).

Blank, Martina (2023): »Aber Du musst schreiben«: Epistemische Gerechtigkeit durch kollaboratives Publizieren mit Fluchtmigrant*innen?«, in: Blank, Martina/Nimführ, Sarah (Hg.): Writing Together. Kollaboratives Schreiben mit Personen aus dem Feld, Bielefeld: transcript, S. 165-190.

Blank, Martina/Hannes, Soliana (2021): »Zufluchtsort Frankfurt? Leben in der Sammelunterkunft«, in: Betz, Johanna/Keitzel, Svenja/Schardt, Jürgen/Schipper, Sebastian/SchmittPacifico, Sarah/Wiegand, Felix (Hg.), Frankfurt a.M. – eine Stadt für alle? Konfliktfelder, Orte und soziale Kämpfe, Bielefeld: transcript, S. 285–293.

Brenssell, Ariane/Lutz-Kluge, Andrea (Hg.) (2020): Partizipative Forschung und Gender: Emanzipatorische Forschungsansätze weiterdenken, Opladen/Berlin/Toronto: Verlag Barbara Budrich.

Chakrabarty, Dipesh (2000): Provincializing Europe: Postcolonial Thought and Historical Difference, Princeton: Princeton University Press.

Chatterton, Paul/Fuller, Duncan/Routledge, Paul (2007): »Relating Action to Activism: Theoretical and Methodogical Reflections«, in: Kindon, Sara/Pain, Rachel/Kesby, Mike (Hg.), Participatory Action Research Approaches and Methods: Connecting People, Participation and Place, London/New York: Routledge, S. 216–222.

Chatterton, Paul/Owen, Alice/Cutter, Jo/Fymski, Gary/Unsworth, Rachael (2018): »Recasting Urban Governance through Leeds City Lab: Developing Alternatives to Neoliberal Urban Austerity in Co-production Laboratories«, in: International Journal of Urban and Regional Research 42(2), S. 226–243.

Colectivo Situaciones (2002): Situaciones 5 (+1): Genocida en el barrio: Mesa de escrache popular, Buenos Aires: De mano en mano.

Colectivo Situaciones/MTD de Solano (2002): La Hipótesis 891: Mas allá de los piquetes, Buenos Aires: De mano en mano.

Deleuze, Gilles (1990): The logic of sense, New York: Columbia University Press.

Deleuze, Gilles/Guattari, Félix (1988): A thousand plateaus: capitalism and schizophrenia, London: Athlone Press.

Derickson, Kate Driscoll/Routledge, Paul (2014): Resourcing Scholar-Activism: Collaboration, Transformation, and the Production of Knowledge, in: The Professional Geographer 67(1), S. 1–7.

Down, Simon/Hughes, Michael (2009): »When the ›subject‹ and the ›researcher‹ speak together: Co-producing organizational ethnography«, in:

Ybema, Sierk/Yanow, Dvora/Wels, Harry/Kamsteeg, Frans(Hg.), Organizational Ethnography: Studying the Complexities of Everyday Life, London et al.: Sage, S. 83–98.

Escobar, Arturo (1995): Encountering Development: The Making and Unmaking of the Third World, Princeton: Princeton University Press.

Faust, Friederike/Hauer, Janine (Hg.) (2021): Kooperieren – Kollaborieren – Kuratieren. Positionsbestimmungen ethnografischer Praxis, in: Berliner Blätter 83.

Groth, Stefan/Ritter, Christian (Hg.) (2019): Zusammen arbeiten. Praktiken der Koordination und Kooperation in kollaborativen Prozessen, Bielefeld: transcript.

Halder, Severin (2018): Gemeinsam die Hände dreckig machen: Aktionsforschungen im aktivistischen Kontext urbaner Gärten und kollektiver Kartierungen, Bielefeld: transcript.

Hamm, Marion (2013): »Engagierte Wissenschaft zwischen partizipativer Forschung und reflexiver Ethnographie: Methodische Überlegungen zur Forschung in sozialen Bewegungen«, in: Binder, Beate/von Bose, Friedrich/Ebell, Katrin/Hess, Sabine/Keinz, Anika (Hg.): Eingreifen, Kritisieren, Verändern? Ethnographische und genderkritische Perspektiven auf Interventionen, Münster: Westfälisches Dampfboot, S. 55–72.

Haraway, Donna (1988): »Situated Knowledges: The Science Question in Feminism and the Privilege of Partial Perspective«, in: Feminist Studies 14(3), S. 575–599.

Hochrein, Luisa/Kölz, Isabella/Schweizer, Lena/Singiridis, Luk (2023): »Textgestalten als multimodal experimentelle Kollaborationen zwischen Design und Anthropologien«, in: Blank, Martina/Nimführ, Sarah (Hg.): Writing Together. Kollaboratives Schreiben mit Personen aus dem Feld, Bielefeld: transcript, S. 75-103.

Kindon, Sara/Pain, Rachel/Kesby, Mike (Hg.) (2007): Participatory Action Research Approaches and Methods: Connecting People, Participation and Place, London/New York: Routledge.

Kothari, Uma (2001): »Participatory Development: Power, Knowledge and Social Control«, in: Cooke, Bill/Kothari, Uma (Hg.), Participation: the New Tyranny?, London/New York: Zed Books, S. 139–152.

Lassiter, Luke Eric (2005): »Collaborative Ethnography and Public Anthropology«, in: Current Anthropology 46(1), S. 83–106.

Lees, Loretta/Robinson, Beverley (2021): »Beverley's Story: Survivability on one of London's newest gentrification frontiers«, in: City 25(5-6), S. 590–613.

Leinius, Johanna (2021): »Postcolonial Feminist Ethics and the Politics of Research Collaborations across North-South Divides«, in: Bendix, Daniel/
Müller, Franziska/Ziai, Aram (Hg.), Beyond the Master's Tools? Decolonizing Knowledge Orders, Research Methods and Teaching, London: Rowman
& Littlefield, S. 71–91.

Lenette, Caroline (2022). Participatory Action Research. Ethics and Decolonization. Oxford: Oxford University Press.

Luna, Alma Milena Robayo/Ortiz, Luz Stella Hernandez (2013): »Collaborative
Writing to enhance academic writing development through project work«,
in: HOW Colombian Journal for Teachers of English 20, S. 130–148.

MacDonald, Cathy (2012): »Understanding Participatory Action Research: A
qualitative research methodology option«, in: Canadian Journal of Action
Research 13(2), S. 34–50.

McAdam-Otto, Laura/Kaufmann, Margrit E. (2023): »Gemeinsam forschen
und (nicht) schreiben: Herausforderungen beim kollaborativen Schreiben
im Kontext von Flucht_Migration«, in: Blank, Martina/Nimführ, Sarah
(Hg.): Writing Together. Kollaboratives Schreiben mit Personen aus dem
Feld, Bielefeld: transcript, S. 215-235.

Mc Clanahan, Silvia (2023): »(Un)Writing with Children: Creating the space for
epistemological justice«, in: Blank, Martina/Nimführ, Sarah (Hg.): Writing
Together. Kollaboratives Schreiben mit Personen aus dem Feld, Bielefeld:
transcript, S. 107-123.

Meloni, Greca N. (2023): »Writing with beekeepers on a blog: a collaborative
experiment«, in: Blank, Martina/Nimführ, Sarah (Hg.): Writing Together.
Kollaboratives Schreiben mit Personen aus dem Feld, Bielefeld: transcript,
S. 143-161.

Mignolo, Walter D. (2018): »Decoloniality and Phenomenology: The geopolitics
of knowing and epistemic/ontological colonial differences«, in: Journal of
Speculative Philosophy 32(3), S. 360–387.

Mignolo, Walter D. (2009): »Epistemic Disobedience, Independent Thought
and Decolonial Freedom«, in: Theory, Culture & Society 26(7-8), S. 159–181.

Monk, Janice/Manning, Patricia/Denman, Catalina (2003): »Working Together: Feminist Perspectives on Collaborative Research and Action«, in:
ACME: An International E-Journal for Critical Geographies 2(1), S. 91–106.

Mora, Juana/Diaz, David (2004): Latino social policy: A participatory research
model, NY: Haworth Press.

Mountz, Alison/Bonds, Anne/Mansfield, Becky/Loyd, Jenna/Hyndman, Jen-
nifer/Walton-Roberts, Margaret/Basu, Ranu/Whitson, Risa/Hawkins,

Roberta/Hamilton, Trina/Curran, Winifred (2015): »For Slow Scholarship: A Feminist Politics of Resistance through Collective Action in the Neoliberal University«, in: ACME: An International E-Journal for Critical Geographies 14(4), S. 1235–1259.

Nagar, Richa (2014): Muddying the Waters: Coauthoring Feminisms across Scholarship and Activism, Urbana/Chicago/Springfield: University of Illinois Press.

Nimführ, Sarah (2023): »Politiken und Ethiken der Namensgebung in kollaborativen Schreibprojekten. Anonymisierungs- und Pseudonymisierungsverfahren zwischen Schutz und Bevormundung«, in: Blank, Martina/Nimführ, Sarah (Hg.): Writing Together. Kollaboratives Schreiben mit Personen aus dem Feld, Bielefeld: transcript, S. 191-214.

Nimführ, Sarah (2022): »Can collaborative knowledge production decolonize epistemology?«, in: Migration Letters 19(6), S. 781–789.

Nimführ, Sarah (2020a): »Reflections on collaborative knowledge production in the context of forced migration«, in: Feministische GeoRundmail 83 (Themenheft: »Feminist research practice in geography: Snapshots, reflections, concepts), S. 29–33.

Nimführ, Sarah (2020b): »Forschungspraxis als Aushandlung. Kollaboratives Forschen im Wissen(schaft)sfeld Flucht_Migration«, in: Kuckuck. Notizen zur Alltagskultur 1(20), S. 54–59.

Nimführ, Sarah/Otto, Laura/Samateh, Gabriel (2020): »Denying while demanding integration. An analysis of the Integration Paradox in Malta and refugees' coping strategies«, in: Hinger, Sophie/Schweitzer, Reinhard (Hg.): Politics of (Dis)Integration, Cham: Springer, S. 161–181.

Nimführ, Sarah/Otto, Laura/Samateh, Gabriel (2017): »Gerettet, aber nicht angekommen. Von Geflüchteten in Malta«, in: Hess, Sabine/Kasparek, Bernd/Kron, Stefanie/Rodatz, Mathias/Schwertl, Maria/Sontowski, Simon (Hg.): Der lange Sommer der Migration. Grenzregime III. Berlin/Hamburg: Assoziation A, S. 137–150.

Nimführ, Sarah/Sesay, Buba (2019): »Lost in Limbo? Navigating (im)mobilities and practices of appropriation of non-deportable refugees in the Mediterranean area«, in: Comparative Migration Studies Journal 7(26).

Nyaba, Sanelisiwe/Paganini, Nicole (2023): »Getting the story right and telling it well: Decolonising research and academic writing through storytelling and collaborative writing, in: Blank, Martina/Nimführ, Sarah (Hg.): Writing Together. Kollaboratives Schreiben mit Personen aus dem Feld«, Bielefeld: transcript, S. 125-142.

Otto, Laura/Nimführ, Sarah (2019): »Ethnografisch forschen und die Wirk-mächtigkeit der Kleinheit. Methodentheoretische Überlegungen und em-pirische Einblicke zur Produktion, Wahrnehmung und Repräsentation von räumlichen Zuschreibungsdiskursen, gem. mit Laura Otto«, in: Kauf-mann, Margrit E./Otto, Laura/Nimführ, Sarah/Schütte, Dominik (Hg.): Forschen und Arbeiten im Kontext von Flucht. Reflexionslücken, Reprä-sentations- und Ethikfragen. Wiesbaden: Springer, S. 69–93.

Pratt, Geraldine (2010): »Collaboration as feminist strategy«, in: Gender, Place & Culture 17(1), S. 43–48.

Quijano, Aníbal (2016): Kolonialität der Macht, Eurozentrismus und Latein-amerika, Wien/Berlin: Turia + Kant.

Reason, Peter/Bradbury, Hilary (Hg.) (2012): The SAGE Handbook of Action Re-search: Participative Inquiry and Practice, London: Sage.

Red Popular de Mujeres de la Sabana (2017): Diálogos, reflexiones y desafíos en Colombia: Hacia un feminismo popular, Quito: Fundación Rosa Luxem-burg, siehe http://www.rosalux.org.ec/pdfs/FeminismopopularColombia .pdf vom 18.06.2021.

Riaño, Yvonne (2016): »Minga biographic workshops with highly skilled mi-grant women: enhancing spaces of inclusion«, in: Qualitative Research 16(3), S. 267–279.

Routledge, Paul/Derickson, Kate Driscoll (2015): »Situated solidarities and the practice of scholar-activism«, in: Environment and Planning D: Society and Space 33(3), S. 391–407.

Sandmann, Leona (2023): »Collaborative writing to make a change: Antworten und Fragen zum Weiterdenken über das kollaborative Schreiben als hege-moniekritische«, in: Blank, Martina/Nimführ, Sarah (Hg.): Writing Toge-ther. Kollaboratives Schreiben mit Personen aus dem Feld, Bielefeld: tran-script, S. 55-74.

Schenck, Marcia C/Wetzel, Johanna/Reed, Katharine (2023): »»Writing with my professors«: Contesting the boundaries of the field in the Global His-tory Dialogues Project«, in: Blank, Martina/Nimführ, Sarah (Hg.): Writing Together. Kollaboratives Schreiben mit Personen aus dem Feld, Bielefeld: transcript, S. 31-53.

Smith, Linda Tuhiwai (2012): Decolonizing methodologies. Research and in-digenous peoples, London: Zed books.

Smith, Linda Tuhiwai (2000): »Protecting and respecting indigenous knowl-edge«, in: Battiste, Marie (Hg.): Reclaiming indigenous voice and vision. Vancouver: University of British Columbia Press, S. 209–224.

Speedy, Jane/Wyatt, Jonathan (Hg.) (2014): Collaborative Writing as Inquiry, Newcastle upon Tyne: Cambridge Scholars Publisher.

Spivak, Gayatri Chakravorty (1988): »Can The Subaltern Speak?«, in: Nelson, Cary/Grossberg, Lawrence (Hg.), Marxism and the Interpretation of Culture, Urbana: University of Illinois Press, S. 271–313.

St. Pierre, Elizabeth Adams (2015): »Writing as Method«, in: Ritzer, George (Hg.), The Blackwell Encyclopedia of Sociology, Hoboken: Wiley-Blackwell.

Strocka, Cordula (2008): »Participatory research with war-affected adolescents and youth: Lessons learnt from fieldwork with youth gangs in Ayacucho, Peru«, in: Hart, Jason (Hg.), Years of conflict: Adolescence, political violence and displacement, Oxford/New York: Berghahn, S. 255–276.

The Autonomous Geographies Collective (2010): »Beyond Scholar Activism: Making Strategic Interventions Inside and Outside the Neoliberal University«, in: ACME: An International E-Journal for Critical Geographies 9(2), S. 245–274.

The SIGJ2 Writing Collective (2012): »What Can We Do? The Challenge of Being New Academics in Neoliberal Universities«, in: Antipode 44(4), S. 1055–1058.

Vorbrugg, Alexander/Klosterkamp, Sarah/Thompson, Vanessa E. (2021): »Feldforschung als soziale Praxis: Ansätze für ein verantwortungsvolles und feministisch inspiriertes Forschen«, in: Autor*innenkollektiv Geographie und Geschlecht (Hg.), Handbuch Feministische Geographien: Arbeitsweisen und Konzepte, Opladen/Berlin/Toronto: Verlag Barbara Budrich, S. 76–96.

I. Umgestaltung universitärer Wissenspraktiken und Wissenskulturen

2 "Writing with my professors"
Contesting the boundaries of the field in the Global History Dialogues Project

Johanna M. Wetzel, Marcia C. Schenck and Kate Reed

2.1 Introduction[1]

"Partnering with higher [education] institutions and professors has its own opportunities and limitations" (Gerawork Teferra, email correspondence, 2020). This is Gerawork Teferra, a resident of Kakuma refugee camp in Kenya and a former participant in Princeton University's Global History Dialogues Project (GHDP). The GHDP is a roughly six-month-long course in research methodology during which learners design, conduct, write, and present original global history research projects.[2] The GHDP has also become a space for experimenting with collaborative writing and publication between teaching staff and learners. Following the completion of the course, two members of the teaching staff – Kate Reed and Marcia Schenck – engaged in various

---

1   We would like to thank all co-authors for their continued engagement with us through-
     out the preparation of this paper, including the submission of further reflections, ques-
     tionnaires, and feedback. None of this would have been possible without the Global
     History Lab at Princeton University, particularly Professor Jeremy Adelman and his con-
     tinued generous support of the GHDP. Many thanks also to the University of Potsdam's
     central research support division for its financial contributions to the GHDP. We would
     also like to acknowledge the helpful comments of the co-authors of this project and
     the editing of this contribution by Louise Thatcher.
2   See: https://ghl.princeton.edu/global-classes/course-2-global-history-dialogues, ac-
     cessed July 21, 2022. The learners in this course come from twenty-five partner insti-
     tutions and range from students with high school diplomas to those studying for the
     MA. They come from different disciplinary backgrounds.

co-writing and co-publishing projects with a group of former GHDP learners, including Gerawork Teferra, Muna Omar, Mohamed Zakaria Adballa, Ismail Alkhateeb, Phocas Maniraguha, and Richesse Ndiritiro, all of whom have shared reflections for this chapter, too. These collaborations resulted in the publication of an anthology containing edited versions of the GHDP research papers, as well as two fully co-written book chapters (Abdalla et al. 2021; Reed/ Schenck 2023).

The GHDP provides a unique vessel to explore the dynamics at play in collaborative writing with persons from "the field." In this chapter, we consider how anthropologists and theorists have conceptualized the field, and then turn to how these notions are complicated by co-authoring projects that bridge the archetypal field-academe divide in pursuit of a more horizontal, democratic, and open process of knowledge production. Taking the GHDP as a case study for the challenges and limitations inherent to any such project of inclusion, we discuss the kinds of labor mobilized by those within academic spaces to draw historically excluded authorial voices into academic conversations, before considering the perspectives offered by GHDP students on the power imbalances, opportunities, successes, and failures of this approach.

Thinking about ways to decolonize academic knowledge production, the philosopher Olúfẹmi O. Táíwò suggests that knowledge is legitimized and objectified through the "conversation rooms" within which it is articulated (Táíwò 2020). Some rooms are more powerful than others, and membership in these rooms can elevate the speaker's status and the legitimacy of the knowledge she produces. If we think, as Táíwò does, of academia as taking place in such a conversation room with particular norms and cultures of speaking and membership, we can think of the traditional notion of the "field" as all those locations outside the academic conversation room. Anthropologists Akhil Gupta and James Ferguson have called this traditional notion of the field the Malinowskian archetype, which rests on the spatial separation of "the site where data are collected from [and] the place where analysis is conducted and the ethnography is 'written up'" (Gupta/Ferguson 1997: 12). This distinction manifests spatially, as well as in relation to modes of writing: writing in the field is considered scattered and raw, while writing at home is considered "reflective, polished, theoretical, intertextual, a textual whole" (ibid.) associated with rooms in which "theoretical conversation with others of one's kind" (ibid.) takes place, such as the academy or the library.

As scholars within the anthropological discipline have reflected most critically, this distinction is deeply flawed. Writing about African anthropology, Lyn

Shumaker argues that "the field is not simply a source of data that is then organized in the mind of the researcher to create theories. Instead [...] the field [is] a constructed and negotiated space that through its very structure produces knowledge" (Schumaker 2001: 255). Others have gone further, arguing that the field is not spatially bound, but rather "a state of mind" (Hyman 2001: 1). Despite the well-established problems with binary notions of field/academy, the "field" as the Other of academic conversation rooms continues to be a prevalent heuristic that shapes academic knowledge production. Writing collaborations such as the one discussed here unsettle this logic. In the case of the GHDP, the teaching staff could be considered as firmly inside the traditional academy, holding paid academic positions at well-funded universities in Europe and the US.[3] The former GHDP students with whom we co-authored, on the other hand, researched and wrote from vantage points anchored in various contexts of displacement across Africa and the Middle East.[4] In the writing collaborations, GHDP students produced *and* analyzed, discussed, and wrote up their results in the "field". We also turned the course and the experience of writing, publishing, and co-authoring into a field of study itself, observing and reflecting on the experience. The plurality of fields in our contribution thus underscores that fact that the data on which we base our analysis were collected in different physical and intellectual spaces that transcend a simplistic notion of Kakuma refugee camp as the field and Potsdam University as the academic space.

At the same time, our writing collaboration underscored that the Malinowskian field continues to exist as a powerful heuristic that underpins modes

---

3   Marcia lives in Germany, where she is a tenure-track professor of Global History at the University of Potsdam. Kate is a PhD student in history at the University of Chicago, in the USA. Johanna is a postgraduate student at Oxford University in development studies and living between South Africa, Germany, and the UK.

4   Mohamed and Gera lived in Kakuma refugee camp, Kenya at the time of writing, although Mohamed was recently resettled to St. Louis, USA. Mohamed holds a degree in public administration and Gera holds a degree in development economics and advises tertiary-level students in the camp. Richesse lives in Kigali, Rwanda, and is involved in several projects to expand access to higher education for refugee learners. Muna currently lives in Addis Ababa, Ethiopia, though for much of the period discussed here, she resided in Sana'a, Yemen, where she worked with NGOs and women's empowerment projects. Samson works as a nutrition nurse in Nairobi; for the period in question, he lived in a camp for internally displaced people in Juba, and before that, in Kakuma camp.

of academic publishing and knowledge production. The distinction between "field" and academic conversation "room" characterized the barriers that our co-authors experienced during the writing and publishing process. Their experiences bring to the fore the material and immaterial boundaries that constitute academic rooms and the ways in which they work to exclude and silence authors writing from the "field." In our efforts to overcome these barriers, we reflect here on the kind of labor and resources that we, as collaborative writers, needed to mobilize to break into these rooms. Unsettling the firm boundaries between "field" and "academic rooms of conversation," we argue here, requires a critical reflection of the modes by which academic rooms work to remain exclusive spaces. In Walter Mignolo's words: "it is not enough to change the content of the conversation...it is of the essence to change the *terms* of the conversation" – to change the rooms in which our co-writing conversations take place (Mignolo 2009: 162).

In the GHDP, our strategy entailed initially putting into place the infrastructure for an emancipatory pedagogy that focused on conveying the tools and methodology for students to become *researchers in their own right*, rather than being limited to the role of research participants. GHDP learners produce original works of research, with varying degrees of support and collaboration. The publication of these works on the Global History Dialogues Website (*globalhistorydialogues.org*) relies on the mediating labor of the teaching staff. The publication of select works in the framework of academic publishing relies to a more significant extent on the labor of former teaching-staff-turned-editors, who edit and discuss the work, which includes co-working on aspects of the substance and format of the texts, even for single-authored pieces. Co-authored pieces, in which all participants are co-researchers, similarly rely on that work. As Gerawork's comment at the beginning of this chapter suggests, co-writing as a form of relationality is always shaped by power imbalances and by opportunities and limits that look very different for the different parties involved. In the case of the GHDP, the efforts of those co-researchers based within academic institutions to mediate between those co-researchers outside of those rooms and the publishing industry itself in part re-produced the terms of the academic conversation and the power imbalances inherent to it. While making use of formats that opened up academic publishing to non-traditional contributions, those situated within academia continued being better connected and more familiar with editing procedures and expectations of what constitutes a publishable text. From the perspectives of co-researchers based outside of academia, this was not necessarily a drawback. Their motivations to join the collaborations were diverse, ranging from professional aspirations to personal passions. This diversity of motivations points to the necessity for an ongoing search for spaces that welcome epistemic diversity.

In the following sections, we discuss briefly Táíwò's approach to decolonial academic practice, before discussing in more detail the above argument. The fields which furnish the data for our discussion are Kate and Marcia's experiences teaching the GHDP and collaborating as co-authors and editors with GHDP researchers. Furthermore, we build on a group interview, written questionnaires, and email and WhatsApp conversations between the GHDP researchers and Johanna Wetzel to illuminate the experience of collaborative writing. Throughout the chapter, we endeavor to be transparent about how our positionalities have shaped our reflections. Most importantly, our interactions with the research participants were shaped by the teacher-student dynamic inherent in the GHDP's set up. Power imbalances also surfaced intersectionally along lines of gender (most GHDP researchers are men; the three of us are women); mobility (all GHDP researchers experienced displacement while we are globally mobile); race (most GHDP researchers are Black or of color; the three of us are white); education (the GHDP researchers have in their majority not attended traditional universities; the three of us have) and access to social services and resources. Finally, our reflections are informed by an insider perspective as well as an outsider perspective. We have all been involved in designing, teaching, and redesigning the GHDP at various stages. While Marcia and Kate were part of the collaboration discussed herein, Johanna has not worked with the graduates in question. All three of us are emotionally invested in the success of the project and our varied relationships with current and former participants in the course. This entails critically seeking out ways to adapt and improve the course, while remaining equally attentive to the ways in which it creates opportunities for its participants, as well as the ways in which it limits them.

2.2   Voices, fields, and rooms in academic knowledge production

"Once upon a time scholars assumed that the knowing subject in the disciplines is transparent, disincorporated from the known and untouched by the geo-political configuration of the world in which people are racially ranked and regions are racially configured." (Mignolo 2009: 160)

Calls for decolonizing academic knowledge production are today a frequent intervention from critical, feminist, and postcolonial scholars in most disciplines, including global history (De Lima Grecco/Schuster 2020). There is a shared sense that text – published in academic conversations and written as research – has the capacity to both oppress and liberate its subjects. This idea was most influentially formulated by Edward Said in his foundational 1978 study *Orientalism*, where the term described the concepts, assumptions, and discursive practices that European scholars used in published texts to construct and produce knowledge about "the Orient" (Said 1978). Said's Foucauldian analysis of colonial discourse drew attention to the relationship between knowledge and power, and the ways in which "knowing the Orient" was integral to its oppression and domination by the creators of knowledge. His analysis further opened ways of understanding the contemporary academy, taken up most prominently by Gayatri Spivak in her essay "Can the Subaltern Speak?" (1988). Spivak's argument considers scholarly attempts (common in the 1970s and 80s) to remove researchers as experts or authorial voices in the text and thereby let subalterns "speak for themselves" (Spivak 1988). This practice, she argues, while well-meaning, does not solve the problem of representation in scholarly interpretation. Experience itself is constituted by representation, and scholarly analysis builds on interpretation of data. This stands in contrast to the idea of authentic, unmediated subaltern voices to be discovered in archives around the world, an idea that Spivak criticized and that had previously motived much history "from below."

One increasingly popular approach to this puzzle – who can speak about whom? And what constitutes de/colonial knowledge in the contemporary academy? – has come to be known as standpoint epistemology. It rests on three core ideas: that knowledge is socially situated, that marginalization brings with it some positional advantages in gaining access to certain socially situated knowledge, and that research programs ought to reflect these facts (Táíwò 2020). Standpoint epistemology begins from Said's and Spivak's reflections but adds to them the notion of positionality or social location/identity, namely that "a speaker's [social] location [...] has an epistemically significant impact on that speaker's claims" (Alcoff 2022: 7). Practically, however, the application of standpoint epistemology has often invited what Táíwò calls practices of "deferral":

> "The call to 'listen to the most affected' [...] has more often meant handing
> conversational authority and attentional goods to those who most snugly

fit into the social categories associated with these ills – regardless of what they actually do or do not know, or what they have or have not personally experienced." (Táíwò 2020)

Táíwò's criticism starts from the fact that knowledge does not get produced in a vacuum, but rather, institutional frameworks bring together certain audiences with certain speakers as "conversation rooms," some of which are more powerful than others in legitimizing and objectifying knowledge. Media and academia constitute two such powerful rooms. As he writes, "Being in these rooms means being in a position to affect institutions and broader social dynamics by way of deciding what one is to say and do. Access to these rooms is itself a kind of social advantage, and one often gained through some prior social advantage" (Táíwò 2020). If the goal of a decolonial knowledge production is then to break with colonial logics of representation in text, scholars need to not only look for collaboration (and interpretation) partners inside the rooms of which we are already part, but rather move beyond these rooms and challenge their very walls.

Thinking about collaborative writing through the double lens of fields in the plural and conversational rooms alerts us to the material and immaterial boundaries that constitute the terms of the academic conversation. The rooms in which academic conversation takes place are highly exclusive and are gate-kept by actors and structures with strong incentives to keep them this way. Research also tends to be segmented between these rooms and the field, which is mined for data but not seen to contribute to its analysis or dissemination. Writing collaborations across fields have the potential to open new ways into these "rooms." They also have the ability to bring to light the mechanisms of exclusion by which academic conversations are maintained and speakers on the outside are silenced.

2.3   Training researchers in the Global History Dialogues Project

Michel-Rolph Trouillot has described how "conditions of production" in historical scholarship work to silence certain sources and voices in at least four ways: in the creation of *sources*, in the creation of *archives*, in the creation of historical *narratives*, and in the compilation of these narratives to create "*history* in the final instance" (Trouillot 2015: 25). From its inception,[5] the GHDP aimed to build the infrastructure to train researchers by making the fundamental tools of the historian's craft available to those excluded from higher education, particularly in contexts of displacement and encampment.[6] Teaching applied historical research methods meant paying attention to theory as well as practice. The GHDP consists of thirteen modules and class workshops (each with a lecture, an interactive element, and a writing element), with topics ranging from introductions to "Global and Social History" to practical issues such as "Developing a Research Question," "Planning an Oral History Research Project," and "How to Structure the Research Process."

Importantly, the GHDP could never be an epistemic intervention alone. Indeed, the reasons for the students' marginalization as producers of historical knowledge were also material: living in a context with minimal access to such elementary things as computers and the internet, having limited or no access to higher education institutions, holding no valid travel documents, and lacking access to funding sources, the students' location, legal status, and immobility seemed to render them unable to visit archives, access documentary sources, or consult physical libraries. While this description does not capture the background of all GHDP students, it was true for the students who decided to become co-researchers and co-writers. In part to respond to the challenges posed by these circumstances, the GHDP focuses on teaching oral history methods, which hold the emancipatory potential to contribute to the creation of sources, archives, and historical narratives, without the need for such intensive access to university resources (Thompson 2017). Global history provides further advantages in accessibility by concentrating research projects on the global within the local and the translocal (Freitag/von Oppen 2010). The topics are joined under the umbrella term of border-crossing, broadly

---

5   For more on Marcia's teaching experience, see Marcia C. Schenck, "From Campus to Camp and Back: Note from the Field from a Humanitarian Humanities Practitioner," AMMODI Blog, October 22, 2019, https://ammodi.com/2019/10/22/from-campus-to-camp-and-back/, accessed January 3, 2022.

6   For a reflection on teaching history in a humanitarian emergency setting, see Marcia C. Schenck, "Geschichtswissenschaften ohne Grenzen: Wie GeschichtswissenschaftlerInnen sich im humanitären Kontext engagieren," FluchtforschungsBlog, October 3, 2019, https://blog.fluchtforschung.net/geschichtswissenschaften-ohne-grenzen -wie-geschichtswissenschaftlerinnen-sich-im-humanitaren-kontext-engagieren/, accessed January 3, 2022.

defined.[7] The outcome of the first iteration of the GHDP was the production of original works of historical research by and with refugee and researchers from the Global South. The learners-turned-researchers successfully designed, conducted, and wrote up their historical narratives, which they ultimately presented to each other at the GHDP's digital student conference.[8]

The challenges we faced in this process highlight some of the mechanisms of exclusion at work in this initial stage of training for and producing original historical research. As Sarah Nimführ points out, it is not uncommon that "the technical equipment of the authors was principally responsible for the extent and nature of their respective involvement" (Nimführ 2020: 31). This was the case, too, with some of the GHDP researchers, particularly those living in conditions of encampment. Most researchers worked with smartphones, particularly as learning centers and internet cafés were closed during the Covid-19 pandemic. Internet connectivity proved extremely expensive and poor, and lack of access to software and institutional library subscriptions severely inhibited the research and writing process. Researchers often had caring responsibilities or worked multiple jobs in addition to undertaking research and studying. Leveling out these access inequalities required mobilizing resources and labor on the part of the teaching staff, and their attempts were not always successful. Prior to the pandemic, the Global History Lab at Princeton University funded students from the most vulnerable locations for transport to an education center with personal computers and for child care. During the pandemic, support changed to distributing internet vouchers and limiting our communication to forms that used less mobile data. Our strategies for removing or softening the impacts of these barriers, however, also shaped the research outcomes in more substantial ways. Supervisory communication needed, in some cases, to be reduced to the written word, limiting the amount of interaction and dialogue that could take place. With access to libraries so difficult, much of Kate's work included conducting liter-

---

7   For an example of how the concept of border-crossing permeates student projects, see the conference program of the students' virtual final conference in September 2021, https://ghl.princeton.edu/events/2021-border-crossing-conference, accessed July 23, 2022.

8   For examples, see the 2021 and 2022 conference programs: https://ghl.princeton.edu /events/2021-border-crossing-conference and https://ghl.princeton.edu/whats-happe ning/2022-border-crossing-conference, accessed July 23, 2022.

ature searches on behalf of the GHDP researchers, thereby inevitably shaping not only the form, but also the content, of their writing.

Through the GHDP, we worked – albeit imperfectly – to subvert three moments of silencing in historical scholarship during the GHDP: the creation of *sources*, the creation of *archives*, the creation of historical *narratives*. But we had not permeated the fourth mode of silencing: creating *"history* in the final instance" (Trouillot 2015: 24), by disseminating the research in forms that would be recognized by the academic community, or in other words, speaking and being heard in the rooms of academic conversation.

2.4   Mediating between community researchers and gatekeepers of academic conversations

Collaborative writing and publishing appeared to us as one way to penetrate the rooms of academic conversation, making use of our insider knowledge and positionalities, firmly located inside of academic conversation rooms. Reflecting on the forms of labor and resources we mobilized in the process, we argue, can reveal some of the mechanisms of exclusion that keep the gates of the academic rooms firmly closed for those on the outside, and suggest strategies for overcoming or softening them.

The collaborative projects that we launched involved different kinds of co-writing and co-publishing, as well as different forms of mediation between the authors and the publishing industry. Firstly, Marcia's embeddedness in academic networks (and thinking) helped her seek out opportunities and funding for publishing the GHDP researchers' work. Marcia saw an opportunity to present several research papers at the International Association for the Study of Forced Migration's Bi-Annual Conference, titled *Disrupting Theory, Unsettling Practice: Towards Transformative Forced Migration Scholarship and Policy* and held in Ghana.[9] As a result, she was invited by Staci B. Martin, with whom she had collaborated previously, to initiate a co-authored chapter

---

9   "History Dialogues: Applied Humanities in Emergency Situations," Disrupting Theory, Unsettling Practice: Towards Transformative Forced Migration Scholarship and Policy, University of Ghana, Accra (online), July 26–29, 2021; "Refugee Narratives: Perspectives from the South," Disrupting Theory, Unsettling Practice: Towards Transformative Forced Migration Scholarship and Policy, University of Ghana, Accra (online), July 26–29, 2021. Panel co-organized with Staci B. Martin.

in an edited volume titled *Global South Scholars in the Western Academy* (Martin/Dandekar 2021). This opportunity invited a critical reflection by GHDP graduates, as well as teaching staff, on their experiences researching from the margins of the academia – outside its institutions, stylistic conventions, funding mechanisms, and economy of knowledge production. The chapter addressed the possibilities and limits of "third spaces" in academia and the ways in which epistemological exclusion and material inequalities operate in tandem, preserving hierarchies of knowledge and authority. At the same time, the enthusiasm of some GHDP researchers to present their work more broadly led Marcia and Kate to consider compiling the graduates' research papers for publication. A colleague of Marcia's pointed her to a Canadian university press that was committed to epistemic diversity, resulting in an anthology of nine student-researcher essays (Schenck/Reed 2023). The anthology seeks to share the results of GHDP students' original historical research and in so doing, to question common assumptions about what it means to be a historian, and who can be the authorial voice of history. In addition, two graduates shaped their research into articles published in a special issue on African refugee history for the scholarly journal *Africa Today*, edited by George Njung and Marcia (Teferra 2022; Omar 2022). Bringing the GHDP researchers' original works into the rooms of academic conversation thus required making use of Marcia's established membership in these very rooms.

The collaboration process entailed editing and refining GHDP researchers' existing texts to conform to academic publishing standards. Mediation thus also worked through communicating the norms and culture of academic rooms to the GHDP researchers. Perhaps the most intuitive example is language editing. While Kate is a first-language English speaker, for many of the GHDP graduates, English was a fourth or fifth language. Beyond requiring correct grammar, punctuation, and spelling, academic publishers and peers expected certain stylistic and formal conventions which were both intuitive (by training) and accessible to Kate. In academic publishing with community researchers, "smooth[ing] language" is a labor (and point of contestation) that frequently underpins publications (Nimführ 2020: 31). It is however, as Kate remarks, also "a way to better understand what the papers were trying to say – because I would suggest an edit that was not true to the original meaning, and that would start a conversation about what the author meant and how to say it in academic English" (Kate Reed, personal correspondence, 2022). Reflecting on these imbalances, the GHDP researchers, jointly with Kate and Marcia, write: "No doubt, the voices of [GHDP] student-researchers have the potential to change [the academic] conversation, to break it open and push it in new directions. Nevertheless, their participation remains contingent on a particular framing and phrasing, on their co-researching with scholars from and in the Global North" (Abdalla et al. 2021). In fact, as we will see in the next section, breaking into the rooms of academic conversations also meant encouraging a particular form of writing that came bound up with power relations, limitations, and glass ceilings.

2.5 "Writing with Professors": Limitations of the inclusion paradigm

Given the largely academic readership of this volume, our hope is that exploring the GHDP from our perspective first will spark discussion within academic conversation rooms about strategies for mobilizing the kind of labor and resources necessary to reconfigure – or deconstruct– those very rooms. Now, we will center the voices of our co-researchers from outside academic spaces to address the limitations and trade-offs we made during the process, as well as the opportunities and meanings that the GHDP participants derived from the co-writing process.

During our collaboration, Gerawork offered a thought-provoking reflection on the process, part of which we quoted at the beginning of this chapter:

"Partnering with higher institutions and professors has its own opportunities and limitations. There is power imbalance. Our professors' knowledge, research experience, exposure, their access to secondary resources have been ample opportunity to add value to our research. Now I completed my fifth or sixth draft with the support of my professors, when I read my first draft, I laughed at some of my crude generalizations and some of my arrogance. When I was taken away far by one side facts or associated emotions their question and resources provided has checked my facts and opinions. However, the high standard in language usage, word counts, citation styles, etc., have been among constraints for our community-based research. I think such problem arises because of mismatch of the objective of the research. Our professors wanted to see my research meet reviewers' standard and get published in their journal. On the other hand, my main research drive has been [to] make voices heard by whoever is interested." (Gerawork Teferra, email correspondence, 2020)

Gerawork's comment points to the necessity of shifting perspective towards the GHDP researchers' experiences researching, writing, collaborating, and publishing in academic conversation rooms. As they reflect in the collectively written chapter in *Global South Scholars in the Western Academy* (Abdalla et al. 2021), over the course of the project, the GHDP researchers entered into new relationships to research as a way of thinking, as a way of making sense of the world around them, and as an identity, locating them in a particular position within their social contexts. Through their role mediating and facilitating academic publication, Kate and Marcia attained an authority during the collaboration that came with a considerable degree of power over the shape and content of the GHDP researchers' texts. This power was mediated through trust.

It is important to remember that the abstract, shared goal of bringing GHDP authors' work into scholarly conversations manifests differently for all parties involved. The GHDP researchers joined the publication collaboration voluntarily and for various reasons. Among those whom we were able to reach in writing this chapter, all thought of the publication collaboration as an opportunity to learn the skills of academic writing from their "professors." Muna, for example, reflects: "The biggest advantage [of joining the publication collaboration] is simply writing with my professors. Like I mentioned before, I have great respect for them, and just to have an opportunity to be part of their work is very amazing" (Muna Omar, email correspondence, 2022). Others, like Phocas and Richesse, imagine themselves as writers and saw the collaboration as an opportunity to grow and be recognized as such. Phocas shares, "I joined because I was interested, I thought, 'wow this is my opportunity to be writer, to be called a writer.' I was moved, I had much energy from that" (Phocas Maniraguha, WhatsApp voice correspondence, 2022). Likewise, Richesse observes, "I would like my life to be writing and communicating my philosophy and my ideas to others" (Richesse Ndiritiro, online interview with Johanna, 2022). Kate and Marcia embodied certain skills to the graduates, and gaining access to those proficiencies was an important motivation that shaped the way the graduates valued, incorporated, and received feedback and editing suggestions during the process. To Gerawork, however, who had at times divergent ideas for his writing, the authority held by Kate and Marcia by virtue of holding the material and immaterial access academic conversations, shaped also what he felt could not be written in these particular projects.

Promoting and facilitating the academic publication of the GHDP researchers' work meant endorsing some of the epistemic conventions of (Anglophone) academia, which caused at times frictions and (productive) tensions. To Gerawork, who values the "skills of writing especially related to storytelling and ethnographic research [...] not as an academic exercise but as a tool to tell truth and solve problems" (Gerawork Teferra, email correspondence, 2022), the time spent doing menial formatting and style edits, unremunerated and in unfavorable technological circumstances, was not always justifiable. Additionally, being embedded firmly in their research fields, some of the GHDP researchers had built close relationships with their interviewees and shared a stronger sense of connectedness to their struggles, stories, and experiences than to an abstract academic audience. This is evident in comments from Ismail, who wrote: "I am not sure when. But next time, I would love to dedicate a whole chapter about each feminist activist I knew during my experience with I Am She" (Ismail Alkhateeb, email correspondence, 2022). Editing Muna's work, Kate remembers receiving peer reviewers' "constant requests [that Muna] write her papers differently, with more [Muna] and less quotation. Her embeddedness in her field was almost something that had to be effaced in some way in order for her to become an authorial voice [in the academic sense]" (Kate Reed, email correspondence, 2022). Richesse, on the other hand, remembers struggling with the challenging task of writing with a dual audience in mind, the academic audience comprising "the UNHCR or there in the US or UK or in Germany" that requires certain contextualizations and theoretical conceptualizations, and the audience in his research field, "the Rwandan community, Burundian community living together in Rwanda, not only as a refugee, but also as a family" (Richesse Ndiritiro, online interview with Johanna, 2022).

This balancing act between a researcher's embeddedness in her respective fields (academic and non-academic) can take the shape of interpersonal relations in collaborative projects. A similar observation was made by Nimführ when collaborating with Buba, a refugee author in Malta: "my academic and Buba's non-academic background clashed [and there was a] lack of understanding on the part of Buba regarding the structure of the paper and the numerous revision phases" (Nimführ 2020: 32). As Nimführ highlights, Buba's remarks and similar ones made by the GHDP researchers address a fundamental point of tension in collaboration projects with community researchers. This is best articulated through Gerawork's notion of differences in "objectives" and "audiences" for whom to write. Thinking further with Nimführ, while collaborative knowledge production is often thought to do "border work" (von Unger 2014: 9f.) by dissolving the separation between science and society, for researchers such as Gerawork or Buba, it also works to reinstate, rather than dissolve, this demarcation. Furthermore, having published his own research not only in *The Right to Research* and *Africa Today* (Teferra 2023; Teferra 2022), as well as in several co-authored pieces (Martin et al. 2018; Reed/Teferra 2022), the fact that some of these publications "may not be accessible beyond the academic and researchers circle because of publishers' and editors' financial interests" distinguishes, rather than brings together, science and society.

Mobilizing labor and resources within academic rooms proved a crucial condition for making collaboratively written works of research speak in the academic realm. The strategies we chose, however, also limited GHDP researchers. By facilitating academic publishing, we inevitably endorsed this particular form of knowledge, audience, epistemic logic, phrasings, and rules over others. Doing so both reified and resulted from the same power dynamics that structure the GHDP collaboration and underpin the wider global economy of knowledge production. This questions the extent to which the "emancipatory effects" of collaboration can be found in "the master's tools ([which] will never dismantle the master's house)" (Lorde 2007). Nevertheless, dismissing these efforts would be too easy. Following Audre Lorde's famous phrase is an often-overlooked sentence: "This fact is only threatening to those who still define the master's house as their only source of support" (Lorde 2007). Thinking further with Lorde means being attentive to the other, unexpected ways in which the GHDP collaboration may have been generative of unexpected "sources of support" or "opportunities" to the GHDP researchers as well as the professional academics involved in the collaboration. The GHDP researchers found different individual meanings in the collaboration. It is through the very conversations that we have with each other that the GHDP, as well as the co-writing initiatives, continue to evolve and take on new forms.

2.6   A way forward: Creating new rooms and welcoming epistemic diversity

Wrestling with mechanisms of exclusion in academia, the collaboration opened up opportunities for critical reflective conversation about experiences of researching, writing, and publishing polyphonic texts (Abdalla et al. 2021; Reed/Schenck 2023). In this sense, the collaboration brought "marginalized, different and alternative points of view" (Escobar 2007) in relation to the academic publishing industry into conversation with an academic audience interested in rethinking this very system. Co-authoring with a meta-reflective objective provided a way to more explicitly link up the graduates' experiences navigating their relationships to their individual research fields throughout the publication process, with an academic audience interested in facilitating and decolonizing precisely this process. For Gerawork, for example, the limits and demands of academic writing made it difficult for his orientation to his research field to come through in his own research essays. On the other hand, in meta-reflective co-authored texts, the very polyphonicity of the text and the fact that disagreements could be made explicit "denaturalize[d] the researcher's voice as the sole authority of the knowledge produced" (Lugones/ Spelman 1983) and lent itself well to reflexive conversation, focused on process and experience and bringing together the voices of researchers who draw on different fields. On this, Kate observes: "It is much easier to understand something of Gera's perspective and relationship to his interviewees through the meta-reflections in the co-authored piece than it is in, e.g., his *Africa Today* essay" (Kate Reed, email correspondence, 2022). By using collaborative writing methods for a reflective purpose, we pluralized the field itself. Acknowledging that we each wrote from situated geographic and epistemic fields, we also shared a common research field in the form of the GHDP and our research collaborations. Concretely, digital conversations between co-authors, the shared Google documents, emails, and WhatsApp calls back and forth became our new field. This field was simultaneously a room where new conversations could take place. This in-between field/room was a mental and digital space to which we brought our relationships, our mutual trust in one another, and our knowledge about our strengths and weaknesses, as well as our technological and temporal limitations. We inhabited this digital space also as a by-product of setting out on our paths of co-writing a meta-reflective chapter about what we had been engaged in for about two years at the time. This new space expanded our practice as historians: the tools we used (in history, WhatsApp is not a common research tool) and the way we worked (history writing mostly consists of single author works, so collaboration is not something we are taught) were new for us. The final products we were striving towards, while published with reputable university presses and publishers, were also by their very nature pushing on the boundaries of historical scholarship.

Written co-authorship, then, was one step in a much longer process. It offered us the opportunity to reflect on the successes and accomplishments of the community researchers and the GHDP as a course. It also allowed us to bring into the open discussions about material and power imbalances and tensions that characterized the GHDP from its inception. Openly addressing these tensions amongst our co-authors is a learning experience for all. Some things we can address (providing internet vouchers); others are beyond our reach (paywalls on secondary sources). Living with the unsolvable tensions and mediating them as best we can are important capacities to develop if we are to be able to move forward. One productive tension that emerged from our conversations is that to date, our formally co-authored work has been for largely academic audiences at the expense of focusing our attention on non-academic formats. Now that we have intervened in creating "history in the final instance" (Trouillot 2015: 25) it is perhaps time to address the emancipatory potential inherent in addressing non-academic audiences with historical research. As a first step in this new direction, we have shared a questionnaire with our team to collect ideas about the possible formats in which we can talk/write/share our research more broadly.

This is not to say that our collaborations have not had outcomes that go beyond academic publications: the *globalhistorydialogues.org* website does not have an explicitly academic audience in mind and the anthology, too, is written for an interested public. Nor is it the case that GHDP participants see no value in academic publishing. As Phocas notes, "I did research on the health field, the other [authors did it in culture], the other in refugees, so this book [*The Right to Research*, 2023] I said wow, we are going to make it and it is going to help. And I expected [the readers] to learn about different perspectives or people and they are going to love it" (Phocas Maniraguha, WhatsApp voice correspondence, 2022). The collaborative nature of the GHDP was also of value to participants. As Muna writes, "I got to learn about other topics that are as much important as mine and I believe what the other co-authors did was amazing" (Muna Omar, personal correspondence, 2022).

Understanding co-writing as a multi-stage process bringing together different fields and creating new rooms enables us to see transformations in how participants understand themselves in relation to the world as a constitutive part of the co-authoring process. Gerawork writes, "As I have been receiving dozens of comments when I was conducting research, I also now confidently give comments to students and [on] student-researchers' papers. On top of that, I also write independently and sometimes participate in conferences" (Gerawork Teferra, email correspondence, 2022). Richesse, similarly, believes that he has become more self-confident and capable of self-expression (Richesse Ndiritiro, online interview with Johanna, 2022). Teaching staff also experienced significant learning and growth as a result of the course and its ongoing collaborations. For Kate, for instance, teaching and co-writing through the GHDP has been a formative experience in thinking about the complexities of engaged scholarship and university-community partnerships, as well as a crash course in academic publishing (Kate Reed, email correspondence, 2022).

2.7   Towards a conclusion

Feminist scholars such as Meera Sabaratnam (2011: 801) have called for "unsettling … where epistemic authority lies between 'researcher' and 'subject.'" In this chapter we have unsettled this division, just as we have shown that the traditional division between the field (as a site of extraction) and academia (as a site of interpretation and knowledge production) does not hold true for our co-writing initiatives. Rather, we have demonstrated that we form a new authorial collective as co-researchers, each participating from their own fields and united in the attempt to expand academic conversations. In this chapter, we have attempted to think through the scope and practicalities involved in co-authoring between people within and outside the academy, people living in their distinctive fields, people visiting the fields of the others, and people creating new fields of inquiry and interpretation in the interstitial spaces between traditional fields and academic rooms. We have argued that overcoming moments of silencing in historical knowledge production and diversifying research texts does not start or end with textual production itself. Rather, multiple forms of labor and resources enable the co-writing process, many of which remain hidden from the view of the reader of the eventual textual product. In the case of the GHDP, the first steps were setting up pedagogical structures to enable the sharing of tools and methodology through which learners from different walks of life would become researchers in their own right. This means, in turn, the production of relationships built on mutual trust, the teaching and practice of academic writing conventions and argumentative structures, the teaching and practice of source creation through oral history, and the facilitation of spaces in which to analyze research findings. The production of new historical narratives is built on these prior steps. To create "history in the final instance" the production of spaces and rooms where those narratives, and their narrators, are taken seriously is key. Secondly, in co-authoring for academic contexts, the role of mediators between the worlds of academic publishing and the worlds of community researchers was key in the GHDP. Success in publishing academically relied on collaboration with Kate and Marcia, as professional academics embedded in networks that facilitated their access to publication opportunities and funding. Their training in speaking the expected academic language enabled them to navigate the conventions to negotiate between those conversant in academic conversations and the GHDP participants. This resulted in output that created conversations that contributed to shifting the academic rooms for which they were written.

Refugees, such as most of the co-authors of this project, are not in need of being "given a voice." Over the course of the collaboration project, however, it became clear to us that the cultures of knowledge production in academic conversation rooms favor—both implicitly and explicitly—certain ways of speaking and writing over others. This is a phenomenon that Achille Mbembe (2015) has referred to as "epistemic traditions" and historian Diana Jeater (2018) describes as the subtle modes through which scholars, particularly those from the African continent, are excluded from academic conversations. In other words, what is deemed to constitute academic texts shapes who is and who is not able to write and what they are able to say. This is reflected in the actual experience of co-writing. However much we, as professional academics, regarded ourselves as facilitating the entry of the community researchers' narratives into academic and public conversations, that facilitation always depended on both an unequal power relationship between ourselves and participants, and our willingness to nudge, edit, and shape their work to fit academic conventions (even if the results expand these very conventions). It is also reflected in the scarcity of spaces available to researchers trying to publish works that are written by a multitude of voices, rather than a single joint voice. Calls for inclusion of community researchers, in other words, often do not consider the ways in which material differences and other traditions of knowledge creation and forms of storytelling shape outputs. The negotiations involved in moving knowledge produced by community researchers into the spaces of professional academia are often rendered invisible to the reader of the final written product. Calls for collaboration of mixed author teams tend to downplay the power vested in those professional academics who are trained to think, write, and speak in accordance with the epistemic traditions of mainstream academia. How to overcome the gate-keeper role of professional academic publishing in both the research and publishing process is a structural discussion concerning an entire industry of knowledge production. Access to academic publishing remains a central inequality in any co-writing project, not least given an economy of academic knowledge production in which authors are paid little, if at all, for their research unless they hold university positions, external grants, or other sources of income that are unequally accessible to (encamped) refugees and displaced people.

We do not wish to dismiss calls for inclusion of voices from the field out of hand; after all, we continue to engage with the GHDP and our co-authored projects. We hope to have shown all participating authors come to the co-writing process from their fields; in addition, the co-writing process becomes a shared field in itself. Bringing the different fields together allows for entering into existing academic rooms and expanding the conversations that take place therein. By offering an expanded understanding of co-authorship that includes the diverse forms of labor and relationality discussed here, we also hope to de-center the text as the locus of concern, focusing also on questions of process. What emerges from processes of co-authorship beyond words on a page? What processes are required for co-authorship to take place at all? Attention to process suggests that the temporalities of co-authoring matter. While a text may be static, its creation and reception are anything but. Much as the essays, chapters, and articles discussed here went through round after round of revision, so, too, have (and will) our processes of co-authorship writ large. To return to Lorde, neither the dismantling of the master's house, nor the construction of new sources of support, will happen overnight. They will require time, personal commitment from everyone involved, material and immaterial resources, and epistemic shifts. Co-authoring can engage all of these issues, albeit always in fraught relation with existing power structures and hierarchies. But texts can only do so much: as Táíwò (2020) writes, we face also the task of building new rooms, new houses, new ways of being.

Referenced Interviews

Gerawork Teferra, email correspondence, January 20, 2022.
Gerawork Teferra, email correspondence, 2020.
Ismail Alkatheeb, email correspondence, February 4, 2022.
Marcia Schenck and Kate Reed, online group interview with Johanna Wetzel, Potsdam-Oxford-Cape Town, January 19, 2022.
Muna Omar, email correspondence, January 22, 2022.
Muna Omar, email correspondence, 2020.
Phocas Maniraguha, WhatsApp voice correspondence, February 4, 2022.
Richesse Ndiritiro, online interview with Johanna Wetzel, February 6, 2022.

Referenced Literature

Abdalla, Mohamed Zakaria/Ndiritiro, Richesse/Omar, Muna/Reed, Kate/Rer, Samson/ Schenck, Marcia C./Teferra, Gerawork (2021): »Opportunities and Challenges of Oral History Research through Refugee Voices, Narratives, and Memories: History Dialogues«, in: Staci B. Martin/Deepra Dandekar (Eds.), Global South Scholars in the Western Academy: Harnessing Unique Experiences, Knowledges, and Positionality in the Third Space, New York: Routledge, P. 171–185.

Alcoff, Linda (2022): »The Problem of Speaking for Others«, in: Cultural Critique 20, P. 5–32.

De Lima Grecco, Gabriela/Schuster, Sven (2020): »Decolonizing Global History? A Latin American Perspective«, in: Journal of World History 31(2), P. 425–446.

Escobar, Arturo (2007): »Worlds and Knowledges Otherwise«, in: Cultural Studies 21(2-3), P. 179–210.

Freitag, Ulrike/von Oppen, Achim (Eds.) (2010): Translocality. The Study of Globalising Processes from a Southern Perspective, Leiden, Boston: Brill.

Gupta, Akhil/Ferguson, James (1997): »Discipline and Practice: 'The Field' as Site, Method, and Location in Anthropology«, in: Akhil Gupta/James Ferguson (Eds.), Anthropological Locations: Boundaries and Grounds of a Field Science, Berkeley: University of California Press, P. 1–46.

Hyman, Larry M. (2001): »Fieldwork as a State of Mind«, in: Martha Ratliff/Paul Newman (Eds.), Linguistic Fieldwork, Cambridge: Cambridge University Press, P. 15–33.

Jeater, Diana (2018): »Academic Standards or Academic Imperialism? Zimbabwean Perceptions of Hegemonic Power in the Global Construction of Knowledge«, in: African Studies Review 61(2), P. 8–27.

Lorde, Audrey (2007): »The Master's Tools Will Never Dismantle the Master's House«, in: Sister Outsider: Essays and Speeches, Berkeley: Crossing Press, P. 110–114.

Lugones, María C./Spelman, Elizabeth V. (1983): »Have We Got a Theory for You! Feminist Theory, Cultural Imperialism and the Demand for 'The Woman's Voice'«, in: Women's Studies International Forum 6(6), P. 573–581.

Martin, Staci B./Dandekar, Deepra (Eds.) (2021): Global South Scholars in the Western Academy: Harnessing Unique Experiences, Knowledges, and Positionality in the Third Space, New York: Routledge.

Martin, Staci B./Warsame, Daud I./Bigirimana, Christophe/Lajustine, Ves-tine U./Teferra, Gerawork/Abdi, Adbirahman S./Taban, John O. (2018): »Kakuma Refugee Camp: Where Knowledge and Hope Resides«, in: Enakshi Sengupta/Patrick Blessinger (Eds.), Refugee Education: Integra-tion and Acceptance of Refugees in Mainstream Society, Bingley: Emerald Publishing, P. 139–155.

Mbembe, Achille (2015): »Decolonizing Knowledge and the Question of the Archive«, WISER (Wits Institute for Social and Economic Research), South Africa: University of the Witswatersrand.

Mignolo, Walter D. (2009): »Epistemic Disobedience, Independent Thought and Decolonial Freedom«, in: Theory, Culture and Society 26(7-8), P. 159–181.

Nimführ, Sarah (2020): »Reflections on Collaborative Knowledge Production in the Context of Forced Migration«, in: Feministische Geo-RundMail 83, P. 29.

Omar, Muna (2022): »The Invisibles on Their Way into the Unknown: Diasporic Wounds of Migrants and Refugees from the Horn of Africa to the Arabian Peninsula«, in: Africa Today 69($\frac{1}{2}$), Special Issue: Rethinking Refuge: Pro-cesses of Refuge Seeking in Africa, P. 191–214.

Reed, Kate/Schenck, Marcia C., (Eds.) (2023): The Right to Research: Histori-cal Narratives by Refugee and Global South Researchers, Montreal: McGill-Queen's University Press.

Reed, Kate/Teferra, Gerawork (2022): »›No Words‹: Refugee Camps and Empa-thy's Limits«, in: Public Books, see https://www.publicbooks.org/refugee-camps-empathy-narrative/

Sabaratnam, Meera (2011): »IR in Dialogue ... But Can We Change the Subjects? A Typology of Decolonising Strategies for the Study of World Politics«, in: Millennium 39(3), P. 781–803.

Said, Edward W. (1978): Orientalism, London: Routledge/Kegan Paul.

Schumaker, Lyn (2001): Africanizing Anthropology: Fieldwork, Networks, and the Making of Cultural Knowledge in Central Africa, Durham: Duke Uni-versity Press.

Spivak, Gayatri Chakravorty (1988): »Can the Subaltern Speak?«, in: Cary Nel-son/Lawrence Grossberg (Eds.), Marxism and the Interpretation of Cul-ture, Basingstoke, UK: Macmillan Education, P. 271–313.

Táíwò, Olúf̣emi O. (2020): »Elite Capture and Epistemic Deference«, in: The Philosopher, see https://www.thephilosopher1923.org/essay-taiwo

Teferra, Gerawork (2022): »Kakuma Refugee Camp: Pseudopermanence in Permanent Transience«, in: Africa Today 69($\frac{1}{2}$), Special Issue: Rethinking Refuge: Processes of Refuge Seeking in Africa, P. 163–190.

Teferra, Gerawork (2023): »Fostering Camp Education«, in: Kate Reed/Marcia C. Schenck (Eds.), The Right to Research: Historical Narratives by Refugee and Global South Researchers, Montreal: McGill-Queen's University Press, P. 47–75.

Thompson, Paul (2017): The Voice of the Past: Oral History, New York: Oxford University Press.

Trouillot, Michel-Rolph (2015): Silencing the Past: Power and the Production of History, Boston: Beacon Press.

von Unger, Hella (2014): »Einleitung: Zur Aktualität der partizipativen Forschung«, in: Hella von Unger (Ed.), Partizipative Forschung. Einführung in die Forschungspraxis, Wiesbaden: Springer Fachmedien, P. 1–12.

3 Collaborative writing to make a change
Antworten und Fragen zum Weiterdenken über das kollaborative Schreiben als hegemoniekritische Forschungspraxis

Leona Sandmann

Zu einem späten Zeitpunkt der Überarbeitung dieses Beitrags sind es Worte von Jane Speedy, ehemals Professorin für Bildungswissenschaften an der Universität Bristol, heute als freischaffende Künstlerin weiter eng dem kollaborativen Schreiben und Schaffen verbunden (Kirkpatrick et al. 2021), die mich nicht loslassen wollen. Sie benennt pointiert, in fast prosaischer Form, was das kollaborative Schreiben in der Forschung zu bewirken vermag:»The work of collaborative writing groups draws explicit attention to the myriad ›inhabitants‹ of academic silence« (Speedy 2014: 49); und weiter: »It is an act of acknowledging the inhabitants of some of our academic silences.« (Ebd.: 47) Drängende Fragen der Repräsentanz, der Hierarchiestrukturen moderner Hochschulen und Gesellschaften und der Bedeutung von Wissensgenese und Wissenschaftsdiskurs werden dadurch aufgeworfen. Wer ist sichtbar und wird gehört, wer bleibt unsichtbar?

Angestoßen durch diesen Sammelband habe ich mich im vergangenen halben Jahr mit dem kollaborativen Schreiben als hegemoniekritische Forschungspraxis auseinandergesetzt. All die Gedanken, Fragen, Bedenken und Zweifel, die mich in der Zeit beschäftigten, habe ich in meinem Forschungstagebuch festgehalten. Das alles passiert vor dem Hintergrund meiner Annäherung an ein mögliches Promotionsprojekt und beruht primär auf autoethnografischen Beobachtungen. Ich stütze mich auf das Wissen aus meiner bisherigen sozialwissenschaftlichen Forschung in und zu kleinen Städten und Peripherisierungsprozessen, Erfahrungsmomenten aus der empirischen Feldforschung, Gesprächen mit Freund*innen und Kolleg*innen aus der Wissenschaft sowie ausgewählten Texten, die mir in die Hände gefallen sind und mich inspiriert haben. Auch die neugewonnene

Expertise aus meiner Ausbildung zur Schreibpädagog*in lasse ich in meine Reflexionen über das kollaborative Schreiben miteinfließen.

Die Form dieses Beitrags ist ein Experiment. Ich verbinde knappe Forschungstagebucheinträge und ausführlichere Gedankengänge zu einer Mischung aus Forschungstagebuch, Essay und Exposé und möchte so den Prozess der Entstehung dieses Beitrags transparenter machen. Mein Schreibstil ist bewusst zugänglich gehalten. Ich verzichte weitestgehend auf exklusiven Sprachgebrauch und abstrahierte Formulierungen meiner Gedanken. Dieser Beitrag folgt keinem Anspruch auf Vollständigkeit, sondern ist vielmehr eine Abbildung des Status Quo eines Gedankengangs im Wandel und Prozess. Es ist mein erklärtes Ziel, mit diesem Beitrag stellenweise mehr Fragen aufzuwerfen als zu beantworten.

Im Folgenden formen chronologisch fortlaufende Einträge aus meinem Forschungstagebuch – markiert durch kursive Textstellen – als selbstreflexive Gedankengänge den Rahmen für meine je auf eine bestimmte Fragestellung ausgerichteten Ausführungen zu Gegenstand, Form und Praxis des kollaborativen Schreibens.

Juli 2021 – Über einen Mailverteiler bin ich auf den Call für das Buchprojekt »Writing Together« aufmerksam geworden. Mit einer Mail an die Herausgeberinnen habe ich eigentlich nur meine Begeisterung und Neugier ausdrücken wollen, ohne Absicht, selbst etwas zu diesem Sammelband beizutragen. Den Hintergrund meines Interesses erläuternd, hatte ich mein eigenes Forschungsinteresse wie folgt kurz skizziert:

> »[...] die Projektidee für meine Dissertation bewegt sich entlang der Verknüpfung des Schreibens und Forschens. Es ärgert mich immer wieder ganz gewaltig, dass Kleinstädte – insbesondere ostdeutsche Kleinstädte, mit denen ich mich befasse – von Negativerzählungen und diffamierenden Stereotypen geprägt sind; und dass diese Darstellung z.T. auch in der Forschung noch immer so reproduziert wird. Mein erster Impuls als (unausgereifte) Idee war daher das Design eines partizipatorischen Projekts, in dem die Menschen »im Feld« eigene Narrative entwickeln und schreiben können und sich so einen Teil der Deutungs- und Diskursmacht erstreiten, der ihnen sonst verwehrt bleibt oder abgesprochen wird.« (Ausschnitt aus dem Email-Verkehr vom 12.07.2021)

Im Austausch mit den Herausgeberinnen gelangten wir schließlich gemeinsam zu dem für mich unerwarteten Ergebnis, meine Annäherung an ein kollaboratives Forschungsdesign zu einem Teil dieses Sammelbandes zu machen.

Die grobe Idee ist also geboren, ich aber bin noch unentschlossen: Habe ich wirklich was zu sagen?

August 2021 – Es folgte ein kurzes Telefonat mit einer Herausgeberin als follow-up auf unseren Mailverkehr. Wir erörtern gemeinsam, was ich einreichen kann und einigen uns auf einen Reflexionsbeitrag, ein Forschungstagebuch vielleicht. Das Format bleibt mir freigestellt, zwischen drei und 15 Seiten ist alles vorstellbar.

Von da an nutzte ich jede sich bietende Gelegenheit, mit anderen jungen Wissenschaftler*innen über das kollaborative Schreiben zu reden. Wir erörtern gemeinsam, was das eigentlich sei und was dies für unsere eigene Forschungspraxis bedeuten kann. Wie wird Wissen in unseren Disziplinen produziert? Mit welchen Methoden arbeiten wir? Und warum?

In den Geschichtswissenschaften zum Beispiel spielen *oral history* und Zeitzeug*inneninterviews gegenwärtig eine große Rolle. Aber wer erzählt dabei, wer gibt welche Geschichten wieder? Und darf das unkommentiert stehen bleiben? Oder anders gefragt: Was folgt daraus, wenn letztlich doch wieder die Forschenden die Macht über die Analyse und Publikation innehaben (so wie es häufig, wenn auch nicht immer, der Fall ist)? Fragen unserer eigenen Positioniertheit drängten sich auf. Wer sind wir als Wissenschaftler*innen inmitten von alledem? Aus welcher Position und Perspektive heraus forscht jede*r Einzelne von uns und ergibt sich daraus nicht schon eine selektive Sicht, wenn Narrative durch Analysierende und Schreibende geformt werden, die keineswegs frei von Wert- und Normvorstellungen sind? Objektivitätsansprüche sind schließlich hochgesteckte und unerreichbare Ideale der Forschung (Haraway 1995). Wenn wir kollaborativ forschen und schreiben wollen, welche Rolle und Verantwortung tragen wir als Wissenschaftler*innen? Und welches Selbstverständnis unserer Rolle als Wissenschaftler*in bleibt, wenn wir unsere Vormachtstellung auf Wissensproduktion teilen? Ich kann nicht abstreiten mich im ersten Moment durch den Gedanken bedroht gefühlt zu haben. Schließlich habe ich mir selbst gerade erst einen Platz erfochten in diesem fragilen, prekären Wissenschaftssystem, das wenig Sicherheiten bietet. Die eigene Machtposition und Privilegien, aber auch die eigene Prekarität zu reflektieren wird damit unverzichtbar bei einer kollaborativen Forschungspraxis.

In den folgenden Wochen und Monaten habe ich mich mit folgenden Fragen auseinandergesetzt: Was bedeutet kollaboratives Schreiben, und welche Formen nimmt es an, sowohl im Prozess als auch im Resultat? Wer ist daran beteiligt? Worin liegt der Mehrwert einer kollaborativen Schreibpraxis, und für wen? Braucht das kollaborative Schreiben ei-

ne eigene definierte Methodik, um reflektiert werden zu können? Und wie gehen wir mit der Ambivalenz von Sichtbarkeiten um?

Kollaboratives Schreiben ist für mich eng verwoben mit kollaborativer Forschung. Den kollaborativen Charakter sehe ich im gemeinsamen Forschen, Denken, Diskutieren und Evaluieren von Wissenschaftler*innen und Nicht-Wissenschaftler*innen, was zur Grundvoraussetzung für das gemeinsame Publizieren wird. Dementsprechend sind es zunächst die Fragen »Was ist kollaborative Forschung und warum braucht es eine kollaborative Forschungspraxis?«, denen ich meine Gedanken und Perspektiven auf der Suche nach Antworten hinzufügen will.

3.1   Warum braucht es kollaborative Forschung?

Aus meiner disziplinären Perspektive betrachtet sind Formen des kooperativen oder kollaborativen Forschens nicht neu, sondern stehen in der Tradition der Fachdisziplin. Die Stadt- und Raumplanung ist aufgrund ihres Forschungsgegenstands eng mit Menschen und Institutionen außerhalb der Hochschule verbunden, bereits im Studium und vor allem im anschließenden Planungsberuf. Die anwendungsnahe Fachdisziplin ermöglicht und fordert kooperatives und kollaboratives Forschen und Arbeiten. Aus der Praxis bin ich mit diesen Ansprüchen also vertraut. Woran es mir fehlte war ein klares theoretisches Verständnis der Ansprüche und Formen kollaborativer Forschung, wie sie gegenwärtig praktiziert wird.

Auf der Suche nach Antworten auf meine Fragen bin ich auf die Forschung von Fontanari, Karpenstein, Schwarz und Sulimma (2014) gestoßen, die kollaboratives Forschen als »die praxisnahe Produktion von Wissen durch gleichberechtigte Beteiligte aus Forschung/Wissenschaft und Praxis/Aktivismus« (2014: 112) definieren. Kollaborative Forschung hat dabei den erklärten Anspruch, etwas für die Beteiligten zu bewirken, denn – ähnlich wie in der Aktionsforschung – ist es ihr Ziel »sich nicht nur mit der Produktion von wissenschaftlichen Texten [zu begnügen], sondern auch und vor allem zu konkreten Veränderungen und Entwicklungen im sozialen Gefüge [zu] führen« (ebd.: 118). Forschung darf also nicht nur des Forschungswillens wegen stattfinden.

Anfänge, Aufbau und Abschluss kollaborativer Forschungsprojekte lassen sich jedoch nicht in bekannte Muster einordnen, was Fragen aufwirft wie:

Von wem geht der erste Impuls aus? Wie wird entschieden, wer oder was be-forscht oder er-forscht wird? Sollten Grenzen gezogen werden zwischen Praxis und Theorie, Forschung und Aktivismus? Und wenn ja, wo? Mit welchem Ziel forscht man gemeinsam? Geht es um das gemeinsame Publizieren, den gemeinsamen Aktivismus, die Infragestellung und Abwandlung bestehender Normen der Forschungspraxis? Und was braucht es für eine erfolgreiche Zusammenarbeit? Ist das gemeinsame Ziel genug, oder braucht es gegenseitige Sympathie und Vertrauen als Voraussetzung? (vgl. Fontanari et al. 2014: 113).

Was sich in diesen Fragen widerspiegelt, ist der Anspruch kollaborativer Forschung, hegemoniale Strukturen kenntlich zu machen und aufzubrechen. Um dieser Herrschaftskritik gerecht zu werden, bedarf es nach Kessl und Maurer (2012: 44) »radikaler Reflexivität« seitens aller Beteiligten. Der Umgang mit der eigenen Deutungsmacht, den verbalen und schriftlichen Beiträgen anderer und das Aushalten und Aushandeln von Differenzen im Forschungsverband müssen beständig reflektiert werden (Fontanari et al. 2014: 115). Das erfordert Flexibilität und macht einen kollaborativen Forschungsprozess nur bedingt planbar. Zudem beruht die Kollaboration auf Freiwilligkeit. Wie also mit dieser Unplanbarkeit und divergierenden Graden von Verbindlichkeit umgehen? Und wie gelingt der Sprung von der gemeinsamen Datenerhebung über die Analyse zum gemeinsamen Schreiben und Publizieren? Denn wie bereits der Aufruf dieses Sammelbandes hervorgehoben hat: Kollaborative Forschung geht selten über die gemeinsame Analyse und Auswertung der erhobenen Daten hinaus.

Oktober 2021 – Ich habe das Gefühl, mich thematisch ein wenig verrannt zu haben, ohne mich dem kollaborativen Schreiben auch nur anzunähern, während ich mein eigentliches Promotionsprojekt gerade vollkommen aus dem Blick verliere. Meine tägliche Projektarbeit und ein Forschungsaufenthalt in Finnland ließen zuletzt wenig Zeit für andere Projekte. Also zurück zu den Ursprüngen: Wieso ist kollaboratives Forschen mir überhaupt ein Anliegen? Und wo schließt sich der Bogen zum kollaborativen Schreiben?

Ich versuche mich zurückzubesinnen, wo meine Neugier auf kollaborative Forschungspraxis ihren Ursprung hat und stoße in meiner Erinnerung auf etliche Situationen bisheriger empirischer Feldforschungen, aus denen sich meine persönliche Überzeugung des Mehrwertes kollaborativer Forschungspraxis ableitet. Mir kommen Momente aus der Empiriephase meiner Masterarbeit in den Sinn, in der ich die Handlungs(un)fähigkeit institutioneller Akteur*innen auf lokaler bis regionaler Ebene in einem peripherisierten Raum zum Forschungsgegenstand gemacht habe (Sandmann 2020): Die von mir interviewten Menschen waren sich der impliziten Machtstrukturen meiner Forschung bewusst. Sie wussten: Ich komme mit Fragen zu ihnen, die ich definiert habe und die sie beantworten sollen. Einzig über ihre Antworten konnten sie also Einfluss auf die Ergebnisse meiner Forschung nehmen. Die Macht und Verantwortung zu entscheiden, wie ich diese Informationen auslege und kontextualisiere, fiel zurück in meine Hände. Im Prozess der Auswertung war ich die Person, die entschied, wem und was ich Gewicht gebe, und was ich außen vor lasse. In Konsequenz dessen wurde ich als Forschende*r in einem stigmatisierten Raum von Positiverzählungen überspült. Kaum jemand, von regionalen Verbänden bis zu Ortsteilbürgermeister*innen, hat ein »schlechtes« Wort über die eigene Region und Menschen verloren. Schuldtragend für das, was schieflief, war die Abhängigkeit von Ministerien und andere übergeordnete Kräfte, deren Entscheidungen sie unterlagen und nicht beeinflussen konnten. Was sie aber beeinflussen konnten, war meine Wahrnehmung der Situation. Und sie wollten, dass ich zur Abwechslung mit meiner Arbeit ein »positives« Bild zeichne, das sich abhebt von diffamierenden Fremdzuschreibungen in populären Medien wie Tageszeitungen, TV-Beiträgen und Co, die nicht müde werden, alte Zuschreibungen von Hoffnungslosigkeit und Wertlosigkeit zu reproduzieren (Bürk 2013; Bürk/Beißwenger 2013 für eine eindrucksvolle Fallbeschreibung oder Pinkster/Ferier/Hoekstra 2020). Was ich damit zum Ausdruck bringen will, ist, dass die Ergebnisse meiner Empirie eingefärbt und verzerrt wurden von der Machtbalance zu meinen Gunsten.

Die persönliche Agenda der Akteur*innen – mir ein »gutes« Bild ihrer Region zu zeichnen –dominierte unsere Gespräche. Es fehlte an Vertrauensbasis und Ebenbürtigkeit, als dass wir es darüber hinaus geschafft hätten, auf einer tieferen Ebene ehrlich miteinander Fragen nach den Strukturen und Prozessen der Stigmatisierung sowie den Auswirkungen der Machtverschiebungen durch Reformprozesse und Reaktionen und Antworten darauf zu erörtern. Und meine Fragen durch ihre Fragen zu ergänzen.

Von einem kollaborativen Forschungsansatz, der von Beginn an klar aushandelt und definiert, wie der Forschungsprozess gemeinsam gestaltet wird, verspreche ich mir deswegen die Überwindung dieser Machtdynamik und das Schaffen von Vertrauen, indem die Kontrolle über das, was veröffentlicht wird, nicht gänzlich an mich als Forscher*in abgetreten wird. Und damit meine ich kein Recht auf Zensur, sondern das gemeinsame Aushandeln der Ergebnisse. Denn die alleinige Expertise zu beanspruchen und dadurch die Expertise der Menschen aus der Praxis abzuwerten, schadet mehr als es nutzt.

Und es sind ebenfalls Erfahrungen wie diese, die mir deutlich demonstrieren, dass ich aus meiner eigenen Positioniertheit nicht herauskomme. Ich werde als Frau wahrgenommen, jung, *weiß* und privilegiert genug, um studiert zu haben und in der Wissenschaft arbeiten zu können. Aus Sicht der kleinen Städte, in denen ich forsche, komme ich vergleichsweise aus der Großstadt. Man merkt mir meinen »urbanen Lifestyle« an meiner Frisur, Kleidung und Sprache an. Und am wichtigsten: Ich komme nicht von hier. Ich bin im ehemaligen Westen aufgewachsen, spreche Hochdeutsch und habe keinen merkbaren Dialekt. Ich forsche aber im ehemaligen Osten Deutschlands. Und all das kommt mit mir ins Feld. So sehr ich also auch um ein weißes Blatt in meinem Kopf bemüht bin, wenn ich ein mir bisher unbekanntes Feld betrete, kann mir das nur bedingt gelingen. Ebenso wie auch mein Auftreten Erwartungshaltungen und Wertvorstellungen im Kopf meines Gegenübers erweckt. Und das ist okay! Das zu reflektieren gehört essenziell zur Forschung dazu. Niemand ist davon befreit. Aber es schränkt mich auch ein und verhindert Zugänge: Zu Menschen, aber auch zu Wissen und Themen. Fragen können nicht wertfrei und neutral sein, wenn ich sie stelle. Nicht aufgrund ihres Inhalts, sondern aufgrund der Person, welche die Frage stellt. Jemand anders würde andere Antworten bekommen. Oder gar erst andere Fragen stellen. Hier sehe ich den Mehrwert im kollaborativen Forschen mit Personen und Institutionen, die andere Werte und Normen vertreten als die akademische Forschung. Durch ihre eigene Positioniertheit können sie andere Perspektiven einbringen, die sonst unsichtbar blieben.

November 2021 – Meine Überlegungen laufen weniger linear ab, als in diesem Beitrag dargestellt. Von der Frage des »Warums« komme ich in wechselseitigen Schleifen immer wieder zu einer anderen zentralen Frage: Mit wem kollaborativ forschen (und schreiben)? Wer will und kann überhaupt mitforschen und letztlich mitschreiben? Das ist schließlich auch eine Frage von Ressourcen wie Zeit, Geld und Nutzen.

3.2 Mit wem kann und sollte kollaborativ geforscht werden?

Wenn kollaborative Forschung den Anspruch an sich stellt mit tradierten Formen der Wissensgenese zu brechen und die Macht- und Diskriminierungsstrukturen anerkannter Forschungspraxis in Frage zu stellen, warum nimmt sie dann vorrangig Menschen mit wenig Macht in ihren Fokus? (z.B. Brenssell/

Lutz-Kluge 2020; Nimführ/Sesay 2019; Fontanari et al. 2014; diverse Beiträge in Kindon/Pain/Kesby 2010).

Vorbrugg, Klosterkamp und Thompson (2021), Mitglieder des Arbeitskreises Feministische Geographien sowie Teil des Autor*innenkollektivs Geographie und Geschlecht, zitieren aus einem Beitrag der Anthropologin Laura Nader (1969), der mir dazu einiges zu denken gegeben hat. Sie reflektiert die politische Verantwortung ethnografischer Forschungspraxis unter den Stichworten »studying up/studying down power« wie folgt:

> »If we look at the literature based on fieldwork in the United States, we find a relatively abundant literature on the poor, the ethnic groups, the disadvantaged; there is comparatively little field research on the middle class, and very little first hand work on the upper classes. Anthropologists might indeed ask themselves whether the entirety of fieldwork does not depend upon a certain power relation in favour of the anthropologist, and whether indeed such dominant-subordinate relationships may not be affecting the kinds of theories that we are weaving. What if, in reinventing anthropology, anthropologists were to study the colonizers rather than the colonized, the culture of power rather than the culture of the powerless, the culture of affluence rather than the culture of poverty?« (Nader 1969: 289, zit.n. Vorbrugg/Klosterkamp/Thompson 2021: 86)

Ich habe mich ertappt gefühlt. Fragen sozialer Gerechtigkeit ziehen sich als roter Faden durch meine bisherigen Forschungsschwerpunkte. Ich nehme vorrangig die Akteur*innen und Räume in den Fokus, die strukturellen Ungleichheiten unterliegen. Aus Sicht der Forschung eine bequeme moralische Position, derer mich die Worte Naders (ebd.) deutlich bewusst werden ließen. Zugleich aber scheue ich zurück vor den Mächtigen. Und damit stehe ich nicht allein da. Der Blick der kritischen Stadtforschung lenkt sich häufig auf Situationen und lebensweltliche Erfahrungen von Marginalisierung, Diskriminierung und Entwürdigung (Großmann/Trubina 2022). Und auch hier, in meinen Überlegungen zum kollaborativen Forschen und Schreiben, habe ich bisher ausschließlich an marginalisierte Gruppen und Individuen als Kollaborationspartner*innen gedacht.

Doch Vorbrugg, Klosterkamp und Thompson (2021) appellieren zurecht an die Privilegienträger*innen unter uns Wissenschaftler*innen, unseren Zugang zu anderen Räumen und Strukturen zu nutzen und Machtdimensionen »nach oben« zu erforschen. Sie bieten für das Forschen mit machtvollen Akteur*innen eine Orientierungshilfe in Form einer Checkliste: Wie positioniere ich mich den Institutionen gegenüber, mit denen ich forsche? Wie kann ich sicherstellen, nicht selbst Opfer ihrer institutionalisierten Macht zu werden? Welche Unterstützungsstrukturen gibt es, mit denen ich mich selbst absichern kann usw. Den Risiken dieser Forschung muss Rechnung getragen werden und dennoch »ist es Teil unserer Verantwortung dafür zu sorgen, dass Risiken für Forschende uns in der Konsequenz nicht zum ›studying down power‹ verleiten, weil wir dann weniger zu befürchten haben« (ebd.: 89).

So sehr ich dem zustimme, spüre ich dennoch einen Widerstand in mir. Es widerstrebt mir, »studying up power« mit einer kollaborativen Forschungspraxis zu vereinen. Wieso sollte ich diejenigen weiter bestärken wollen, die bereits mächtig sind, eine Stimme mit Gewicht haben? Es erscheint mir idealistisch, davon auszugehen, dass gegenwärtig zu Gunsten mächtiger Institutionen, Gruppen oder Einzelpersonen wirkende Machtstrukturen gemeinsam analytisch durchdrungen werden können, um Änderungen zu bewirken; gesellschaftspolitisch ebenso wie im Forschungsfeld. Zugleich bin ich überzeugt davon, dass strukturelle Veränderungen zu bewirken besser gelingt, wenn machtvolle Akteur*innen Teil des Prozesses sind und nicht nur Adressat*innen der Forschungsergebnisse. Auch weil es falsch ist, Macht mit Diskriminierung und Repression gleichzusetzen und machtvollen Akteur*innen damit ihre Bereitschaft zu Lernerfahrungen, Selbstreflexion und Sensibilität für die Verantwortung ihres Handelns abzusprechen. Kollaborative Forschung sollte »studying up« also leisten können, aber nicht um jeden Preis. Es geht mir dabei nicht zuletzt um Haltungsfragen und Intentionen auf Seiten aller Beteiligten. Fraglich bleibt für mich, ob und wie sich eine Trennlinie zwischen Machtposition und der Privatperson dahinter mit ihren eigenen Privilegien und Restriktionen ziehen lässt. Das wird besonders dann relevant, wenn die kollaborative Forschungspraxis auch das gemeinsame Schreiben beinhalten soll. Ich verstehe Schreiben, auch in der Wissenschaft, als etwas sehr Persönliches, das nur bedingt von der Person zu trennen ist.

An die Frage der Machtbeziehungen knüpft für mich die Frage nach den Voraussetzungen auf zwischenmenschlicher Ebene für das kollaborative Forschen an, die Fontanari, Karpenstein, Schwarz und Sulimma (2014) bereits aufgeworfen haben. Sympathie, Vertrauen, Freundschaft – sind das die Grundbedingungen kollaborativer Forschungspraxis? Sarah Nimführ (2020: 29) betont die Freundschaft zwischen ihr und Buba Sesay (s. auch Nimführ/ Sesay 2019) als Ausgangssituation der gemeinsamen Veröffentlichung. Gesa Kirsch (2013) hingegen weist auf den schmalen Grat zwischen *friendship* und *friendliness* in der qualitativen Sozialforschung hin und betont die ethischen

Implikationen ungeklärter Beziehungsebenen zwischen Forschenden und Be-Forschten, die zu enttäuschten Erwartungshaltungen, Vertrauensverlust/-missbrauch und Missverständnissen führen können. Für mich sind es daher Respekt und Anerkennung, die maßgeblich das Miteinander bestimmen sollten. Inwiefern Freundschaft dabei förderlich oder hinderlich ist, lässt sich jedoch pauschalisiert nicht beantworten, denke ich.

Dezember 2021 – Das Schreiben bewegt mich grade stark, persönlich wie auch in der Wissenschaft. Im Herbst hat meine Ausbildung zur Schreibpädagog*in begonnen, wobei kreative Schreibprozesse in Gruppen im Fokus stehen. In Abgrenzung dazu stellt sich mir die Frage: Welche Funktion hat das Schreiben in der Wissenschaft eigentlich? Und folglich, welche Bedeutung hat es, den Dokumentations- und Publikationsprozess von Forschung für andere, sonst Unbeteiligte, zu öffnen? Und wie greife ich in diesen Diskurs ein mit meinem individuellen Denken und Schreiben über das kollaborative Schreiben?

3.3 Über die Bedeutung des Schreibens in der Wissenschaft

Schreiben ist der Prozess der Ausformung von Wissen. Über das Schreiben wird in der Wissenschaft Diskurs geführt. In Publikationen unterschiedlicher Art wird über Erkenntnisse und Forschungsprinzipien diskutiert, das kollektive Wissen erweitert, immer mit Rückbezug auf zuvor Publiziertes. Es ist also ein entsprechend langwieriger und zäher Diskurs, in dem manche Stimmen lauter sind und andere verschwinden, unsichtbar bleiben oder gemacht werden. Diese Diskursform und ihre Sprache ist etwas, was man im akademischen Studium lernt zu verstehen, sich anzueignen und für sich zu nutzen. Wissenschaftliches Schreiben kann und muss gelernt werden (Ueding 1996).

Wissenschaftliche Publikationen sind aber auch eine Form der Währung in der Wissenschaft, die über den eigenen Status bestimmt. Die Zahl, Frequenz und Qualität der Veröffentlichungen – und auch wo veröffentlicht wird – bestimmen maßgeblich den eigenen Status und Erfolg von Bewerbungen auf Stellen und Fördergelder. Noch dazu, so zeigen es eigene Erfahrungen und Erzählungen von Kolleg*innen aus der Wissenschaft, erfolgt das Publizieren in der Regel ohne Vergütung als »ehrenvolle« Aufgabe, häufig begleitet von zeitaufwendigen und nicht immer wertschätzenden Reviewprozessen. Mir drängt sich also die Frage auf: Was haben Nicht-Wissenschaftler*innen davon, in diesen Prozess eingebunden zu werden?

Die Vorteile, die sich aus wissenschaftlichen Publikationen ergeben, scheinen primär Wissenschaftler*innen zu nutzen. Auf einer ideellen Ebene verstehe ich, wie das gemeinsame Schreiben dazu beitragen kann, den wissenschaftlichen Diskurs um intersektionale Perspektiven zu bereichern, hierarchische Strukturen der Wissensgenese aufzubrechen und Stimmen in einen Diskurs zu holen, der sonst *über* sie und nicht *mit* ihnen schreibt. Zeitgleich schildert Nimführ (2020: 31) die Hürden, auf die sie stößt beim Publizieren kollaborativer Schreibprojekte. Eine institutionelle Anbindung wird erwartet und auf Abweichungen dieser Norm wird wenig unterstützend reagiert. Welche Form der Publikation ist also sinnvoll? Für mich ist entscheidend, dass vor allem auch die Nicht-Wissenschaftler*innen etwas daraus mitnehmen. Wird damit der selbstherausgegebene Sammelband zur zugänglicheren Alternative des peer-reviewten Journals? Oder der Wissenschaftsjournalismus mit einer anderen Zielgruppe und Reichweite als akademische Veröffentlichungen? Einerseits frage ich mich, ob es nicht am Grundanspruch des kollaborativen Schreibens als transformative Praxis vorbeigeht, wenn Ausweichrouten dieser Art genutzt werden. Zugleich lässt mich aber auch das ungute Gefühl nicht los, dass eine ideelle Grundsatzdebatte auf den Schultern marginalisierter Gruppen und Personen ausgetragen wird, die zu Stellvertreter*innen werden im Kampf von tradierten und progressiven Wissenschaftsformen.

Dazu kommt der Anspruch an wissenschaftliche Veröffentlichungen an Sprache, Stil und Struktur. Die Wissenschaft nutzt eine eigene komplexe Sprache, die schwer zugänglich sein und häufig nur exklusiv verstanden werden kann. In meiner Forschung bislang hat sich wiederholt die Frage gestellt, was ich an die be-forschten Menschen im Feld zurückgeben kann. Meine wissenschaftlichen Publikationen sind ihnen in der Regel wenig zugänglich. Auch weil Englisch in der internationalen Debatte der Standard ist und nicht alle Zugang zu dieser Sprache haben. Wenn also kollaborativ geschrieben wird mit unterschiedlichen Erfahrungsgraden und Schreibpraxen, wie kann es gelingen, dass dem Anspruch renommierter Journals Rechnung getragen wird, man zeitgleich aber nicht paternalistisch agiert im Forschungsverbund? Vielleicht ist das aber auch ein verfehlter Ansatz und die eigentliche Forderung sollte es sein, die Standards der Wissenschaftssprache weit genug aufzubrechen und unser Bild dessen, was und wer »wissenschaftlich« ist, kritisch neu aufzustellen.

Januar 2022 – Bei diesen Gedanken erinnere ich mich an ein Gedicht der Künstlerin und Schriftstellerin Grada Kilomba, das Kübra Gümüşay, Aktivistin und Autorin, in ihrem

Buch »Sprache und Sein« (2020: 58) zitiert. Darin bringt Grada Kilomba das diskriminierende Machtgefälle der Wissenschaftssprache und Wissensproduktion auf den Punkt:

> When they speak, it is scientific,
> when we speak it is unscientific,
> Universal/specific;
> objective/subjective;
> neutral/personal;
> rational/emotional;
> impartial/partial;
> they have facts, we have opinions;
> they have knowledge, we have experience.
> *Grada Kilomba*

3.4 Kollaboratives Schreiben als politischer Akt

»Collaborative writing to make a change« habe ich diesen Beitrag betitelt und übertrage damit den Anspruch des kollaborativen Forschens – nicht nur Wissen des Wissens wegen zu produzieren, sondern konkrete Veränderungen zu bewirken – auf das kollaborative Schreiben und wissenschaftliche Publizieren. Ich verstehe es als eine Form des Widerstandes, als einen politischen Akt. Denn Wissenschaften bleiben exklusiv. Ihre Zugänge begrenzen sich durch strukturelle Ungleichheiten entlang von Geschlecht, *race*, Ableismus, Alter und Klassismus (s. bspw. Altieri/Hüttner 2020 zu Erfahrungsberichten zu Klassismus in der Wissenschaft). Selbst wer den Zugang schafft, dem bieten sich kaum langfristige Perspektiven in projektfinanzierter Forschung und entsprechend prekären Verhältnissen (medial präsent und diskutiert durch den im Juni 2021 entstandenen Twitter-Trend #ichbinhanna, der Kritik übt am Wissenschaftszeitgesetz). Wenige können sich diese Unsicherheiten auf Dauer leisten. Trotz Diversitätsförderung bleiben Zugangshürden bestehen, die darüber entscheiden, welche Menschen an Wissensgenese teilhaben und wer nicht. Zwar werden Zugänge leichter und zumindest *weiße* Frauen kommen in der Wissenschaft an, die wissenschaftliche Autorität bleibt dennoch weiterhin vorrangig männlich und *weiß*. Gegen das »Herrenrecht des Schreibens« (Cixous 1977: 36) anzuschreiben, macht das Schreiben damit zu einem Akt der Selbstermächtigung für über- und ungehörte Stimmen (Czerney/Eckert/Martin 2021: 190).

Virginia Woolfs (1928) Forderungen nach einem »room on its own« sind also weiter brandaktuell.

In Fortführung dieser Gedanken spitzt die Psychologin und Schreibcoachin Joan Bolker in ihrem Essay »A Room of Ones Own is not Enough« Woolf's Forderung noch weiter zu: Ein Raum für sich sei noch lange nicht genug. Es braucht Mut, die eigene Stimme zu finden, die eigene Sprachlosigkeit zu überwinden. Ein Prozess, in dem ich selbst mich noch befinde. Es ist immer wieder aufs Neue zermürbend und demoralisierend zu beobachten, dass der Begriff des Imposter-Syndroms (Hochstapler-Syndrom) nicht nur mein eigenes Denken begrifflich fasst, sondern fast synonym steht für eine junge Generation von Wissenschaftler*innen um mich herum (Abdelaal 2020 formuliert ausführlichere Gedanken dazu). Dieser Beitrag ist also auch als ein Akt der Emanzipation zu verstehen.

Doch die eigene Sprachlosigkeit zu überwinden und die Macht der eigenen Stimme zu nutzen birgt auch Gefahren:

> »Schreiben ist gefährlich, weil man etwas von sich weggibt und damit rechnen muss, dass man es erstens nicht zurückbekommt und zweitens etwas damit gemacht wird, was man nicht beabsichtigt hat. Die Schreibende macht sich verletzlich, durchsichtig und benutzbar.« (Czerney/Eckert/Martin 2021: 190)

Das Schreiben im Kollektiv wirkt deswegen bestärkend, denn Empowerment als »Wachstum von Selbstvertrauen und Selbstachtung, von Selbstbewusstsein und vom Verständnis der eigenen Handlungsmacht und -fähigkeit« (ebd.: 189) ist kollektiv machtvoller als individuell. Zudem bietet das Kollektiv Sicherheit. Mit der individuellen Identität in der des Kollektivs aufzugehen ist das, was Porter und Rippin (2014: 55) metaphorisch als »hooded writing« bezeichnen, denn: »by keeping my hood up I can safely reveal myself.« Auch das Pseudonym schützt Identitäten, die nicht klar erkennbar mit der Veröffentlichung in Verbindung gesetzt werden dürfen aus realer Bedrohtheit der eigenen Person (Nimführ 2020: Fußnote 21).

Das kollaborative Schreiben verstehe ich deswegen als einen politischen Akt, der mit dem Finger auf Ungleichheiten zeigt und uns herausfordert, Denkweisen und Normen scharf zu hinterfragen, indem wir Stimmen in den Diskurs einladen bzw. sich Platz nehmen lassen, die sonst außen vor bleiben. Es wird zu einem *act of empowerment*. Was dabei jedoch nicht vergessen werden darf: Wir müssen uns bewusst machen, dass wir ein Ideal verfolgen. Das kollaborative Handeln beruht auf Freiwilligkeit und alle Beteiligten haben das Recht jederzeit Grenzen (neu) zu ziehen. Auch mitten im Prozess einer kollaborativen Arbeit können stets Zeiteinschränkungen, auseinandergehende Interessen, konfligierende Wertvorstellungen und divergierende Einsatzbereitschaft das Projekt beeinflussen. Dafür braucht es Respekt und Anerkennung (Kirsch 2013: 2169).

Januar 2022 – Ein Mitglied meiner queerfeministischen Schreibgruppe hat mich auf den Vortrag von Dr. Lena Eckert »Schreiben, Gender, Kollaborieren. Wor(l)dings of doing academia« an der Uni Jena aufmerksam gemacht. Ihre Ausführungen zu den Zusammenhängen von Schreiben und Denken, Feminismus, Schreiben und kollaborativem Schreiben als dekoloniale Praxis waren enorm bereichernd. Viele meiner Gedanken haben sich in ihrem Vortrag wiedergefunden, aber es öffneten sich mir auch neue Perspektiven dadurch; speziell das Verständnis von Schreiben als feministischen, emanzipativen Akt der Selbstermächtigung.

3.5   Wie kann kollaboratives Schreiben Form nehmen?

»All writing is collaborative, insofar as all writing is an embodied and imagined accumulation of selves and stories.« (Speedy 2014: 50)

Das kollaborative Schreiben muss als Bestandteil des wissenschaftlichen Methodenkanons nicht gänzlich neu erfunden werden. Kollaboratives Schreiben hat in feministischen Kreisen als emanzipatorische Praxis bereits lange Tradition. Andere Autor*innen haben sich damit bereits ausgiebiger befasst (s. Eckert 2022 für weitere Ausführungen), weswegen ich mich an dieser Stelle dem kollaborativen Schreiben aus dem Blickwinkel der Schreibforschung zuwenden möchte. Bereits seit den 1980er Jahren befasst diese Disziplin sich intensiv mit *collaborative writing* aus unterrichtswissenschaftlicher Sicht als Lehr- und Lernmethode (Lehnen 2000). Die Linguistin Neomy Storch (2019) definiert kollaboratives Schreiben in Abgrenzung von kooperativem Schreiben als einen Prozess, der alle daran Beteiligten gleichwertig verantwortlich macht:

»I view collaborative writing as an activity with very distinct traits (see Storch 2013). I define collaborative writing as an activity that requires the co-authors to be involved in all stages of the writing process, sharing the responsibility for and the ownership of the entire text produced. These traits distinguish collaborative writing from cooperative writing.« (Storch 2019: 1)

Sie macht deutlich, dass es nicht um die Teilung der Aufgaben und Kapitel untereinander geht, sondern um das gemeinsame Produzieren des gesamten Textes. Den kommunikativen Charakter der gemeinsamen Textproduktion heben Rechenberg-Winter und Haußmann (2015: 335) hervor, die das kollaborative Schreiben eines Textes als einen sozialen, dialogischen Prozess im Austausch zwischen zwei und mehr Menschen verstehen, wobei die einzelnen Textbestandteile später nicht mehr eindeutig einer Person zuordenbar sind. Nun besteht ein wissenschaftlicher Text aber aus verschiedenen Bestandteilen, die rein vom inhaltlichen Anspruch nicht von jeder Person verfasst werden können (abhängig davon z.B. wie intensiv man sich mit der Empirie oder Theorie befasst hat). Wissenschaftliche Beiträge von mehreren Autor*innen verstehe ich deswegen nicht per se als kollaborative Schreibprojekte.

Kollaboratives Schreiben muss also anders ausgehandelt werden. Es braucht ein gemeinsames Verständnis davon, was den kollaborativen Charakter des gemeinsamen Schreibens auszeichnet. Das gemeinsame Produzieren eines möglichst großen Anteils an Text sollte dabei meines Erachtens richtungsweisender Maßstab sein. Damit dies gelingen kann, braucht es eine Schreibpraxis, die zu allen passt. Es braucht Absprachen darüber, wer was wie schreibt und wer welches Recht auf Korrektur und Änderungen hat. Es braucht geeignete technische Voraussetzungen wie ein für alle zugängliches Programm (technisch und kostenbedingt) und Datenschutzvorkehrungen. Es stellen sich Fragen einer gemeinsamen Zitationssoftware und Absprachen im Umgang damit. Es braucht die Bereitschaft, sich auf die Arbeitsweisen der anderen Beteiligten einzulassen und Kompromisse zu finden, sich Zeit zu nehmen für Treffen, ob online oder in Präsenz (die Suche von Sakellariadis et al. 2008 nach einem Raum für ihr gemeinsames Schreiben ist instruktiv als Einblick in das digitale Kollaborieren). Und es braucht eine Reflexion und Transparenz über diesen Prozess. Alle anderen Abschnitte der Forschung folgen einer Methodik als Reflexionsbasis, also sollte das gleiche für das gemeinsame Schreiben gelten.

Die Praktikabilität und Umsetzung dessen lösen jedoch Bedenken und Zweifel in mir aus. Wie kann kollaboratives Schreiben im Prozess aussehen? Für Lena Eckert (2022) ist ein kollaborativer Schreibprozess jedes Mal anders und damit nicht zu generalisieren. Die anwesenden Personen in Zahl und Persönlichkeit, die Vertrauens- und Beziehungsebenen untereinander, das

Thema, die Schreibmethode – all das prägt den Schreibprozess im Kollektiv. Das macht die Auseinandersetzung mit dem Schreibprozess als solchem unerlässlich. Um ihn in seinen Bestandteilen zu verstehen und einen kollaborativen Schreibprozess aushandeln und evaluieren zu können, bedarf es eines Grundverständnisses der Schreibdidaktik.

Die einzelnen Bestandteile des Schreibprozesses variieren in ihrer Differenzierung je nachdem, welchem Grundlagenwerk man folgt (ein idealtypisches Modell für den Arbeitsprozess an wissenschaftlichen Texten findet sich bspw. bei Wolfsberger 2007). Worauf sie sich letztlich runterbrechen lassen, ist im Wesentlichen die Unterscheidung in kreative und analytische Schreibphasen. Also Phasen, in denen (im möglichst freien Schreibfluss) viel Rohtext entsteht und Phasen, die der Überarbeitung und Verdichtung dieser Rohtexte dienen. Das ist selten ein linearer Prozess mit scharf trennbaren Phasen. Aber es braucht ein Bewusstsein für diese Phasen ebenso wie für unterschiedliche Schreibtypen. Das Einbinden schreibdidaktischer Übungen kann bereichernd sein, um in der Schreibkollaboration zusammen eine Stimme zu finden (diverse Übungen finden sich u.a. bei Scheuermann 2016, bspw. »Ink-Shedding« für Schreibanfänge im Kollektiv). Für die analytischen Phasen ist die gemeinsame Auseinandersetzung mit Feedbackmethoden unerlässlich. Textfeedback kann unter unterschiedlichen Prämissen, Zielstellungen und Herangehensweisen erfolgen. Dies unter allen Schreibbeteiligten klar auszuhandeln ist notwendig (Grundlagen zum Textfeedback finden sich bei Elbow 1989 oder Wolfsberger 2007), um Frustration und Missverständnissen vorzubeugen.

Auch wenn sich ein kollaborativer Schreibprozess kaum pauschalisieren lässt (und sollte), deuten sich hier und in anderen Beiträgen dieses Sammelbandes vielfältige Möglichkeiten eines Methodenkanons an, aus dem geschöpft werden kann. Nicht zuletzt, um dem Risiko zu entgehen, kollaboratives Schreiben als Selbstläufer fehleinzuschätzen. Denn das Schreiben als solches bedarf in seiner Funktion weniger als das Publizieren von Ergebnissen gedacht, sondern als integraler Bestandteil des gemeinsam zu Ergebnissen Kommens verstanden zu werden. Und dafür braucht es vor allem eines: Zeit – ein häufig knappes Gut in projektgebundener Forschung. Gemeinsame Schreibzeiten zu etablieren wird damit ebenso wichtig, wie sich auf Schreibformen und Inhalte zu verständigen. Schreibretreats oder schreibdidaktisch moderierte Schreibwerkstätten stelle ich mir als Bereicherungen einer kollaborativen Schreibpraxis vor, die helfen können, die unendlich vielfältigen Wünsche, Erfahrungen und Intentionen im Forschungskollektiv auszuhandeln.

Und doch frage ich mich angesichts der Unabwägbarkeiten, die sich in diesen Vielfaltsversprechen verbergen, ob ich selbst überhaupt in der Lage dazu bin, kollaborativ zu schreiben. Auch weil das Schreiben für mich persönlich ein weitestgehend solitärer Schaffensprozess bleibt. Diesen Teil meiner Arbeit anderen gegenüber zu öffnen, fühlt sich sehr verletzlich an. Und es verlangt viel Geduld, Ruhe, Selbstsicherheit und Selbstreflexivität. Ich glaube nicht jede*r kann das gut. Nicht nur der Forschungsgegenstand als solcher und die eigene Positioniertheit sind entscheidend, sondern auch persönliche Eigenschaften der Forscher*innen. An erster Stelle steht für mich daher die ehrliche Antwort von allen potentiellen Beteiligten: Seht ihr euch dazu in der Lage, gemeinsam zu schreiben, Inhalte und Konflikte intensiv miteinander auszuhandeln, eventuelle Fehler einzugestehen und euch Zeit zu nehmen für diesen Prozess und dessen Evaluation? Und wenn das Experiment scheitert, könnt ihr es als erfolgreichen Versuch und nicht als missglücktes Produkt anerkennen?

3.6 Schlussgedanken

Von meinem eigentlichen Promotionsthema bin ich ein Stück weit abgekommen. Auch weil ich mir früh in diesem Prozess grundlegende Fragen gestellt habe, die einen kollaborativen Forschungsansatz in weite Ferne rücken. Denn mit Blick auf ein mögliches Promotionsprojekt frage ich mich, darf ich überhaupt kollaborativ forschen im Rahmen dieser Qualifizierungsarbeit? Und sehe ich mich persönlich in der Lage, die Verantwortung, die mit einem kollaborativen Projekt einhergeht, zu tragen? Die unterschiedlichen Perspektiven und Ansprüche gerecht auszuhandeln? Und ein grundlegender Zweifel: Kann man kollaboratives Forschen und Schreiben überhaupt planen? Kann ich ein solches Vorhaben für mich entwickeln und umsetzen wollen? Ich habe das Gefühl, damit kreiere ich schon auf der allerersten Ebene falsche Voraussetzungen. Denn wie Fontanari, Karpenstein, Schwarz und Sulimma (2014: 112) richtigerweise fragen: »Von wem geht der Impuls aus?« bzw. von wem sollte er ausgehen?

Kollaboratives Schreiben hat für mich einen zutiefst transformativen Ansatz. Ich sehe unheimlich viel Potenzial darin – als feministischer, machtkritischer, selbstermächtigender Akt. Und ich habe große Lust, mich darin auszuprobieren, mich selbst zu beobachten in kollaborativen Schreibprozessen. Beobachten, was das mit mir macht, mit meinem Schreiben, meinem Denken. Aber ich bin noch nicht bereit, die Verantwortung für ein kollaboratives Forschungsprojekt zu tragen. Dafür bleiben zu viele Fragen offen.

Literaturverzeichnis

Altieri, Riccardo/Hüttner, Bernd (Hg.) (2020): Klassismus und Wissenschaft. Erfahrungsberichte und Bewältigungsstrategien (= Hochschule, Band 13), Marburg: BdWi-Verlag.

Bolker, Joan (1997): »A Room of Ones Own is not Enough«, in: Joan Bolker (Hg.), The Writer's Home Companion: An Anthology of the World's Best Writing Advice, from Keats to Kunitz, New York: Henry Holt & Co, S. 183–199.

Brenssell, Ariane/Lutz-Kluge, Andrea (Hg.) (2020): Partizipative Forschung und Gender – Emanzipatorische Forschungsansätze weiterdenken, Berlin/Toronto: Barbara Budrich.

Bürk, Thomas (2013): »Voices from the Margin: The Stigmatization Process as an Effect of Socio-Spatial Peripheralization in Small-Town Germany«, in: Andrea Fischer-Tahir/Matthias Naumann (Hg.), Peripheralization: The Making of Spatial Dependencies and Social Injustice, Wiesbaden: Springer Fachmedien, S. 168–186.

Bürk, Thomas/Beißwenger, Sabine (2013): »Stigmatisierung von Städten«, in: Matthias Bernt/Heike Liebmann (Hg.), Peripherisierung, Stigmatisierung, Abhängigkeit? Deutsche Mittelstädte und ihr Umgang mit Peripherisierungsprozessen, Wiesbaden: Springer Fachmedien, S. 125–145.

Cixous, Hélène (1977): Die unendliche Zirkulation des Begehrens. Weiblichkeit in der Schrift, Berlin: Merve.

Czerney, Sarah/Eckert, Lena/Martin, Silke (Hg.) (2021): DIY, Subkulturen und Feminismen, Berlin: Marta Press.

Eckert, Lena (27.01.2022): »Schreiben, Gender, Kollaborieren. Wor(l)dings of doing academia« (online Vortrag), Friedrich-Schiller-Universität Jena, Veranstaltungsreihe *Universität in der Krise?_Forum für Kritik*.

Elbow, Peter (1998): Writing with Power: Techniques for Mastering the Writing Process, New York: Oxford University Press.

Fischer-Tahir, Andrea/Naumann, Matthias (2013): »Introduction. Peripheralization as the Social Production of Spatial Dependencies and Injustice«, in: Andrea Fischer-Tahir/Matthias Naumann (Hg.), Peripheralization: The Making of Spatial Dependencies and Social Injustice, Wiesbaden: Springer Fachmedien, S. 9–26.

Fontanari, Elena/Karpenstein, Johanna/Schwarz, Nina V./Sulimma, Stephen (2014): »Kollaboratives Forschen als Methode in der Migrations- und Sozialarbeitswissenschaft im Handlungsfeld Flucht und Migration«, in: Labor

Migration, Vom Rand ins Zentrum. Perspektiven einer kritischen Migrationsforschung, Berliner Blätter 66, S. 111–129.

Großmann, Katrin/Trubina Elena (2022): »Dignity in Urban Geography: Starting a Conversation«, in: Dialogues in Human Geography [online first].

Gümüşay, Kübra (2020): Sprache und Sein, München: Hanser Berlin.

Haraway, Donna (1991): »Situated Knowledges – The Science Question in Feminism and the Privilege of Partial Perspective«, in: Donna Haraway (Hg.), Simians, Cyborgs, and Women: The Re-Invention of Nature, London, S. 183–201.

Haußmann, Renate/Rechenberg-Winter, Petra (2015): Arbeitsbuch Kreatives und biografisches Schreiben – Gruppen leiten, Göttingen: Vandenhoeck & Ruprecht.

Kessl, Fabian/Maurer, Susanne (2012): »Radikale Reflexivität als zentrale Dimension eines kritischen Wissenschaftsverständnisses Sozialer Arbeit«, in: Elke Schimpf/Johannes Stehr (Hg.), Kritisches Forschen in der Sozialen Arbeit. Gegenstandsbereiche – Kontextbedingungen – Positionierungen – Perspektiven, Wiesbaden: Springer Fachmedien, S. 43–56.

Kindon, Sara/Pain, Rachel/Kesby, Mike (2010): Participatory Action Research Approaches and Methods. Connecting People, Participation and Place, Oxford/New York: Routledge.

Kirkpatrick, Davina/Porter, Sue/Speedy, Jane/Wyatt, Jonathan (Hg.) (2021): Artful Collaborative Inquiry – Making and Writing Creative, Qualitative Research, London/New York: Routledge.

Kirsch, Gesa E. (2013): »Friendship, Friendliness, and Feminist Fieldwork«, in: Signs – Journal of Women in Culture and Society 30(4), S. 2163–2172.

Lehnen, Katrin (2000): Kooperative Textproduktion – Zur gemeinsamen Herstellung wissenschaftlicher Texte im Vergleich von ungeübten, fortgeschrittenen und sehr geübten SchreiberInnen. Unveröffentlichte Dissertation, Bielefeld.

Nader, Laura (1969): »Up the Anthropologist: Perspectives Gained From Studying Up«, in: Dell Hymnes (Hg.), Reinventing Anthropology, New York: Pantheon Books, S. 284–311.

Nimführ, Sarah (2020): »Reflections on collaborative knowledge production in the context of forced migration«, in: Feministische Geo-Rundmail Nr. 83.

Nimführ, Sarah/Sesay, Buba (2019): »Lost in Limbo? Moving Contours and Practices of Settlements of Non-deportable Refugees in the Mediterranean Area«, in: Comparative Migration Studies Journal 7(26), S. 1–19 [online first].

Pinkster, Fenne M./Ferier, Marijn S./Hoekstra, Myrte S. (2020): »On the Stick-iness of Territorial Stigma: Diverging Experiences in Amsterdam's Most Notorious Neighbourhood«, in: A Radical Journal of Geography Antipode 52(2), S. 522–541.

Porter, Sue/Rippin, Ann (2014): »Hood Up and Hood Down Writing: Anonymity, Community and Identity«, in: Jane Speedy/Jonathan Wyatt (Hg.), Collaborative Writing as Inquiry, Newcastle: Cambridge Scholars Publishing, S. 52–65.

Sakellariadis, Artemi/Chromy, Sam/Martin, Viv/Speedy, Jane/Trahar, Sheila/Williams, Susan/Wilson, Sue (2008): »Friend and Foe? Technology in a Collaborative Writing Group«, in: Qualitative Inquiry 14(7), S. 1205–1222.

Sandmann, Leona (2020): Die Handlungs(un)fähigkeit der Peripherie – Auswirkungen der Gemeindegebietsreform in Sachsen-Anhalt auf Prozesse der inneren Peripherisierung und Ressourcen lokalpolitischer Akteur_innen zur Bildung von Gegenmacht. Unveröffentlichte Masterthesis, Weimar.

Scheuermann, Ulrike (2016): Schreibdenken – Schreiben als Denk- und Lernwerkzeug nutzen und vermitteln, Opladen/Toronto: Barbara Budrich.

Speedy, Jane (2014): »Collaborative Writing and Ethical Know-How: Movement within the Space Around Scholarship, the Academy and Social Research Imaginary«, in: Jane Speedy/Jonathan Wyatt (Hg.), Collaborative Writing as Inquiry, Newcastle: Cambridge Scholars Publishing, S. 44–51.

Storch, Neomy (2019): »Research Timeline – Collaborative writing«, in: Language Teaching Surveys and Studies 52(1), Cambridge University Press, S. 40–59.

Storch, Neomy (2013): Collaborative writing in L2 classrooms, Bristol: Multilingual Matters.

Ueding, Gert (1996): Rhetorik des Schreibens – Eine Einführung. Weinheim: Beltz Athenäum.

Wolfsberger, Judith (2007): Frei geschrieben – Mut, Freiheit und Strategie für wissenschaftliche Abschlussarbeiten, Wien/Köln/Weimar: Böhlau Verlag.

Woolf, Virginia ([1928] 2005): A Room of One's Own, Harcourt.

Vorbrugg, Alexander/Klosterkamp, Sarah/Thompson, Vanessa (2021): »Feldforschung als soziale Praxis: Ansätze für ein verantwortungsvolles und feministisch inspiriertes Forschen«, in: Autor*innenkollektiv Geographie und Geschlecht (Hg.), Handbuch Feministische Geographien – Arbeitsweisen und Konzepte, Berlin/Toronto: Barbara Budrich, S. 76–96.

4 Textgestalten als multimodal experimentelle Kollaborationen zwischen Design und Anthropologien

Luisa Hochrein, Isabella Kölz, Lena Schweizer und Lukasz Singiridis

Abb. 4.1: Experimental Collaboration

© Luisa Hochrein, 12.01.2022

4.1   Einleitung: Vom Erfahrungenteilen und kollaborativ design-anthropologischen Experimenten

Auf den folgenden Seiten denken wir viel nach. Wir schauen zurück auf unsere bisherigen gemeinsamen Erfahrungen in kollaborativen Schreibprozessen, verstanden als »multimodales« (Dattatreyan/Marrero-Guillamón 2019) Arbeiten an, aber auch »beyond text« (Cox/Irving/Wright 2016). Unser Erfahrungsbericht bereitet unser Nachdenken verschriftlicht sowie durch Illustrationen, Comics und Skizzen auf. Zentral steht dabei unser Umgang mit Herausforderungen, die sich uns als design-anthropologischem Team im Kontext eines *writing together* (for academia) stellen: Textgestaltung bedeutet für uns immer *mehr* als aneinandergereihte Worte: Unsere gemeinsamen Projekte finden on- und offline statt, verbinden Methoden aus Informationsdesign und den Anthropologien, entstehen in Experimenten mit unterschiedlichen Medien, Formaten, visuellen Elementen und Materialien, die *alle* relevant für unsere gemeinsamen Schreib- und Textgestaltungsprozesse sind. Multimodale Experimente passen als solche aber häufig nur schwer in die gängigen Print- und Onlineformate der kulturanthropologischen Community und müssen am Ende wieder in Textform (teilweise ergänzt durch visuelle Elemente, die be*schriebene* Projekte illustrieren) umgewandelt werden. Angesichts dieser Herausforderungen verhandeln wir in unserem Beitrag zwangsläufig auch Fragen danach, wie akademische Logiken/Praktiken den Ausschluss gemeinsamer Wissensproduktion mit unseren Forschungspartner*innen bedingen und damit hegemoniale, anthropologische Praktiken verfestigen (Escobar/Restrepo 2010: 87). Kollaboratives Schreiben als multimodale Praxis zu begreifen, stellt für uns somit auch eine Möglichkeit dar, Schreiben und Lesen als privilegierte und exklusive Modi der (kulturanthropologischen) Wissensproduktion kritisch zu hinterfragen. Das Diskutieren dieser Fragen evozierte bei uns Reflexionen über unsere bisherigen Erfahrungen des kollaborativen Textgestaltens und des dabei zentralen Verwebens gestalterischer und kulturanthropologischer Methoden und Ansätze.

Ausgehend von diesen Erfahrungen wollen wir hier unsere Werkstatt öffnen, unseren experimentellen Prozess und unsere Werkzeuge zeigen, mit denen wir versuchen, (multimodales) kollaboratives Textgestalten in (kulturanthropologisch-)akademische Formate einzubinden. Weil eben dieser Beitrag genau eine solche Herausforderung darstellt (Layout und Format des Sammelbands sind vom Verlag vorgegeben), steht seine Genese hier exemplarisch dafür, wie kollaboratives *Schreib-Gestalten* für uns funktioniert. Unserem

Erfahrungsbericht voran haben wir einige Informationen zu unserem Autor*innen-Team und den Kontexten gestellt, in denen wir bisher miteinander gestaltet und geschrieben haben.

4.2 Autor*innen-Team

Das *Wir*, welches diesen Beitrag erzählt, steht für ein Team aus drei Informationsdesigner*innen (Luisa, Lukasz und Lena) und einer Kulturanthropologin (Isabella). Unsere designanthropologische Zusammenarbeit ist aus Isabellas kollaborativer Ethnografie zur Hochschulausbildung von Informationsdesigner*innen gewachsen. Lukasz, Luisa und Isabella haben sich bereits im Wintersemester 2019/2020 kennengelernt, als Isabella ihre Feldforschung und Luisa und Lukasz ihr Masterstudium begannen. In einem semesterübergreifenden Masterkurs trafen wir im Sommersemester 2020 auf Lena. Unsere experimentellen Kollaborationen basieren auf unserer gemeinsamen Auseinandersetzung mit Fragen danach, was Design(en) ist und wie es funktioniert. Seit dem Frühjahr 2020 ist unsere Vierergruppe durch das intensive Schaffen an unserem design-anthropologischen Projekt *StadtTagebücher Würzburg* immer enger zusammengewachsen. Weil sich unser Beitrag aus vier individuellen Erfahrungen zusammensetzt, tauschen wir unser gemeinsames *Wir* an manchen Stellen des Textes gegen unsere jeweiligen *Ichs* als Erzähler*innen aus. Diese Textstellen kennzeichnen wir mit unseren Namen, sodass nachvollzogen werden kann, wer hier schreibt (oder gestaltet).

4.3 Das Projekt StadtTagebücher Würzburg

»Das Projekt StadtTagebücher Würzburg ist ein seit 2021 von der Stadt Würzburg gefördertes Kulturprojekt für kreative Bürger:innenbeteiligung im Kontext partizipativer Stadtgestaltung. Zusammen mit sieben Würzburger Kooperationspartner:innen stellt der Verein StadtTagebücher Würzburg e.V. allen Interessierten die StadtTagebücher zur Verfügung. Neun Bücher liegen an ganz unterschiedlichen Orten Würzburgs aus. In sie können alle, die mitmachen wollen, schreiben, zeichnen oder malen, was sie in Würzburg erleben oder erlebt haben und welche Gedanken sie sich über das gemeinsame Leben in der Stadt machen. Ein zehntes Buch ist ›unterwegs‹ und besucht Menschen, die selbst nicht zu den Standorten der

Bücher kommen können. Das Projekt soll Bürger:innenstimmen Raum geben, Alltagswissen sammeln und Perspektivwechsel ermöglichen. Mit den StadtTagebüchern zielt der Verein auf eine Mitmach-Stadtkultur, eine zukunftsorientierte und vielfältige ›Heimatpflege‹ und eine Demokratisierung von Stadtgestaltung.« (Hochrein/Kölz/Schweizer/Singiridis 2022: o.S.)

Das obenstehende Zitat stammt von der Website[1] unseres Projekts *StadtTagebücher Würzburg*. Die meisten Erfahrungen, die wir im kollaborativen *Schreib-Gestalten* miteinander gemacht haben, stehen im Zusammenhang mit diesem Projekt. Entstanden ist das Konzept für die *StadtTagebücher* gemeinsam mit fünf weiteren Masterstudierenden. Noch im Konzeptstadium haben wir im Mai 2020 mit den *StadtTagebüchern* an einem Gründer*innen-Wettbewerb (»Social Innovators Challenge«) teilgenommen. Hierzu mussten wir gemeinsam ein Exposé schreiben, einen Pitch vorbereiten und wurden dann von einer Jury aus 48 teilnehmenden Teams in die Top Ten und damit ins Finale gewählt. Für die letzte Wettbewerbsrunde galt es einen *Elevator-Pitch* als Video[2] einzureichen. Auch wenn wir uns im Finale nicht unter den ersten drei platzieren konnten, waren wir vier so von unserem Projekt überzeugt, dass wir es nach dem Wettbewerb und mit dem Ende des Masterkurses nicht einfach aufgeben konnten: Gemeinsam haben wir im Juli 2020 Kulturförderung bei der Stadt Würzburg beantragt und erhalten[3]. 2021 gründeten wir einen Verein für partizipative Stadtgestaltung und vernetzten uns mit der internationalen stadtpolitischen Initiative *Recht auf Stadt*. Im Verlauf des Jahres konnten wir in Würzburg sieben Kooperationspartner*innen für die *StadtTagebücher* gewinnen, die das Projekt seit Anfang 2022 mit uns realisieren.

---

1   https://www.stadttagebuch-wuerzburg.de

2   Unseren Video-Pitch gibt es auf der Videoplattform *YouTube* zu sehen: https://www.youtube.com/watch?v=--jJavcEHb8&t=17s (24.08.2022).

3   Im Anschluss an Fragen nach der Finanzierung und Realisierung kollaborativer Projekte mit Forschungspartner*innen sei hier angemerkt, dass diese Förderung nicht mit der Schaffung von Stellen einherging. Sie ermöglichte es uns jedoch, beteiligte Personen (eine Webdesignerin, eine Illustratorin und den Buchbinder) für ihre Leistungen zu entlohnen sowie alle notwendigen Materialien anzuschaffen. Unsere Arbeit im Projekt blieb jedoch immer ehrenamtliche, nicht entlohnte Arbeit.

4.4 Methodische Implikationen: Ethnografieren mit Para-Ethnograf*innen

Was für die Gestalter*innen unseres Teams Usus war – kollaborativ an Projekten zu arbeiten, sich gegenseitig Feedback zu geben und so ständig auch in die Projekte der Kommiliton*innen involviert zu sein – war für Isabella zu Beginn ihres Feldaufenthalts an unserer Fakultät neu. Wir Gestalter*innen haben erst später verstanden, dass unser Arbeitsmodus und die Art, wie wir sie in unsere Projekte miteinbezogen, methodisch-methodologische Folgen für ihre ethnografische Forschung hatte, die sie wie folgt beschreibt:

>»Ich startete in mein Promotionsprojekt mit der sehr vagen Fragestellung, wie Informationsdesigner*innen gestalten lernen (und dabei Kultur/Welt/ Bedeutung ›herstellen‹). Um hierzu empirisches Material zu generieren, habe ich zwischen Oktober 2019 und Februar 2021 die Alltage an der Fakultät Gestaltung der FHWS begleitet. Ich stellte bereits während der Vorbereitung und der explorativen Phase meiner Feldforschung fest, dass meine zentrale Forschungsfrage (»Wie geht Gestalten? Wie wird dabei Kultur ›hergestellt‹?«) eine (wenn nicht sogar die) zentrale Frage für die Akteur*innen der Fakultät darstellt. Die meisten Fakultätsmitglieder beschäftigten sich mit sehr ähnlichen Fragen und fanden mein Forschungsprojekt spannend. Da sie mich als *intellektuelle Sparringspartnerin* verstanden, begannen Studierende wie Dozierende, mich einzuladen, gemeinsam an Projekten zu arbeiten, zusammen zu lehren und zu experimentieren. Auch wenn ich nicht darauf vorbereitet war oder es methodisch so geplant hätte, wurde meine ethnografische Forschung an der Fakultät »kollaborativ« (Lassiter 2005). Erst im Verlauf der ersten Wochen verstand ich, dass unser »shared set of interests« (Marcus 2008: 7) uns dazu ermutigte, experimentell zusammenzuarbeiten: Ich wurde eingeladen, an einer »epistemic community« (Criado/Estalella 2018: 1) zu partizipieren, die Gestalten als interdisziplinären, forschenden und oft kollaborativen Prozess versteht. Dieser epistemische Modus des kreativen und experimentellen Zusammenarbeitens, den die Anthropologen Paul Rabinow, George E. Marcus und Douglas R. Holmes als typisch für das »Designstudio« (Rabinow et al. 2008: 85) bezeichnen, transformierte mich von einer teilnehmenden Beobachterin des Alltagslebens an der Fakultät zu einem »epistemic partner« (Holmes/Marcus 2005), die aktiv am Alltagsleben mitwirkt. Je mehr ich in das Tun an der Fakultät eingebunden wurde, je mehr wurde mir klar, dass ich es hier mit Gegenübern zu tun

hatte, die sich mit ganz ähnlichen theoretischen Konzepten beschäftigten, mir methodisch vertraut arbeiteten und mit *designerischen* Mitteln Kultur analysierten. Nach Holmes und Marcus finden ethnografische Praktiken bereits in vielen verschiedenen Räumen wie bspw. Laboren, Universitäten oder Ateliers (»para-sites«) statt, wo unterschiedliche (nicht ethnografisch ausgebildete) Akteur*innen (»para-ethnographers«) sie anwenden (Marcus 2008: 7). Marcus und Holmes gehen davon aus, dass »para-ethnographers« somit selbst reflexive Berichte über sich und ›die Welt‹ erarbeiten, und damit selbst als Produzierende von Kulturanalysen verstanden werden müssen (Holmes/Marcus 2005). Hierdurch verändern sich nach Marcus die Beziehungen zwischen *Forscher*in und Beforschten* und der ethnografische Modus wechselt in eine gemeinsame Kollaboration zwischen »epistemic partners« (ebd.). Wie ich im Verlauf der ersten Wochen meiner Feldforschung feststellte, fand die Interaktion zwischen den Gestalter*innen und mir als »experimental collaborations« statt (Criado/Estalella 2018: 1), also durch Prozesse materieller und sozialer Interventionen, in denen wir gemeinsam dachten, diskutierten und gestalteten (ebd.). Im Verlauf meiner fast zweijährigen Feldforschung wurden Luisa, Lukasz, Lena und ich somit zu »epistemic partners« (Holmes/Marcus 2005), die in unterschiedlichen (gestalterischen) Projekten gemeinsam Wissen produzierten.« (Isabella)

4.5   becoming-together und writing-together

Wie bei all unseren gemeinsamen Projekten, ist auch die Struktur für diesen Beitrag aus gemeinsamen Gesprächen und Brainstormings gewachsen. Aus Isabellas Vorgehen während der Feldforschung haben wir es übernommen, solche Gespräche mitzuschneiden. Beim Nachhören fiel uns auf, dass die Begriffe aus dem Titel des Sammelbands *writing* und *together* auch in unserem Gespräch zentral sind – wenn auch in umgekehrter Reihenfolge, in der der Prozess unseres *becoming-together* die Praktiken unseres *writing-together* formt. Beim gemeinsamen Schreiben dieses Abschnitts entstand eine Art Textcollage aus unseren wörtlichen Zitaten/Transkripten, Textkommentaren, erzählerisch-beschreibenden Elementen und Einschüben aus anthropologischer/designwissenschaftlicher Literatur. Weil Lukasz sich am Entstehen dieses Beitrags nicht so intensiv beteiligen konnte, wie er sich gewünscht hätte – für uns aber klar war, dass wir die Erfahrungen unseres vollständigen

Teams aufzeigen wollten, *sampeln* wir O-Töne von Lukasz aus vorangegangenen Gesprächen der letzten zwei Jahre in diese Collage ein[4].

> »Ich denke [...], dass wir mehr sind, wenn wir gemeinsam forschen, schreiben und gestalten. Wenn wir zusammen sind, entwerfen wir gemeinsam, teilen unsere Gedanken, lesen neue Perspektiven.« (Lena)

Was Lena hier formuliert, ist eine Erfahrung, die wir alle gemacht haben: Unser gemeinsames Denken/Arbeiten/Schreiben hat uns verändert. Wir sind zusammen etwas Anderes, Transformiertes, Neues geworden, als wir es vor unserer Kollaboration waren. Dieses *becoming-together*, das *Wir-Werden*, das uns zu »epistemic partners« (Holmes/Marcus 2005) gemacht hat, beschreibt Luisa als zentral für unsere Kollaborationen:

> »Wichtig ist in einer derartigen Zusammenarbeit nicht nur die Sichtbarkeit des Ergebnisses und der Gruppe gemeinsam, sondern auch die der Mitglieder. Eine gemeinsame Stimme muss von allen als solche empfunden werden, die ihre eigene Stimme hineingeben, sie darf keine verschlucken, zum Verstummen bringen.« (Luisa)

Reflektieren wir gemeinsam, wie dieses »Wir« gewachsen ist, wird auch deutlich, dass unser gemeinsames Arbeiten uns größer und mutiger gemacht hat. Wir haben uns durch unser *together* empowered gefühlt. Für Isabella hängt dies auch mit dem zusammen, was Marcus über die »para-sites« schreibt:

> »The para-site is a space of excess [...] [It is] a site of alternativity in which anything, or at least something different, could happen.« (Marcus 2000: 9)

Unser »para-site«, unser Kollaborieren im Designstudio ermöglichte uns einen Raum, um für uns neue und damit oft unkonventionelle Formen des Sprechens, Denkens und Schreibens auszuprobieren. Hier trafen Designer*innen auf eine Kulturanthropologin (vice versa) und durch unser gemeinsames Arbeiten erhielten wir Einblicke in die Werkzeugkisten, Zugänge und Perspektiven einer *fremden* Disziplin. Diese interdisziplinären und transdisziplinären

---

4   Weil unsere Vierergruppe nie hauptberuflich an unseren Kollaborationen gearbeitet hat, konnten wir uns nicht immer alle zu allen Zeiten gleich intensiv in die jeweiligen Projekte einbringen. Füreinander Aufgaben zu übernehmen bzw. so zu verteilen, dass wir mehr Freude als Frust mit dem hatten, woran wir gemeinsam dachten und experimentierten, scheint rückbetrachtend ebenfalls zentral für unseren kollaborativen Arbeitsmodus zu sein.

Begegnungen hatten einerseits zur Folge, dass wir – durch die jeweils andere Disziplin – neue Möglichkeiten an die Hand bekamen, Welt zu erfahren, zu deuten und auszudrücken. Andererseits bot uns die Auseinandersetzung mit dem jeweils *fremden* Arbeiten/Denken unseres Gegenübers Raum, durch den Blick auf *die Anderen* das *Eigene* zu reflektieren. Für Isabella zentral war auch immer die Frage danach, was unsere Kollaboration, vor allem das gemeinsame Schreib-Gestalten, mit den »poetics and politics« (Clifford/Marcus 1986) ethnografischen Schreibens verbindet. Damit verorten wir diesen Beitrag in einer Tradition der methodologischen Reflexion, die Forschende als genuinen Teil der Methode begreift. In einem Kommentar zur ersten Beitragsversion schreibt Isabella hierzu:

> »Die Collage (also unser kollaboratives Experimentieren mit ethnografischem Text) begreife ich als Versuch eines »new styles of sensibility and of writing« (Marcus/Fisher 1999 [1986]: x.p.) der parallel zur Reflexion meines und ja auch irgendwie unseres ethnografischen Tuns auch ethnografische Konzepte der Anthropologien im Sinne einer »anthropology as cultural critique« (ebd.) reflektiert. Was wir hier zeigen, ist also auch eine Art Innenschau, die offenlegt, wie (besonders ich, aber ja auch wir gemeinsam) verstehen lerne(n), was ethnografisches Schreiben für uns ist (experimentell, multimodal und vor allem kollaborativ) und was unsere spezifische Erfahrung mit Ethnografie als Methode der Anthropologien ganz grundsätzlich zu tun hat.«

> »Da wir nicht nur als unterschiedliche Menschen mit unterschiedlichen persönlichen Erfahrungen, sondern auf eine professionelle und interdisziplinäre Weise aufeinandergetroffen sind, löste unsere Kollaboration immer wieder auch Gedankengänge, Gespräche, Diskussionen über die jeweils ›eigene‹ Disziplin und damit auch über die (akademischen) Strukturen der Fächer/Branchen aus. Ein wachsendes Verständnis für die im Team beteiligten Disziplinen ist in einer Zusammenarbeit wie unserer enorm wichtig und diese Notwendigkeit des Austauschs löste Notwendigkeiten von Selbstreflexionsprozessen aus, um diesen Austausch zu ermöglichen, um adäquat kommunizieren zu können, was die ›eigene‹ Disziplin, hiermit zusammenhängende Denk-, Handlungsweisen, aber auch Problemfelder, ausmacht. Dies stellt in unserem Arbeiten die Grundlage dar, um überhaupt gemeinsam durch *writing together* (beyond text) kommunizieren zu kön-

nen, uns gegenseitig zu helfen unsere (und weitere) Stimmen hörbar(er) zu machen, wie auch eine gemeinsame Stimme/Sprache zu finden.« (Luisa)

Abb. 4.2: Experimental Collaboration

© Luisa Hochrein, 12.01.2022

Durch den Blick in den Spiegel *der anderen* Disziplin wurde uns auch bewusst, dass wir – durch unsere Ausbildungen und durch unsere Zugehörigkeiten zu Hochschulen – mehr zu bieten hatten, mehr schaffen konnten, mehr Macht hatten, als wir dies vor unserer Kollaboration eingeschätzt haben:

»Wenn Marcus schreibt, dass ›para-sites‹ unter anderem dadurch gekennzeichnet sind, dass ›moderately empowered people‹ aufeinandertreffen, die zutiefst in mächtige institutionelle Prozesse verstrickt sind (Marcus 2000: 5), haben wir vier unsere eigene (disziplinäre) Machtwirksamkeit erst durch den Blick auf die jeweils ›andere‹ Disziplin bemerkt.« (Isabella)

»Ich stimme absolut zu.« (Luisa)

»Ich bin mit einer Vorstellung über Design als machtwirkender, im Diskurs sehr lauter Disziplin gestartet. Als Kulturanthropologin neben Gestalter*innen fühlte ich mich als Vertreterin einer Disziplin, die eigentlich niemand kennt und die nur marginal an gesellschaftlichen Diskursen/›der Öffentlichkeit‹ beteiligt ist. Erst in unserer Kollaboration wurde mir bewusst, wie sehr ›unsere‹ Perspektive ›unser‹ Vorgehen und ›unsere‹ Methoden von meinen Forschungspartner*innen geschätzt wurden und dass meine Gegenüber genauso viele Minderwertigkeitskomplexe bezüglich ihrer Disziplin mit sich aushandelten, wie ich.« (Isabella)

»I can relate.« (Lena)

»Von Menschen aus der jeweils ›anderen Disziplin‹ als ›moderately empowered‹ (ebd.) empfunden zu werden, veränderte meinen Blick auf die Kulturanthropologie, die Designwissenschaft und auf das, was ich als Kulturanthropologin aber (noch besser) als Teil eines design-anthropologischen Teams alles ermöglichen konnte.« (Isabella)

»Mut, neue Dinge auszuprobieren, Neues zu wagen, zu sehen/sagen: ›Ja, warum nicht einfach mal versuchen?!‹ hat unsere Zusammenarbeit noch mehr befeuert und das finde ich extrem wertvoll.« (Luisa)

»Im Prozess unserer Kollaborationen erwächst immer etwas Neues, das mehr ist als die Summe des Ursprünglichen.« (Lena)

Erst in der Vorbereitung auf diesen Beitrag ist uns aufgefallen, dass wir dieses *empowering potential*, das aus unserer Kollaboration gewachsen ist, im Projekt *StadtTagebücher Würzburg* noch einmal erweitert haben: Wir haben aus unserem *together* mit design-ethnografischen Methoden ein großes, design-ethnografisches Projekt gestaltet, das weitere *togetherness* hervorbringt. Damit schließt unsere Erfahrung mit kollaborativer Ethnografie an die der Sozialanthropolog*innen Elizabeth Campbell und Luke Eric Lassiter an:

»Importantly, however, it also inspired in us a new appreciation for how the intersubjective and dialogic processes of co-researching and co-writing ethnography itself could be mobilized as a form of public dialogue and exchange to inspire changes in human relationship.« (Campbell/Lassiter 2015: xi)

Aus unserem *together*, aus unserem »*dialogue*«, ist durch die *StadtTagebücher* ein Angebot für »public dialogue« und für »change« gewachsen (ebd.).

»Nach Papaneks Devise ›All men [sic!] are designers‹ (Papanek 2016[1985]: 3),
liegt es in den Händen der Bürger*innen, die StadtTagebücher mit eigenen
Ideen, Gedanken, Skizzen, Bildern und Geschichten zu füllen.« (Lena)

Als Angebot, Würzburg gemeinsam zu gestalten, öffnet das Projekt – nicht nur
für uns, sondern für alle, die sich daran beteiligen wollen – einen Raum des
Utopischen, des Imaginierens.

»Für mich als Kulturanthropologin war das neu und aufregend und auch
irgendwie berührend, meinen Fokus vom Beschreiben und Interpretieren
des »here and now« in einen Modus des »then and there« (Kjaersgaard et al.
2016: 1) zu verlagern.« (Isabella)

»[...] the anthropologist [as a design anthropologist] is both observer
of the transformative process while simultaneously being an active agent
within it.« (Miller 2017: 66)

Unsere Kollaborationen veränderten uns und machten uns zu »active agents«
(ebd.), die in unserer Community gemeinsam Veränderungen bewirken wollen. Überspitzt: In unserer *togetherness* und mit den *StadtTagebüchern* haben wir
uns *transformiert* und dadurch eine Einladung zu einem Experiment zu gesell-
schaftlicher Transformation und *togetherness* geschaffen.

»Wir denken, lernen, gestalten und schreiben zusammen, wir finden (neue)
Wege des Ausdrucks, der Informationsvermittlung. Und durch unser Projekt
der StadtTagebücher schaffen wir Raum für andere, um ebenfalls in einen
Modus des ›writing together‹ (beyond text) zu kommen.« (Luisa)

»Wir haben halt zusammen neue Tricks gelernt und dabei haben wir etwas
geschaffen, bei dem andere auch mitmachen können und dann hoffentlich
auch neue Perspektiven lernen.« (Lukasz)

Was für die *StadtTagebücher* funktioniert – quasi ohne Formatvorlage Gedanken in Bildern und/oder Worten auszudrücken und ein Projekt als Experiment
mit *open end* als Angebot zu formulieren – entspricht zwar unbedingt unserem
design-anthropologischen *Schreib-Gestalten-Arbeitsmodus*, aber lässt sich so
nicht mehr umsetzen, wenn wir uns in akademischen Kontexten bewegen.

»In all unseren Projekten im Sinne eines ›writing together‹ mussten wir
sehen, inwiefern unsere Arbeitsweise, welche uns im Vorhinein im Grunde
immer ›beyond text‹ führte, im Endergebnis sichtbar (und hörbar) werden

könnte. Vielfach musste sich [...] an etablierte Strukturen, welche wenig bis kein ›beyond text‹ zulassen, angepasst werden. Dies regt jedoch positiv gedacht (zumindest in unserem Fall) immer wieder ein voneinander und auch miteinander Lernen an: Wir erschließen uns gemeinsam neue Textformen, neue Wege, neues Wissen, neue Ausdrucksformen, neue Habitus.« (Luisa)

Wie wir tatsächlich miteinander *schreiben* – nämlich immer *beyond text* – bringt die große Herausforderung mit sich, das was wir eigentlich tun (wollen), auf die jeweiligen Formate und Logiken anzupassen, in denen wissenschaftliche Texte (in der Regel) veröffentlicht werden. Zu wissen, dass wir nie so können, wie wir gerne wollen, ist fester Bestandteil unserer kollaborativen Schreiberfahrung. Ebenso Teil ist es, gemeinsam Strategien zu finden, trotz Formatvorgaben und akademischer (Schreib-)Logiken das zu vermitteln, was wir gerne vermitteln wollen. Werkzeuge und Taktiken zu entwickeln, die uns auch in engen Rahmen noch ein wenig Raum für *unsere* Art des Schreib-Gestaltens ermöglichen und somit auch die jeweils vorgegebenen Grenzen immer so weit zu dehnen als möglich, ist ein zentrales Moment unseres *writing together*. Fast immer haben wir zu Beginn eines Schreib-Gestaltungs-Prozesses eine Idee, die wir skizzieren und spätestens dann, wenn die Formatvorlagen geklärt wurden, wieder verwerfen, weil wir sie nicht wie angedacht realisieren können. Dies kann durchaus frustrierend sein:

»Ich verstehe es ja, dass es wegen des Layouts nicht geht und dass jetzt auch noch nicht klar ist, ob genug Geld für Farbdruck da ist, aber ich muss es jetzt halt zum dritten Mal ändern und wir haben uns ja schon zwei tolle Lösungen ausgedacht, die dann auch nicht gingen.« (Lukasz)

»Dass ich mich auf Konferenz nicht traue, ein Poster als Comic einzureichen, weil ich Angst habe, wie meine Community reagieren würde, ärgert mich. Und dass ich dann im Vortrag zwar zeigen kann, wie wir gearbeitet haben, im Konferenzband aber eben wieder ›nur Text‹ und vielleicht ein Bild steht und ich überhaupt nicht darstellen kann, was eigentlich passiert ist, frustriert mich oft. Es gibt mir auch das Gefühl, dass meine Community – so reflektiert sie in vielen Bereichen ist – so verhindert, dass wir Raum machen für Texte und Projekte, in denen Ethnograf*in und Forschungspartner*innen Co-Autor*innen sind. Gerade für meine Dissertation wird das nie möglich sein.« (Isabella)

Abb. 4.3: Experimental Collaboration

© Luisa Hochrein, 12.01.2022

Rückbetrachtend scheint unser Frust gegenüber den Herausforderungen des gemeinsamen Schreib-Gestaltens jedoch nie überwogen zu haben. Wie schon bei Luisa weiter oben in der Collage anklingt, hat dieses ständige Reiben an etablierten Strukturen uns – als Team wie als Individuen – nur größer gemacht und wir haben dabei unglaublich viel gelernt:

»Im gemeinsamen Schreiben verliert der Text seine Linearität. Geschriebenes wird anders gelesen. So greifen wir gegenseitig in den Texten der jeweils anderen auf, was wir meinen zwischen den Zeilen zu erkennen. Von dort aus strömt das Denken in alle Richtungen. Die Texte, die wir gemeinsam schreiben, sind keine Abhandlungen. Die Erzählstränge werden unterbrochen, daneben ergänzt, oben darüber korrigiert und dort – im Dazwischen von

Buchstaben und Absätzen – findet eine Skizze Platz, die erklärt, was nicht beschrieben werden kann. Im Schreiben wechselwirken wir miteinander auf eine andere Weise als im Gespräch. Im kollaborativen Schreiben können wir gleichzeitig imaginieren und konkretisieren. Im gemeinsamen Schreiben teilen wir Wissen, das sich immer dann, wenn wir es teilen, erweitert.«
(Lena)

Luisa beschreibt diese Aushandlungsprozesse und unsere Bewegungen zwischen, mit und durch Textgestaltung als nicht nur zentrales Moment unserer Kollaborationen, sondern auch als unseren *Vermittlungsauftrag*:

»Wir kommunizieren miteinander über (verbalsprachlichen) Text, wie auch mit gestalterischen Mitteln und dies können wir, wollen wir und versuchen wir auch bei allem, was durch diese Zusammenarbeit(en) entsteht, zu vermitteln.« (Luisa)

4.6   A contribution of the possible?

Auch mit diesem Beitrag standen wir wieder vor der Aufgabe uns Strategien zu überlegen, wie wir *unsere* Art des kollaborativen *Schreib-Gestaltens* im Rahmen der Möglichkeiten dieser Publikation »vermitteln« (Luisa) können. Gerade im Kontext der Fragestellungen dieses Sammelbandes, der das WIE kollaborativer Schreibprozesse zwischen Ethnograf*innen und Forschungspartner*innen aufzeigen möchte, haben wir schon in unserem Proposal wild mit unseren experimentellen, design-anthropologischen Werkzeugen gespielt: Durch das Übereinanderlegen von Ebenen wollten wir sichtbar machen, wie im Text gearbeitet wird, hatten uns ein Layout ausgedacht, in dem unsere Kommentare sichtbar als Subtext neben dem Haupttext miteinander kommunizieren können und zentrale Begriffe durch unterschiedliche Hervorhebungen *lauter* wirken können. In unseren Entwürfen wurden wir zu Comicfiguren, die aus dem *off* diskutieren, was im Fließtext passiert und mit Symbolen, Sprechblasen oder Post-its im Text intervenierten.

Abb. 4.4: Experimental Collaboration

© Luisa Hochrein, 12.01.2022

Doch auch für diesen Sammelband bleibt es bei einem vorgegebenen halbautomatischen Satz, der keinen Spielraum für derlei bietet. Was tun? Aufbrechen ins Utopische: Spekulieren, Imaginieren und Träumen hilft uns nicht bei der Frage: *Was machen wir jetzt?* stehen zu bleiben und lädt uns stattdessen ein, uns zu fragen: *Wie könnte es sein?* Auf den folgenden Seiten geben wir also den Versuch auf, ausschließlich in der durch das Layout (und akademischen Schreibtraditionen) vorgegebenen Form aufzuzeigen, was kollaboratives Schreiben für uns bedeutet. Stattdessen zeigen wir es, indem wir es imaginieren:

»Dreams are powerful. They are repositories of our desire. [...] They can blind people to reality and provide cover for political horror. But they can also in-

spire us to imagine that things could be radically different than they are today, and then believe we can progress toward that imaginary world.« (Dun-
ne/Raby 2013)

Wir haben uns also vorgestellt, wie unsere *contribution of the possible* aussehen
kann und sind sehr dankbar, dass die Herausgeberinnen und der Verlag es uns
möglich gemacht haben, Teile unseres Beitrags mit unserem utopischen Entwurf zu füllen. Der Trick, uns ins Imaginieren zu retten, knüpft auch an unser
Selbstverständnis als design-anthropologisches Team an:

> »In design anthropology, however, an orientation towards future social
> transformation is central to shaping the field. This raises epistemological
> and methodological concerns about how we conceive of what *is*, or *might
> be* [Hervorhebungen im Original], possible, and how we approach and
> handle the inherent complexities of emergent futures. What might an
> ethnography of the possible look like?« (Kjaersgaard et al. 2016: 4)

Unsere *contribution of the possible* zielt darauf, eine Diskussion anzustoßen –
denn eine konkrete, direkt umsetzbare Lösung, mit den hier aufgemachten
Problemen und Herausforderungen des kollaborativen Schreibens *beyond text*
umzugehen, haben wir nicht. Was wir haben, ist Vorstellungskraft und (vielleicht naive) Hoffnung, es möglicherweise (eines Tages?) anders machen zu
können. Was – durch das Imaginieren, wie es sein könnte – zwischen uns entstanden ist, ist ein Begegnungsraum, in dem wir reflektiert und kritisch gemeinsam denken, experimentieren und Spekulation als Katalysator verstehen.
Damit schließt sich unser *Twist* in die multimodale Imagination auch an das
an, was die Sozialanthropologen Ethiraj Gabriel Dattatreyan und Isaac Mar-
rero-Guillamón über eine »multimodal anthropology« schreiben, deren Ziel es
sei:

> »[...] [to] theorize the possibilities — and pitfalls — that emerge as anthro-
> pologists utilize a combination of audio, video, text, still images, perfor-
> mance methodologies, and web platforms to iteratively, collaboratively, and
> sensually *generate relations* with research participants, interdisciplinary col-
> leagues, and others. [...] We are concerned with how multimodality may
> contribute to a *politics of invention* [Hervorhebungen im Original] for the dis-
> cipline.« (Dattatreyan/Marrero-Guillamón 2019: 220)

4.7 Was *beyond text* passiert: Zur Genese der *contribution of the possible*

Unsere *contribution of the possible* verstehen wir mit Criado und Estalella als ein »fieldwork device« unserer »experimental collaborations« (Criado/Estallela 2018). Weil wir uns in einer »culture of expertise« (Holmes/Marcus 2008) – der Fakultät Gestaltung – begegneten und damit gemeinsam an einer »epistemic community« (Criado/Estalella 2018) partizipierten, veränderten sich Rollen und Bedingungen ethnografischer Forschung. Unsere Kollaborationen hebeln das ethnografische Pendeln zwischen Nähe und Distanz aus und ereignen sich stattdessen durch experimentelle Interventionsprozesse:

> »Through creative interventions that unfold what we term ›fieldwork devices‹ [...] anthropologists engage with their counterparts in the field in the construction of joint anthropological problematizations.« (ebd.: 8)

Spekulation bot uns damit – sowohl als *field work device*, wie als theoretisches Konzept – Raum, uns als »counterparts rather than »others« (ebd.) zu begegnen und schlug gleichzeitig eine Brücke zwischen unseren Disziplinen:

Was seit der Institutionalisierung der Disziplin zentral für Gestalter*innen war – auszuloten, wie etwas sein könnte – ist spätestens seit dem *speculative turn* (Bryant/Srnicek/Harman 2011) auch Thema in den Anthropologien. So brachte Isabella im Verlauf der Überarbeitung dieses Beitrags[5] das Konzept »speculative fabulation« (Haraway 2016) der Biologin und Philosophin Donna Haraway in unsere Überlegungen ein:

> »[speculative fabulation is] a mode of attention, a theory of history, and a practice of worlding.« (ebd.: 230)

Als collagierte, bunte, eigenwillige und multimodale *speculative fabulation* ist unsere *contribution of the possible* ein fantastisch anmutender »mode of attention« (ebd.) und eine »practice of worlding« (ebd.), die es uns ermöglicht, festgefahrene, oft nicht kritisch hinterfragte Formate und Tradition wissenschaftlichen Schreibens sichtbar zu machen und ihre historische Gewachsenheit als »a theory of history« (ebd.) aufzuzeigen. Anarchisch intervenierend besetzten

---

5   An dieser Stelle möchten wir den beiden Herausgeberinnen nochmal herzlich für ihr Feedback zu und das gemeinsame Denken an unserem Beitrag danken, der durch den Hinweis einer weiteren Theoretisierung von Spekulation deutlich gewonnen hat.

wir also zwei Textseiten dieses Sammelbandes und stören damit die habituellen Logiken akademischer Wissensformate, denen wir unsere experimentelle, kollaborative, gestalterische und multimodale Art der Wissensproduktion gegenüberstellen: »While rooted in everyday storytelling practices, speculative fabulation defamiliarizes, queers perception, and disrupts habitual ways of knowing« (Truman 2018: 1). Damit nutzen wir nicht bloß eine Erzählstrategie (Spekulation) aus der Science-Fiction, sondern imaginieren eine (noch) »fictional science«, die »[...] other configurations of knowledge making« einschließt (Subramaniam 2014: 72).

Wie auch bei den schriftlichen Textteilen, aus denen sich unser Beitrag zusammensetzt, haben wir für die *contribution of the possible* jeweils, und jede*r für sich, visuelle Elemente erstellt, die wir dann gemeinsam zu einem *Bild* zusammengesetzt haben: Weil wir also *gemeinsam puzzelten*, entstand am Ende etwas, das wir vorher – jede*r für sich – so nicht gestaltet hätten. In diesem Entwurfsprozess ergaben sich Ideen und Gestaltungselemente *on the go*, weil wir mit Materialien, Bildern, Programmen etc. und nicht nur sprachlich oder mit Text kommunizierten. Nachdem wir unsere *contribution of the possible* gemeinsam erstellt hatten, haben wir uns darüber unterhalten, was in diesem Prozess passiert ist und wie er sich von unserem bisherigen Entwurf für den Sammelband unterschied. Dieses Gespräch geben wir (sprachlich geglättet) in Ausschnitten hier wieder:

> »Eine Grafik kann z.B. in kürzerer Zeit einen Inhalt erzählen, als wenn wir nur mit Text arbeiten. Wenn Informationsdesign funktioniert, ist es Komplexitätsreduktion. Es macht dann komplexe Information aus vielen Daten schnell und hoffentlich für viele Menschen zugänglich und verständlich. Es ist auch immer eine Übersetzungsleistung.« (Lukasz)

> »Dynamiken und Miteinander lassen sich durch die Illustrationen mit den Blasen ganz einfach erkennen. So wird deutlich, dass es ein Gespräch, eine Kommunikationssituation ist.« (Luisa)

> »Dass wir in einem experimentellen Prozess sind, können wir durch Schichten und Übereinanderlegen in dieser Art des Layouts, die somit einem tatsächlichen Entwurfsprozess nachkommt, viel besser simulieren.« (Lena)

»Hier wird etwas Prozesshaftes sichtbar, das Fließtext schlucken würde. Dass es ›in the making‹ ist und einen Arbeitscharakter hat, wird viel deutlicher.« (Luisa)

»Wir lösen damit das ein, was Informationsdesign sein will: Adäquat Information so zu gestalten, dass sie möglichst so ankommt, wie sie gedacht ist und hoffentlich so Kommunikation ermöglicht. Über Illustrationen können wir bspw. Inhalte ausdrücken, die Worte nicht fassen würden.« (Luisa)

»Der Entwurf zeigt auf einen Blick, wie wir tatsächlich gearbeitet haben: Mit unterschiedlichen digitalen wie analogen Werkzeugen, über verschiedene Kommunikationsmedien, zusammen, allein und in langen Feedbackschleifen.« (Isabella)

»Dass wir vier unterschiedliche Personen sind, die gemeinsam arbeiten, sieht man an den unterschiedlichen Stilen in den Illustrationen sofort.« (Lena)

»Unser gemeinsamer Fließtext schluckt eben diese Stilvielfalt. Als einzige Möglichkeit bleibt, mit Zitaten zu arbeiten und daraus irgendwie einen vielstimmigen Text zu generieren, der dann aber immer eine alleswissende Erzählstimme aus dem *off* braucht, um die ›O-Töne‹ zusammenzufügen.« (Isabella)

»Es entsteht mehr Raum zwischen den Zeilen, in den man hineininterpretieren kann, auch durch den Weißraum.« (Lukasz)

»Wir können Situationskomik sichtbar machen, man muss sich selbst als Comicfigur nicht so ernst nehmen, es ist eine andere Art, Reflexion über das eigene Tun zu ermöglichen.« (Isabella)

4.8   Schluss: Zusammen verändern?

»[...] speculative fabulations can be crucial tools for imagining future-presents that are radically different than the world we inhabit now.« (Truman 2019: 32)

Abb. 4.5: Experimental Collaboration, Contribution of the possible

© Luisa Hochrein, Isabella Kölz, Lukasz Singiridis, Lena Schweizer, 21.01.2022

Abb. 4.6: Experimental Collaboration, Contribution of the possible

Ovitatin parioreped endae quiae exped eos maio. Itatempore nonsequ untorrovit alicil int.

Obitatur, init duntia plabore ex erferiorio tesequas dolori blaccuptate pernate dollendi nis denim rescil mos ium veligen istorepedi qui con consequibus magnatur?

Nitiur re lautatiis atus nation repe maximi, offictiusam qui non pelis volo in natureped quiaers perchil itatatem soluptaestia quas ipsamuscius non con plibusae nulparu pitationset ut volo ipsumque quam eniendi cipitam consequi opta con eum faccaborum rerum ilit, officiis ea dolorio.

Nam labo.

Tatios eictibeaquo con consequunt ma sum as reni aut quam venist, inctatur, conse dolor abore accusap eritibercit aut qui ut aut faccusa ndent, comniendae estrum aut alis netur a doluptur sam alisqua ecearit paritium

es eatectur aut quaspel ectature nimoles sequam eaquiasperum sitatures alit et, sitat ut estiundit, ommosam que a voluptur secae cor sitat.

Aximus doloris deliquia aspe cone nem fuga. Ximaxim porpori oritatu ritati reniminvenis suntotatibea et poresto ribus, coreperundia invernam fugia con remosa nihil iunt esequi sectiis ut qui nihicipit lab ipicto tem re nonseque pliqui aspelecto quas ea nobit rest providem as aut modic tem illum et dolore nemosti qui tes am qui tem quid untor sitam nulparion consequi autem. Et ea coreprat idisqui cus dernati onecus evendan ditae. Erspici voluptur samenim agnatquo volora ne et, qui ad quam quunt. Git et am dolupta culpa volorro erum resectorist, quiae coria dolorro ea diaerspe discimincit modit plabo.

Unser Ausflug in die Spekulation soll eine Diskussion darüber anstoßen, was möglich sein könnte, wenn wir in akademischen Zusammenhängen Raum machen, gemeinsam mit unseren Forschungspartner*innen und in deren (bzw. *unseren* gemeinsamen) Logiken, Tempi, Arbeitsmodi etc. kollaborativ Wissen zu produzieren. Unsere *contribution of the possible* zeigt damit auch, was in den meisten akademischen Publikationsformaten gerade nicht möglich ist. Vielleicht können wir so darauf aufmerksam machen, dass die hier beschriebene (multimodal-experimentelle) kollaborative Art von Wissensproduktion zwischen Ethnograf*innen und Forschungspartner*innen *gegenwärtig* durch gängige akademische Formate der Wissensproduktion verhindert wird. Aber muss das *zukünftig* auch so sein? Wir sagen: Verbinden statt verhindern. In unseren Kollaborationen durften wir erfahren, dass es anders gehen kann – machen, denken, gestalten und imaginieren wir es anders. Und an dieser Stelle zeigt sich: »speculative fabulations matter and engender response(ability) for futures we co-create through thinking, writing, and researching« (Truman 2019: 33). In unserem Beitrag haben wir zwei Seiten etablierter akademischer Schreibtradition in eine »speculative fabulation« transformiert, indem wir anthropologische und gestalterische Methoden experimentell zusammenführten. Zwei bunte Seiten zwischen x anderen Seiten halbautomatischem Satz machen keine Revolution, aber vielleicht erzeugen sie eine *Reaktion*, aus der eine Verantwortung für eine gemeinsam gestaltete akademische Community wachsen kann, in der Kollaboration, Spekulation und Multimodalität nicht Sonderfall, sondern Regel sind. Die *contribution of the possible* hat uns gezeigt, dass wir *anders* (als jetzt tradiert) Text gestalten können und dabei – wenn auch nur auf zwei Seiten eines Sammelbandes – ein *academia* gestalten können, das *anders* ist. Weil Gestaltung eben auch impliziert, dass die Welt – per se – gestaltbar ist, versteckt sich in dieser Annahme auch immer ein Glaube an mögliche *Weltverbesserung*, der (gleichermaßen voller Hybris wie Hoffnung) zentrales Element unserer beiden disziplinären Fachgeschichten ist. Da allerdings sowohl Gestaltung als auch ethnografische Forschung immer auch Intervention in bestehende Lebenswelten bedeuten, ist *Welt(en) verändern* methodologisch beiden Disziplinen eingeschrieben. Wenn wir es also sowieso schon tun, warum dann nicht – zwischen der berechtigten Angst vor möglichen desaströsen Interventions-Folgeschäden und naiver Hoffnung – gemeinsam verändern?

Abb. 4.7: Experimental Collaboration

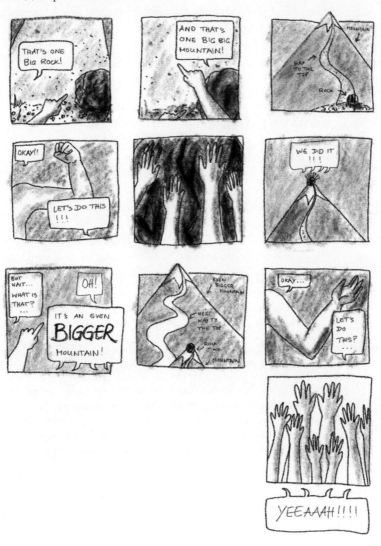

Wir durften erfahren, dass kollaborative Interventionsarbeit mutig macht, kollaboratives Schreiben ein erstaunliches Reflexionswerkzeug ist und uns dies im Kontext dieses Beitrags ein *academia of the possible* gestalten ließ. Wir halten es also abschließend mit den Kultur- und Sozialanthropolog*innen Ryan Anderson, Emma Louise Backe, Taylor Nelms, Elizabeth Reddy und Jeremy Trombley und raten: Nicht in Verzweiflung verfallen. Stattdessen gemeinsam an Interventionen im *Jetzt* arbeiten, um so ein *Morgen* gestalten zu können, das wir uns *heute* erhoffen:

> »Facing the imminent prospect of both disaster and discovery, we must not fall into despair, but rather strive to provide tangible interventions to shape and repair the worlds we still hope for.« (Anderson et al. 2018: 3)

4.9 Epilog: *frictions*[6]

Während der Beitrag sich aus unserem kollaborativen Reflektieren unseres *Innenlebens* speist, entstand dieser Epilog aus einer Frage, die (wiederholt) von *außen* an uns gestellt wurde. Was Außenstehende an unserer Art über unsere Kollaboration zu sprechen und zu schreiben irritiert, ist die scheinbare Harmonie und Konfliktlosigkeit unseres gemeinsamen Tuns. »Wo sind die Reibungen, der Streit?«, werden wir häufig gefragt, präsentieren wir unser Projekt. Auch in der peer-review, die auf unser erstes Manuskript dieses Beitrags

---

6   Neben dem deutschen Wort *Reibung* nutzen wir für den Epilog auch den englischen Begriff *friction* als Metapher für die Frage nach den sozialen Konflikten in und um unsere Gruppe. Wir konkretisieren *Reibung* hier mit dem englischen *friction*, weil das Wort auf Deutsch sehr viele unterschiedliche Bedeutungen hat, von denen für uns nur eine als Analysewerkzeug für unseren Beitrag funktioniert. Der Duden kennt sechs unterschiedliche Bedeutungen des Wortes *Reibung* und nur die vorletzte – *sich reiben* – bezieht sich auf das Zwischenmenschliche: »[im Zusammenleben, in einer Gemeinschaft o.Ä.] auf jemanden, etwas als einen Widerstand stoßen [und eine Auseinandersetzung suchen]« (Dudenredaktion o.J.: »Reibung« o.S.). Besser eignet sich das deutsche Wort *Friktion*, das gleich als erste Bedeutung auf »Reibung zwischen gegeneinanderbewegten Körpern zur Übertragung von Kräften und Drehmomenten« und als dritte Verwendung »Unstimmigkeit, Zwist« vorschlägt (Dudenredaktion o.J.: »Friktion« o.S.). Unserem Text jedoch viel dienlicher, sind die beiden Bedeutungen von *friction*, die das Cambridge Dictionary kennt: Einmal verschlagwortet unter *force*, einmal unter *disagreement*, reduziert das englische *friction* damit nicht nur die vielen Bedeutungen von *Reibung* auf zwei, sondern ordnet den Begriff genau den Bereichen zu, auf die wir im Text zielen: Den (äußeren und inneren) Kräften [*force*] und den Uneinigkeiten, dem Dissens [*disagreement*]: »disagreement or unfriendliness caused by people having different opinions« (Redaktion Cambridge Dictionary o.J.: »friction« o.S.).

folgte, stand – neben viel Lob und vielen hilfreichen Gedanken[7] – wieder die Frage nach den fehlenden Reibungen zentral:

> »Das Einzige, was mich am Ende mit leichtem Zweifel zurückgelassen hat, ist die Leichtigkeit, mit der euch eure Kollaboration von der Hand zu gehen scheint (die Frustration der Publikation außen vorgelassen an der Stelle). Ich möchte keine negativen Aspekte herbeibeschwören, die es vielleicht gar nicht gibt, aber war euer Prozess wirklich so reibungs- und konfliktarm wie er erscheint? Insbesondere in dem Moment, in dem ihr eure Form der Kollaboration anderen öffnet über das Projekt der StadtTagebücher«? (Leona Sandmann, Kommentar aus peer-review)

Unsere Selbstreflexion um die Frage nach den *frictions* in unserer Gruppe machte deutlich, wie zentral Reibungen und Konflikte für uns und die Konstitution unserer Gruppe selbst sind. *Frictions* durchziehen beinah jedes Moment unseres Arbeitens und Denkens. Wir müssen ständig Konflikte aushalten und aushandeln. Wir geraten aber nicht untereinander aneinander – unsere *frictions* sind »im Außen« zu finden: Alle vier haben wir täglich ähnliche Ängste auszuhalten, Hürden zu meistern, Kämpfe zu kämpfen und müssen uns – als *junge Frau*, *Arbeiterkind*, *Person mit Migrationshintergrund* – gegen, in und mit Strukturen und Systemen bewegen, in denen wir zwangsläufig Konflikterfahrungen machen. Wir sind der Konflikte müde.

Unser Aufeinandertreffen im Rahmen unserer Qualifikationsphasen, der kollaborative und experimentelle Kontext von Isabellas Forschung, die Neugier an der jeweils *anderen* Disziplin, der Frust und die Wut um systemische Ungerechtigkeiten, der Wunsch diese Systeme *umzuschreiben* und in all dem Resonanz zu erfahren, war neu und besonders für uns. Diese spezifischen Umstände ermöglichten es uns, einen gemeinsamen *safe(r) space* zu schaffen, in dem wir endlich einmal nicht den Logiken und Regeln unterworfen waren, an denen wir uns sonst immer reiben mussten – unser »para-site« (Marcus 2000): Ein kollaborativer, selbstgeschaffener Raum, der *Beforschende* und *Erforschte* zu epistemischen Partner*innen macht, die im gemeinsamen Schreib-Gestalten Wissen erzeugen. So wuchs aus unserer Kollaboration

---

7   An dieser Stelle möchten wir herzlich Leona Sandmann für ihre peer-review danken: Die Figur der Reibung und das wiederholte Nachfragen, warum Konflikte in unseren Kollaborationen ausblieben, hat unserem Text eine weitere Ebene hinzugefügt, die sich als zentral für unsere kollaborativen Arbeitsmodi herausstellte und diesem Beitrag seinen Epilog schenkte.

und den *StadtTagebüchern* »ein Ort der Alternativität« (ebd.: 9), den wir so formen konnten, wie wir wollten und der anders war als unsere gewohnten (reibungsvollen) Ausbildungs- und Arbeitskontexte. Unseren *safe(r) space* verstehen wir als einen verhältnismäßig statusfreien Raum, in dem es möglich ist, sich vom Diktat der Verwertungslogik zu befreien, sich Leistungsdruck (aktiv) zu widersetzen, sich von der ständigen Fokussierung auf Endprodukte, permanenten Selbstdarstellungsforderungen[8] sowie den oft einschränkenden Traditionen und Normen unserer Disziplinen zu lösen. Wo wir sonst wenig Raum für Experiment und Scheitern haben, häufig allein Verantwortung tragen und Projekte selbst über den Projektbeteiligten stehen, erfahren wir in unserer Kollaboration das genaue Gegenteil.

Unsere Gespräche boten (und bieten) immer auch Raum auszusprechen, was gerade schwierig war – sowohl im Kontext der StadtTagebücher – als auch im Zusammenhang mit den ganz alltäglichen, strukturellen *frictions*. So wuchsen wir zu einer Solidargemeinschaft, die die Konflikte und Reibungen, an denen sie litt, miteinander teilte und es nicht einsah, diese zu reproduzieren. In unserem Miteinander erfuhren wir, dass es anders möglich ist: Wir leisten aktiv *Carearbeit* füreinander, sprechen offen über Ängste und Probleme, äußern unsere Bedürfnisse und Gefühle und zeigen einander Grenzen auf. All das tun wir nicht aus Pflichtgefühl, nicht als Broterwerb, nicht für unsere Karriere, sondern, weil wir darin einen Sinn sehen, weil wir erleben, dass es *anders* geht.

Selbstverständlich sind wir nicht immer einer Meinung, oft haben wir sogar völlig unterschiedliche Ideen. Weil sich unsere Arbeitsweise jedoch geltenden Verwertungslogiken entziehen will, und den Prozess, das Miteinanderarbeiten und das Experiment zentralstellt, ergeben sich hieraus nicht zwangsläufig Konflikte: Wir können *alles* ausprobieren. Hierbei merken wir dann, was funktioniert und was nicht, was Freude macht oder was sich überhaupt umsetzen lässt. Auch unsere Texte schreibgestalten wir so: Was den Text trägt, ihn kohärent und uns Spaß macht, bleibt stehen. Multimodaler Text ist

---

8   Dies bedeutet jedoch nicht, dass unser gemeinsames Arbeiten frei ist von Fragen nach dem Ego. Unsere Kollaboration ist nun auch Teil unserer individuellen Lebensverläufe und so auch in gewisser Weise identitätsstiftend. So schließen sich auch Fragen nach Selbstdarstellung an. Jedoch geht es vermehrt darum, sich selbst und gegenseitig zu empowern, sich durch die gemeinsamen Projekte gut zu fühlen, auch weil man einen Beitrag leistet, den man selbst und auch andere als sinnvoll einstufen (könnten). Es geht nicht darum, *besser* zu sein als jemand, sondern sich selbst und die Gruppe als wertvoll zu verstehen und aktiv bestimmten Problemen der Welt *besser* entgegentreten zu können und im besten Fall hierdurch etwas *verbessern* zu können.

für uns immer Experiment und wir vertrauen einander genug, um zu wissen, wann eine*r Andere*r eine bessere Idee hat. Mit jeder weiteren gemeinsamen Aktion erfahren wir, dass wir so uns zufriedenstellende Ergebnisse erzielen, da nicht die Ergebnisse, sondern unsere Kollaboration zentral steht. Weil wir eben nicht die Arbeits- und Denkweisen reproduzieren, die uns zerreiben, entstehen in diesen Prozessen mehr als neue Arbeitsmodi. Es entsteht ein Miteinander, ein Kollektiv, das anderes und neues Wissen generiert, darstellt, beschreibbar und erfahrbar macht[9]. Oder kurz: Kollaboration wirkt als unser anhaltender motivationaler Motor.

In der peer-review kam übrigens auch die Frage auf, ob wir so vermeintlich reibungslos zusammenarbeiten, weil wir Freund*innen (geworden) sind. Auch wenn wir sicherlich freundschaftliche Beziehungen zueinander pflegen, sind wir in unseren Augen vor allem Kompliz*innen, denn unser Engagement bringt »[...] eine gewisse Unzufriedenheit gegenüber gesellschaftlichen Verhältnissen zum Ausdruck, die sich jedoch nicht primär in antagonistischem Protest äußert, sondern in fantasievollen, spielerischen und konstruktiven Formaten« (Ziemer 2013: 10), wie die Kulturtheoretikerin Gesa Ziemer schreibt. Und diese Kompliz*innen, die wir geworden sind, haben in unserer Kollaboration Wege gefunden, eine »destruktive in eine konstruktive, lustvolle Arbeitsweise« umzudeuten und eine »alternative Struktur« (ebd.) zu etablieren – unseren *para-site-safe(r)-space*. Er ist aus der einfachen Erkenntnis entstanden, dass *frictions* immer da sind. *But frictions create heat.* Unter Kompliz*innen erzeugen sie damit eine *Energie*, die uns alternative Denk- und Arbeitsräume ermöglicht, in denen Konflikte eben anders funktionieren. Gewiss ist dies nur eine Momentaufnahme und auch Kompliz*innen sind nicht vor *frictions* gefeit. Aus der Erfahrung, dass es aber eben möglich ist, wächst eine empirische Wahrscheinlichkeit »to shape and repair the worlds we still hope for« (Anderson et al. 2018: 3).

---

9   Möglich ist dieses Arbeiten im *para-site* freilich nur, wenn uns hierzu die Freiheit gelassen wird, es anders zu machen, als eigentlich erwartet (und wir über die notwendigen Ressourcen verfügen).

Literaturverzeichnis

Anderson, Ryan/Backe, Emma Lousie/Nelms, Taylor/Reddy, Elizabeth/ Trombley, Jeremy (2018): »Introduction: Speculative Anthropologies. Theorizing the Contemporary«, in: Fieldsights, December 2018.

Bryant, Levi/Srnicek, Nick/Harman, Graham (Hg.) (2011): The speculative turn: Continental materialism and realism, Melbourne: re.press.

Campbell, Elisabeth/Lassiter, Luke Eric (2015): Doing Ethnography Today. Theories, Methods, Exercises, Sussex: Wiley Blackwell.

Clifford, James/Marcus, George E. (Hg.) (1986): Writing culture: the poetics and politics of ethnography: a School of American Research advanced seminar, California: University of California Press.

Cox, Rupert/Irving, Arthur/Wright, Christopher (2016): Beyond text? Critical practices and sensory anthropology, Manchester: Manchester University Press.

Criado, Tomas Sanches/Estalella, Adolfo (Hg.) (2018): Experimental collaborations: Ethnography through fieldwork devices, New York: Berghahn Books.

Dattatreyan, Ethiraj. G./Marrero-Guillamón, Isaac (2019): »Introduction: Multimodal anthropology and the politics of invention«, in: American Anthropologist, 121(1), P. 220–228.

Dudenredaktion (o.J.): »Friktion« aus Duden online, siehe https://www.duden.de/rechtschreibung/Friktion vom 30.08.22.

Dudenredaktion (o.J.): »Reibung« aus Duden online, siehe https://www.duden.de/suchen/dudenonline/Reibung vom 30.08.22.

Dunne, Anthony/Raby, Fiona (2013): Speculative everything: design, fiction, and social dreaming, Cambridge: MIT press.

Escobar, Arturo/Restrepo, Eduardo (2010): »Anthropologies hégémoniques et colonialité«, in: Cahiers des Amériques latines 62(210), P. 83–95.

Haraway, Donna (2016): Staying with the trouble: Making Kin in the Chthulucene, Durham, NC: Duke University Press.

Hochrein, Luisa/Kölz, Isabella/Schweizer, Lena/Lukaz Singiridis (2022): Das Projekt StadtTagebücher Würzburg, siehe https://www.stadttagebuch-wuerzburg.de vom 30.08.22.

Holmes, Douglas R./George E. Marcus (2005): »Cultures of Expertise and the Management of Globalization: Toward the Re-Functioning of Ethnography«, in: Ong, Ahiwa/Collier, Stephen J. (Hg.), Global Assemblages: Technology, Politics, and Ethics as Anthropological Problems, Oxford: Blackwell, P. 235–252.

Kjærsgaard, Mette G./Halse, Joachim/Smith, Rachel C./Vangkilde, Kasper T./Binder, Thomas/Otto, Ton (2016): »Introduction: design anthropological futures«, in: Smith, Rachel Charlotte/Vangkilde, Kasper T./Binder, Thomas/Otto, Ton (Hg.), Design anthropological futures, New York: Bloomsbury Publishing, P. 1–16.

Lassiter, Luke Eric (2005): The Chicago Guide to Collaborative Ethnography, Chicago: University of Chicago Press.

Marcus, George E. (2000): Para-Sites: A Casebook against Cynical Reason, Chicago: University of Chicago Press.

Marcus, George E. (2008): »The End(s) of Ethnography: Social/Cultural Anthropology's Signature Form of Producing Knowledge in Transition«, in: Cultural Anthropology 23(1), P. 1–14.

Marcus, George E./Fischer, Michael M.J. (Hg.) (1999 [1986]): Anthropology as Cultural Critique. An Experimental Moment in the Human Sciences, Chicago/London: University of Chicago Press.

Miller, Christine (2017): Design + Anthropology. Converging Pathways in Anthropology and Design, New York: Routledge.

Murphy, Keith M. (2016): Design and Anthropology, in: Annual Review of Anthropology 45, P. 433–449.

Papanek, Victor (2016) [1985]: Design for the real World. Human Ecology and Social Change, London: Thames & Hudson.

Rabinow, Paul/Marcus, George E./Faubion, James D./Rees, Tobias (Hg.) (2008): Designs for an Anthropology of the Contemporary, Durham: N.C.

Redaktion Oxford Dictionary (o.J.): »friction« in Oxford Dictionary online. https://dictionary.cambridge.org/de/worterbuch/englisch/friction vom 30.08.2022.

Subramaniam, Banu (2014): Ghost stories for Darwin: The science of variation and the politics of diversity, Chicago, IL: University of Illinois Press.

Truman, Sarah E. (2019): »SF! Haraway's Situated Feminisms and Speculative Fabulations in English Class«, in: Studies in Philosophy and Education 38, P. 31–42.

Ziemer, Gesa (2013): Komplizenschaft. Neue Perspektiven auf Kollektivität, Bielefeld: transcript.

II. Forschungsbeziehungen und Machtasymmetrien

5 (Un)writing with children
Creating the space for epistemological justice

Silvia Mc Clanahan

At a talk delivered at the Tate Modern Gallery in 2012, distinguished sociologist Boaventura de Sousa Santos poignantly stated that "there can be no global justice without cognitive justice" (Santos 2012). As academics we are part of a global knowledge system which is largely inherited from colonization, and as such, our contributions may well account for, or against epistemic diversity. Decolonial voices have repeatedly called for an undoing of the epistemic violence which belittles other perspectives (Mignolo 2009; Santos 2018; Maldonado Torres 2007; Quijano 2007; Ndlovu-Gatsheni 2013). Following this call, new forms of knowledge production and research methodologies have emerged through the rise of critical, indigenous, feminist, and queer voices (Denzin/Lincoln 2008; Haraway 1988; Tuhiwai-Smith 2008; Viruru/Rios 2021). While these contributions have attempted to dismantle ongoing coloniality, there has been little effort to question the conceptions of childhood within its framework (Thomson/Baraitser 2018; Millei/Silova/Piattoeva 2018; Canella/Viruru 2004). Both the colonial Other and children are inextricably linked through a colonial imaginary of primitivism, associated with prematurity in relation to the masculine, autonomous, white, self-sufficient adult (Montgomerey 2009; Murris 2018; Thomson/Baraitser 2018). The child and the colonized remain to some extent, the "antithesis of the modern condition" (Rollo 2018: 11f.). Participatory approaches have made it a point to actively include children's voices in anthropological inquiries, starting as early as the 1980's (Scheper-Hughes 1987; Van de Loo/Reinhart 1993; Cheney 2011). However, since children have been excluded from the writing process itself, these efforts have been largely criticized regarding their promise of voice and authenticity (I'Anson 2013: 109). My own attempts to co-author with children are inspired by my firm belief in epistemic justice and political standpoint to contribute towards the undoing of dominant imaginaries. As I felt confronted with my own presuppositions and limits to what I had set out for, I found my efforts eye-opening and playful, but also challenging and even unsettling at times. After all I was faced with the circumstance, that "desiring an equal playing field, even actively working towards it, does not make it so" (Meer/Miller 2021: 9). Questions of asymmetry remain unresolved; yet, withstanding loose ends may well lead us into new narratives of rendering each other able. For children to add to our discourse we need to allow for stories which do not lay claim on the ultimate truths perpetuated by a dominant universal knowledge system, but which may well be fundamentally particular. We need to provide for spaces which do not adhere to the narrative of capitalist and imperialist adult institutions, but that allow for knowledge to emerge from divergent place-times which facilitate each other's imaginaries. It is here, in these divergent spaces, that our discourse can contribute towards social and cognitive justice through questioning our own presuppositions of being the only ones who have valid contributions to be made. So far, I have focussed my academic interest mainly on topics related to reimagining education and more specifically democratic learning and unschooling. I was curious on how spaces designed to orchestrate knowledge and its transmission can be organised along togetherness, conviviality and essentially around caring for each other rather than hierarchical concepts of knowledge-ism and ageism practiced in most educational institutions. This included explorations of co-researching and co-authoring with children as well as adolescents in the field. However, in this article, I decided to discuss my experiences and recurring questions of shared knowledge production by reflecting on attempts of (un)writing with my 8-year-old daughter Manou. To do so I focus on our experiences of engaging in social justice discourse within the climate justice movement at a protest camp in Munich in the summer of 2021. I discuss the close relationship of colonialism, ongoing coloniality and knowledge production as well as the historical correlation of colonialism and childhood, as these shape our imaginaries of who a knowledgeable person is, and who can be considered a legitimate participant in what counts as knowledge. However, despite this paper being about writing and not about talking together, I lay emphasis on the search for epistemic symmetry in spaces where orality is granted equal recognition. Ironically perhaps, this paper's academic diction excludes Manou or any child her age from comprehending it.

5.1   The three C's: Colonialism, coloniality and childhood

There is a profound connection between our conceptions of knowledge and the legacy of colonialism which leads back to the very foundations of modern thought. The Cartesian dichotomous relation of subject and object gave way to a desubjectified knowledge regime which rendered all other knowledges particular and superstitious, as it laid claim on universal truth (Lander 2002; Grosfoguel 2012; Dussel 2000; Maldonado Torres 2007). By muting other knowledges alongside the political and military force of colonialism, local histories of European concepts became global designs" (Mignolo 2011: 279). This fuelled into the monolithic, dominant character of the principles of western thought, "imposing provincialism as universalism" (Quijano 2007: 17). Leave aside the fact that rational thought should have questioned the possibility of universal knowledge in the first place – as Quijano says: "Nothing is less rational, finally, than the pretension that the specific cosmic vision of a particular ethnie should be taken as universal rationality, even if such an ethnie is called Western Europe" (Quijano 2007: 11). The power structures inherited by colonization, however, did not end after colonialism reached its administrative end; coloniality survived colonialism.

> "It is maintained alive in books, in the criteria for academic performance, in cultural patterns, in common sense, in the self-image of peoples, in aspirations of self, and so many other aspects of our modern experience. In a way, as modern subjects we breath coloniality all the time and every day." (Maldonado Torres 2007: 243)

As coloniality has trickled into our webs of meaning making, the coloniality of being and coloniality of knowing overlap, producing an ontological Other on the basis of epistemological discrimination and vice versa. Thus, the call for decoloniality has been addressed broadly to ways we perceive knowledge, gender, sexuality, class, race, and spirituality (Mignolo 2000: 54). As such, a decolonial turn necessarily addresses problematic hierarchies in its broadest sense. "Thinking otherwise" (Escobar 2007) or "delinking" (Mignolo 2007) from dominant epistemologies have become watchwords of a transformation within and beyond academia. Decoloniality urges us towards an epistemic shift, which ties knowledge production towards political and ethical transformations and more so, opens up pluriversal spaces of knowledge production which allow for silenced knowledges to emerge (Escobar 2007; Mignolo 2007; Ndlovu-Gatsheni 2013; Santos 2018). Regarding the contribution of children towards emergent and cocreational knowledges there remains the question of why they have been excluded in the first place.

Historian Philip Aries has argued that the western conception of childhood emerged at the beginning of modernity, mainly through institutions of education, which separated the child from the adult world (Aries 1978 [1960]: 47). Childhood hence is a constructed social and cultural category "historically produced and then 'naturalised' through various cultural practices and social institutions" (Zahevi 2018: 243). Furthermore, I argue that historical entanglements of childhood and colonialism are regarded as epistemologically inferior. Given that the child was viewed as inferior and often subjugated long before colonization, it is important to consider the specific impact that the concepts of childhood had during the colonization process and still have within the framework of coloniality (Rollo 2018; Canella/Viruru 2004). Through statements such as "The native is to be treated as a child and denied franchise" (Cecil Rhodes, in Nandy 1987: 58) it becomes apparent that it was only against the epistemological backdrop of the child Other, that the colonial Other was able to be constructed (Rollo 2018). Until the 20th century the analogy of savage/child was kept alive in evolutionary theories and was reinforced by anthropological encounters: "we cannot understand the mind of the adult until we study the development of the mind of the child; [...] we cannot understand the social and religious life of civilized races until we study the development of the social and religious life of savage tribes" (Kidd 1906: 7). The savage was to become the distant sibling of the child and vice versa. The structures of power and domination towards colonized peoples and towards children are grounded in a temporal timeframe of evolving from simple to complex (Murris 2013; Thomson/ Baraitser 2018; Canella/Viruru 2004). Both children and the colonized Other are treated "as 'becomings', not 'beings', as 'persons in the making', not 'persons'" (Murris 2013: 254). However, the logic of discrimination inherent to "becoming" is entangled with the assumptions of the child/savage lacking rational thought; hence, as epistemologically inferior beings who are assigned to the natural non–thinking world. Karin Murris, professor of early childhood education and posthumanist thinker has argued that children are victims of epistemic injustice, a term coined by Miranda Fricker. Epistemic injustice concerns:

> "... a wrong done to someone specifically in their capacity as a knower. I call them *testimonial injustice* and *hermeneutical injustice*. Testimonial injustice occurs when prejudice causes a hearer to give a deflated level of cred-

ibility to a speaker's word; hermeneutical injustice occurs at a prior stage, when a gap in collective interpretive resources puts someone at an unfair disadvantage when it comes to making sense of their social experiences." (Fricker 2007: 1)

Indeed, testimonial injustice can be understood as the practices involved when conveying knowledge to someone and hermeneutical injustice is concerned with the capacity to make sense of our own experiences (ibid.: 1). While testimonial injustice causes a diminished level of credibility or trust towards a speaker due to a prejudice, meaning a prejudice "qua social type," (ibid.: 4) hermeneutical injustice touches upon a more complex notion of "the injustice of having some significant area of one's social experience obscured from collective understanding owing to a structural identity prejudice in the collective hermeneutical resource" (ibid.: 155).

Karin Murris who applies Fricker's concepts to the epistemological othering of children, sees children as being victims of testimonial injustice due to their age, and victims of hermeneutical injustice due to their undermined faith in making sense of the world and their own experiences. In either case, "children can be seen as suffering from epistemological injustice, as their capacity to participate in decisions or discourse is diminished by "adults' implicit and explicit assumptions and prejudices about child" (Murris 2013: 247). Children, hence, are not regarded as knowledgeable to the extent they may not articulate knowledge or may not feel confident in their ability to contribute towards it in the first place. Taking Fricker's argument into account, what we are facing when examining the epistemic othering of children thus is linked with the prejudice the adult world assumes and assigns to the child as a category, leading to their exclusion from knowledge production. Only through the intervention of the adult, as in the formally educated upper-class-white-male-heterosexual-adult-knowledge regime, are children institutionally directed towards legitimate participants of societal discourse. "Chronobiopolitics" (Freeman 2010: 4) manage children's mental and physiological development through meticulously predefined standards and towards "socioeconomically 'productive' moments, which ultimately constitute what it means to have a life at all" (ibid.). In order to become, one needs to acquire knowledge, pursuant to the desubjectified/ universal rationality, and in order to be, one has to have become. As Zahevi states: "Becoming is a concrete micropolitical action" (Zahevi 2018: 253).

Hence, the possibilities for children to participate in our discourse is entangled with what we consider firstly as legitimate knowledge and secondly as a legitimately knowledgeable person. However, it is important not to fall for a simplified image of children as a homogenous group who are victims of adult culture. Quite the contrary; anthropology has repeatedly shown that there are many childhoods with their own means of agency adding towards and shaping adult culture (James 2007; Van de Loo/Reinhart 1993; Corsaro 1997; Alex 2009). Yet, the perspectives of younger people are notoriously underrepresented in anthropology (Hirschfield 2002). Taking a decolonial standpoint towards the contributions of young humans however may elucidate some of the power structures underlying our meaning making processes and add towards a more pluriversal concept of epistemic ability. A question that arises is whether we can use a decolonial perspective to add towards our own discourses by rendering children epistemically able.

5.2 Emergent places

"What was that word again, that they wrote in the invitation?"

My 8-year-old daughter Manou is trying to write up her thoughts and reflections for an article on a discussion organized by the climate justice movement in Munich, which she and I had been invited to in the summer of 2021. Members of different groups had called to camp in a central area of Munich, organizing talks and acts of civil disobedience against the International Motor Show *IAA Mobility*[1], criticizing the show as a symbol of greenwashing and profit maximizing at the expense of climate as well as social justice. Within a few days the central Theresienwiese, which normally hosts the famous *Oktoberfest*, a fun fair attracting millions of tourists every year to ride rollercoasters and drink copious amount of beer, was turned into a tented village of protesters hosting a creative mix of talks, discussions, and workshops. One of the discussions taking place in the Zapatista tent, was especially aimed at critically questioning the options of participation for people who relied on care, such as children, single parents and people who are being disabled. Manou and I, who had attended several Climate Camps before, had been invited by a friend to discuss about the following topic:

> "A radical social transformation from below and to the left should be shaped by all and for all. To what extent does the climate justice movement in Ger-

---

1   https://www.iaa-mobility.com/en. Last accessed on 26.08.2022.

many succeed in realising this claim? Is the movement accessible for people with disabilities, for older people, for single parents, for children, for all those who depend on care work? What is going well here and what could go better?"[2]

"What does radical mean?" Manou had asked me after slowly reading the first words. "What is social transformation?" she had continued, "Why below and left?" Something that "could go better" became obvious before the discussion even took place; the vocabulary that was being used was undecipherable to a young human. After explaining and translating, Manou was thrilled to participate and was determined, that not understanding the invitation in the first place was going to be one of the topics she wanted to address. We talked a lot about the upcoming event, and it became clearer to me, that so far, she felt that what she had to offer to the world had not counted as much. Despite my own efforts to take her seriously in her day-to-day life, Manou very well knew she was largely excluded from public discourse. At the discussion however this adversity proved to be highly valuable. Manou hesitantly offered her opinion on matters of injustice among the ages and the resulting issue of epistemic imbalance. First by whispering into my ear and asking me to say her words out loud, and later with her own voice she expressed her doubts about being a legitimate contributor concerning several aspects, two of which I would like to mention here in more detail: Firstly, the language often left her feeling 'stupid' as she herself stated, adding that she was not able to follow adult discussions, and secondly, if she did say something she lamented being regarded as cute and/or unqualified. Zahevi has argued that cuteness is degrading, "making resistance much more difficult than in the face of open and blunt oppression" (Zahevi 2018: 248). Oppression has many faces and despite Zahevi's rightful critic, blunt oppression cannot be counteracted by children either; however, in the context of epistemic injustice, cuteness most definitely blurs epistemic oppression, rendering the voice of the child null, void, and irrelevant, as it does not have to be considered. Hence, cuteness easily becomes the foundation of testimonial injustice, as adults use it as a means of enfeebling young people's perspectives. It likewise becomes the foundation of hermeneutical injustice as children doubt their own capacities as knowers. Similarly, the use of language acts as enforcing hermeneutical injustice. Young people cannot follow

---

2   https://mobilitaetswendecamp.noblogs.org. Last accessed on 02.05.2022.

discourses, even on matters concerning them, as vocabulary is not adapted towards their needs of understanding and as a result acquire a distorted image of themselves as being knowing bodies.

At the discussion however, Manou's initial struggle with language and legitimacy developed into a fruitful dialogue and resulted in new perspectives that emerged on the meaning of social justice within the climate justice movement, on tender and empathic language, on the importance of radical listening, on caring for each other's perspectives and enabling each other through our differences.

5.3 First Cycle

As an anthropologist interested in cocreational and emergent knowledges I asked Manou for collaboration on an article. Taking up the inspirational mood of the discussion, here she was, trying to remember "those words" they had used and trying to give a written account of what should "go better", whilst struggling to find a format of written expression that would suit her needs. Not understanding "those words" coming from an adult/academic mindset had initially opened the discussion about social justice at the Zapatista tent. However now, this process seemed to reverse itself. The power relations immanent to language which had given birth to counteracting epistemic injustice within the setting of a discussion now acted as reaffirming it within the setting of writing. After some attempts, she gave up in frustration. Writing consumed a lot more time, Manou was unexperienced typing on a computer and the logic of building up a text divided into different strands of thought that had to be arranged into coherent sections felt strange, unnatural and exhausting to her. While oral knowledge was a practicable part of her social reality and lived experience, written knowledge had to be analytically constructed in temporal and social distance to the actual event. There is a long-lasting asymmetry between oral and written knowledges which can be traced back to the tools of colonizers and elites using written knowledge as a method to silence oral knowledges (Santos 2018: 61ff.). To this day, the prestige of written knowledge exceeds oral transmission, needless to be said that "the dominant criteria for ascribing prestige are established in contexts where written knowledge prevails" (Santos 2018: 56). How to account for orality in a knowledge regime of the written word?

5.4   Second Cycle

This had not been our first attempt of writing together, as we had previously discussed her contributing towards my master thesis on reimagining education (Mc Clanahan 2021). Manou had largely shaped the fieldwork period and outcome in Greece; she connected with some young people one afternoon, and it was because of her, that I got introduced to a whole world of unschooling families. However, exploring the possibilities of actively including her in the writing process were initially categorized as problematic by some members of faculty. This reflected to some extent the black hole in anthropological literature, in which children as well as accompanying spouses or other part-takers in research processes if appearing at all could be considered fortunate to be mentioned in the acknowledgement sections (Braukmann et al. 2020: 2). Although an ethnography is seldom a product of one person alone, important partners can be swallowed whole, as social and/or emotional involvements clash with the image of the objective researcher still prevalent in anthropology (Gupta 2014; Dreby/Mose Brown 2013: 10). This is even more obscure, considering that anthropological research is built on the premise that their research subjects are social beings, embedded in social ties and relations, those however being vanquished concerning the researcher him/herself (Gupta 2014).

Despite the doubts of other members of faculty, my final supervisor greatly supported my effort to write with Manou. I shared many conversations with her, about how to interpret what certain informants had said, how the fieldwork period was for her, what she thought of learning, knowledge, and education; nevertheless, in the final product she hardly appeared (Mc Clanahan 2021). I was under pressure with deadlines and Manou had an entirely different temporality which did not correlate well with the closing dates of an examining office. Our first attempt pretty much failed, if failure is measured by output of written text. That in mind, our second try to co-author an academic article on the discussion at the Zapatista tent unfortunately didn't turn out much different due to the reasons I have previously mentioned.

However, shortly afterwards, a magazine specializing on social and ecological transformation fell into our hands which had opened a section for youth contributions and Manou suggested to try and write up the thoughts of the evening once more. This time our attempt differed greatly as it offered much more breathing space in terms of time and format. We had the time to try, to fail and to try again in a fairly relaxed manner. Manou started working with visual aids; She copied the invitation text and started underlining all the words she was unfamiliar with, making it easy to understand the percentage of difficult language that had been used as well as drawing pictures of the impressions of the evening. Concerning the written part of the article we finally homed in on Manou's suggestion to use interviews for which we both had prepared questions, and I agreed to her request that I would transcribe them.

5.5 Uncertainties

Writing with Manou was governed largely by my methodological inexperience. However, in retrospect I found that inexperience was not necessarily a drawback in all cases per se; the first two attempts of writing within an academic context made it difficult for me to stay open towards obscuring the form I imagined a written piece of work was supposed to have, and insecure about how to tie our very different approaches together. How could I account for epistemic justice towards a young person if the complex language I used for theoretically framing it was feeding into epistemic injustice? The paradox of trying to bridge two worlds while not being able to avoid simultaneously enforcing their differences, was stultifying to some extent. Was it possible that using theory itself became an agent of epistemic violence, as Manou would not have been in the position to understand her own "story?" However, within settings considered informal, such as in the Zapatista tent or the article for the magazine, these paradoxes seemed to become tangible in a way that allowed me to address them. Additionally, my methodological inexperience now seemed to aid me, as I remained open and with little preconception of the process. I quite heavily relied on Manou coming up with ideas of how to proceed on her own. After all, the call to decolonize methodologies does not come with a user manual and decolonizing praxis rightly so has been labelled a "messy process." (Meer/Miller 2021; Gill et al. 2012: 11). In a way obscuring the methodological responsibility was now beneficial, as it allowed Manou to come up with the respective methods that would resonate well with her understanding of the situation. Although I remained slightly insecure at times considering issues such as our relation as mother and child, I felt freed up by not having to adhere to the conventions of academic writing. Nonetheless, considering Manou's ability to stand for herself, she still relied on my expertise in other formal issues, such as operating the computer, formatting the text, or communicating with the editors. Despite her being able to come up with her own ideas of how to contribute, prerequisites for equal contribution were still high and hindering her from autonomously participating.

Within anthropology, the ambiguous question of children's voice and representation was highly influenced by the *writing culture debate* of the 1980's (James 2007). While participatory approaches tried to minimize imbalances and questions of representational power, others included children as co-researchers in order to politically strengthen the recognition of children's perspectives (Alderson 2000; Cheney 2011). However, critics pointed out that the promise of authenticity by including children's voices still loomed mediocre, as there was the risk for masking asymmetries rather than actually empowering children (Lane/Blank/Jones 2019: 698). Furthermore, it was argued that problematic aspects of representation would remain prevalent as the ethnographies were still the product of different practices largely controlled by adults (I'Anson 2013; Spyrou 2011; James 2007). I'Anson criticizes that so far "the phase of textual redaction" (I'Anson 2013: 109) is still mediated by adults.

The fact that academia is now moving towards an effort to decolonize writing, modifying its own systems of knowledge production and most importantly to include the voices of the historically marginalized not just through the voice of those who study them but as co-authors, constitutes an important epistemic shift. However important this transformation is, it may not yet fully embrace or account for perspectives which are difficult to reproduce in writing. Children's knowledges, such as Manou's contributions on social justice at the IAA, are often fundamentally situated and fundamentally social, tied into the fabric of life and therefore difficult to replicate later, as temporalities specific to childhood are often immediate and situated in the present (Thomson/Baraitser 2018: 68). The temporal and affective distance which writing entails can create epistemic gaps which are not easy to bridge, despite co-authoring being a step towards increasing cognitive and social justice. Shulamith Firestone concludes the chapter on childhood in her revolutionary feminist book *The Dialectic of Sex*, saying "There are no children yet able to write their own books, tell their own story. We will have to, one last time, do it for them" (Firestone 1971: 104). Sadly, 50 years after her publication this remains an unfulfilled desire as the stories-never-to-be-told have yet to manifest in written form. Indeed, stories of young people might still heavily be in need of mediation as they have to navigate through the aberrations of a written knowledge system carefully staged by adults, in and even outside academia.

Questions of power imbalances when writing with children are complex and unfortunately, we are still unlikely to resolve them. However, I strongly suggest that we do not let these uncertainties paralyze our efforts. After all, circumventing contested voices of children "ultimately reinforces the language of those in power" (Canella/Lincoln 2007: 320). To some extent we might have to become comfortable with the thought that we need to "deliberately fissure the expectation that a reliable (unmediated) representation is in fact possible" (I'Anson 2013: 110). What we can commit to, is to critically question who benefits from our inquiries, who we want to be accountable to, what practices have given voice to children, which of our own mechanisms may further discredit children's voices in our inquiries.

5.6 Ponderings

As Santos said, invisible voices are actively produced in higher education institutions; the decolonial aim is to "symbolically enlarge" (Santos 2018: 250) those experiences and uncouple them from their initial settings to show their transformative potential. The social and ecological crisis we are facing urges us to take responsibility for diverse perspectives in search for new narratives. If we think of responsibility as "respons-ability," (Haraway 2016: 130) as our ability to respond to the questions of our times, academia may well have to confront its own limitations. In terms of accounting for ageism and epistemic injustice towards young people, we might have to leave the beaten path behind. As Bayo Akomolafe suggests, we need to go into the wilds; into the liminal spaces of the periphery which do not follow the same epistemic rules of abstract reductionist thinking (Akomolafe 2017). Emergent places may offer other ways of epistemic justice towards young people, as they prefigure more pluriversal concepts of epistemic ability, accounting for fundamentally social and partial perspectives. However, as members of a dominant knowledge system it is for us to decide at what expense we enable or weaken them in our academic inquiries.

Writing with children, especially with young children, particularly in, but also outside academia is not insurmountable. However, it remains a task "riddled with complexity," (Meer/Müller 2021) as it raises unanswered questions of representation, ambiguity, and power. Consequently, the result cannot easily be a smooth version of our work; rather we need to learn to sit "with mess, confusion and relative disorder" (Law 2004: 2) in our inquiries, as much as we need to sit with them in life. By radically listening to the powerful subtleties that young people have to offer and opening up spaces for co-creation, we can undo some of colonialities' most commanding imaginaries. Firstly, we can question our own assumptions about being the only ones creating and holding valid knowledge; secondly, we can work towards prefiguring spaces that challenge testimonial and hermeneutical injustice. Decolonizing knowledge production through thinking, feeling, talking, writing, joying, and empathizing with young people opens up possibilities of enabling each other in our imaginaries. However, this does not mean to do away with our differences; quite to the contrary. It means recognizing and acknowledging all humans within our plurality and divergence and opening paths for knowledge to evolve from these differences. Enabling each other opens up learning spaces in which *caring* for each other's perspectives allows us to contribute towards social and cognitive justice together.

Referenced Literature

Alderson, Priscilla (2000): »Children as Researchers: The Effects of Participation Rights on Research Methodology«, in: Pia Christensen/Allison James (Eds.), Research with Children, London: Falmer Press, P. 241–258.

Alex, Gabriele (2009): Learning and Embodying Caste, Class and Gender. Patterns of Childhood in Rural Tamil Nadu, Chennai: National Folklore Support Centre.

Aries, Philip (1978 [1960]): Geschichte der Kindheit, München: Dt. Taschenbuch-Verlag.

Braukmann, Fabienne/Haug, Michaela/Metzmacher, Katja/Stolz, Rosalie (2020): »On Being a Parent in the Field«, in: Fabienne Braukmann/Michaela Haug/Katja Metzmacher/Rosalie Stolz (Eds.), Being a parent in the field, Bielefeld: transcript, P. 9–38.

Canella, Gail/Lincoln, Yvonna (2007): »Predatory vs. dialogic ethics: Constructing an illusion or ethical practice as the core of research«, in: Qualitative Inquiry 13(3), P. 315–336.

Canella, Gail/Viruru, Radhika (2004): Childhood and Postcolonization, London: Routledge.

Cheney, Kristen (2011): »Children as Ethnographers: Reflections on the importance of participatory research in assessing orphan's needs«, in: Childhood: A Journal of Global Child Research 18(2), P. 66–179.

Corsaro, William (1997): The Sociology of Childhood, Pine Forge: Thousand Oaks.

Denzin, Norman/Lincoln, Yvonna (2008): »Introduction: Critical Methodologies and Indigenous Inquiry«, in: Norman Denzin/Yvonna Lincoln/Linda
Tuhiwai Smith (Eds.), Handbook of Critical and Indigenous Methodologies, Los Angeles/London/New Dehli/Singapore: Sage, P. 1–21.

Dreby, Joanna/Mose Brown, Tamara (2013): »Work and Home (Im) Balance:
Finding Synergy through Ethnographic Fieldwork«, in: Joanna Dreby/
Tamara Mose Brown (Eds.), Family and Work in everyday ethnography,
Philadelphia: Temple University Press, P. 3–16.

Dussel, Enrique (2000): »Europe, Modernity, and Eurocentrism«, in: Nepantla:
Views from the South 1(3), P. 465–478.

Escobar, Arturo (2007): »WORLDS AND KNOWLEDGES OTHERWISE«, in:
Cultural Studies 21(2-3), P. 179–210.

Firestone, Shulamith (1971): The Dialectic of Sex: The Case for Feminist Revolution, New York: Bantam.

Freeman, Elizabeth (2010): Time Binds: Queer Temporalities, Queer Histories,
London: Duke University Press.

Grosfoguel, Ramon (2012): »Decolonizing Western Universalisms: Decolonial
Pluriversalism from Aime Cesaire to the Zapatistas«, in: TRANSMODER-
NITY: Journal of Periphal Cultural Production of the Luso-Hispanic World
1(3), P. 88–104.

Gupta, Akhil (2014): »Authorship, research assistant and the ethnographic
field«, in: Ethnography 15(3), P. 394–400.

Haraway, Donna (1988).: »Situated Knowledges: The Science Question in Feminism and the Privilege of Partial Perspective«, in: Feminist Studies 14(3),
P. 575–599.

Haraway, Donna (2016): Staying with the Trouble: Making Kin in the Chthulucene, Durham: Duke University Press.

Hirschfield, Lawrence (2002): »Why Don't Anthropologists Like Children?«, in:
American Anthropologist 4(2), P. 611-627.

IAA Mobility (2021): See https://www.iaa.de/de/mobility

I'Anson, John (2013): »Beyond the child's voice: Towards an ethics for children's
participation rights«, in: Global Studies of Childhood 3(2), P. 104–113.

James, Allison (2007): »Giving Voice to Children's Voices: Practices and Problems, Pitfalls and Potentials«, in: American Anthropologist 109(2), P.
261–272.

Jones, Adele (2004): »Involving Children and Young People as Researchers«, in: Sandy Fraser/ Vicky Lewis/Sharon Ding/Mary Kellet/Chris Robinson (Eds.), Doing Research with Children and Young People, London: Sage, P. 113–131.

Kidd, Dudley (1906): Savage Childhood: A Study of Kafir Children. London: Black.

Korpela, Mari/Hirvi, Laura/Tawah Sanna (2016): »Not alone: Doing Fieldwork in the company of family members«, in: Suomen Antroplogi 41(3), P. 3–20.

Lander, Edgardo (2002): »Eurocentrism, Modern Knowledges, and the "Natural" Order of Global Capital«, in: Nepantla: Views from the South 3(2), P. 245–268.

Lane, Danielle/Blank, Jolyn/Jones, Phyllis (2019): »Research with children: Context, power, and representation«, in: The Qualitative Report, 24(4), P. 693–704.

Law, John (2004): After Method: Mess in Social Science Research. London and New York: Routledge.

Van de Loo, Marie Jose/Reinhart, Margarete (Eds.) (1993): Kinder: Ethnologische Forschungen auf fünf Kontinenten, München: Trickster.

Maldonado Torres, Nelson (2007): »ON THE COLONIALITY OF BEING«, in: Cultural Studies 21(2-3), P. 240–270.

Mc Clanahan, Silvia (2021): Reimagining Education. Unpublished Master Thesis, München.

Meer, Talia/Müller, Alex (2021): »The messy work of decolonial praxis: insights from a creative collaboration among queer African youth«, in: Feminist Theory 0(0), P. 1–25.

Mignolo, Walter (2000): Local Histories/Global Designs: Essays on the Coloniality of Power, Subaltern Knowledges and Border Thinking, Princeton: Princeton University Press.

Mignolo, Walter (2007): »DELINKING«, in: Cultural Studies 21(2-3), P. 449–514.

Mignolo, Walter (2009): »Epistemic Disobedience, Independent Thought and Decolonial Freedom«, in: Theory, Culture & Society 26(7-8), P. 159–181.

Mignolo, Walter (2011): »Geopolitics of sensing and knowing: on (de)coloniality, border thinking and epistemic disobedience«, in: Postcolonial Studies, 14(3), P. 273–283.

Millei, Zsuzsa/Silova, Iveta/Piattoeva, Nelli (2018): »Towards Decolonizing Childhood and Knowledge Production«, in: Zsuzsa Millei/Iveta Silova/Nelli Piattoeva (Eds.), Childhood and Schooling in (Post) Socialist Societies, Cham: Palgrave Macmillan, P. 231–255.

Mobilitätswendecamp (2021): https://mobilitaetswendecamp.noblogs.org

Montgomery, Heather (2009): An Introduction to Childhood: Anthropological Perspectives on Children's Lives. Malden: Wiley-Blackwell.

Murris, Karin (2013): »The Epistemic Challenge of Hearing Child's Voice«, in: Studies in Phi- losophy and Education 32(3), P. 245–259.

Murris, Karin (2018): Posthuman Child: A Manifesto. Online publication. See https://drive.google.com/file/d/1XCyA567poXZWDUj-Fl1StDBAL4KG POkF/view

Nandy, Ashis (1987): »Reconstructing Childhood: A Critique of the Ideology of Adulthood«, in: Traditions, Tyranny, and Utopias: Essays in the Politics of Awareness, Delhi: Oxford University Press, P. 41–56.

Ndlovu-Gatsheni, Sabelo (2013): Coloniality of Power in Postcolonial Africa: Myths of Decolonization. Online publication. CODESRESIA. See http://c odesria.org/IMG/pdf/0-Colo- niality_of_Power_Ndlovu_Prelim.pdf

Quijano, Anibal (2007): »COLONIALITY AND MODERNITY/ RATIONALITY: Coloniality of power and de-colonial thinking«, in: Cultural Studies 21(2-3), P. 168–178.

Rollo, Toby (2018): »Feral children: settler colonialism, progress, and the figure of the child«, in: Settler Colonial Studies 8(1), P. 60-79.

Santos, Boaventura de Sousa (2012): Spaces of Transformation: Epistemologies of the South, see https://www.youtube.com/watch?v=UzecpSzXZOY

Santos, Boaventura de Sousa (2018): The End of the Cognitive Empire, Durham: Duke University Press.

Scheper-Hughes, Nancy (1987): »A Children's Diary in the Strict Sense of the Term: Managing Culture-Shocked Children in the Field«, in: Joan Cassell (Ed.), Children in the Field: Anthropological Experiences, Philadelphia: Temple University Press.

Smash IAA (2021): See https://smashiaa.noblogs.org

Spyrou, Spyros (2011): »The Limits of Children's Voices : From Authenticity to Critical, Reflexive Representation«, in: Childhood : A Journal of Global Child Research 18(2), P. 151–165.

Thomson, Rachel/Lisa Baraitser (2018): »Thinking through childhood and maternal studies: A feminist Encounter«, in: Rachel Rosen and Katherine Twamley (Eds.), Feminism and the Politics of Childhood: friends or foes? London: UCL Press, P. 66–82.

Tuhiwai Smith, Linda (2021): Decolonizing methodologies: research and indigenous peoples. London: Zed Books.

Viruru, Radhika and Ambyr Rios (2021): »Needed Methodological Emanci-
    pation: Qualitative Coding and the Institutionalization of the Master's
    Voice«, in: Qualitative Inquiry 27(10), P. 1146–1158.
Zehavi, Ohad (2018): »Becoming-woman, Becoming-child: A joint political pro-
    gramme«, in: Rachel Rosen/Katherine Twamley (Eds.), Feminism and the
    Politics of Childhood: friends or foes? London: UCL Press, P. 241–256.

6 Getting the story right and telling it well
Decolonising research and academic writing
through storytelling and collaborative writing

Sanelisiwe Nyaba and Nicole Paganini

6.1 Food for thought: How community research sparked collaborative writing

This chapter is a collaborative piece between two women who have cooperated in research projects and studies, genuinely appreciate each other's work, and are attempting to explore power relations in research through collaborative writing. The co-authoring of this chapter is the culmination of many circumstances. We come from different economic, social, and political backgrounds and were introduced through the first author's, Sanelisiwe's, mother who collaborated on food injustice research in Cape Town with the second author, Nicole. We were drawn together by shared passion for reading and writing. Some years later, we tested the power of storytelling to disrupt power binaries in academia and we collaborated on a study on the impact of COVID-19 on marginalised communities in Cape Town. Today, we work in a research programme together and explore community kitchens as hubs for nutritional justice and wellbeing. Our writings, so far, have been inspired by our different lived experiences and the different texts we read and write, but most of all, by our shared resistance to colonised academic systems, the sluggishness of universities, and the power of a story.

In the first section of this chapter, we juxtapose our personal inspirations by sharing the texts that shape our ways of thinking. In the second section, we describe the state of inequalities in the academic world and what decolonial writing means from our different perspectives. We conclude with a dialogue between us about co-writing processes.

Storytelling in academia is often only used to highlight the history and implications of a problem and often comes as an opening or conclusion to a more structured essay which features problem statement argumentation to unravel the issue, its history, and its relevance then set out actions for changing perspectives to reach proposed outcomes. In our research, storytelling methodology has brought the root causes of problems to the fore. It has been an invaluable tool to translate data, findings, or descriptions into a narrative that is grounded in the realities of those who are part of a research process. It has allowed those who are "the researched" in a process to gain a voice and reclaim their own stories. It poses answers to big questions about academic knowledge: who the knowledge is for and who, outside academia, can access the knowledge.

6.2   Background: The power of writing – a Cape Flats' perspective

Brenda Fassie hails from the community of Langa. She would be 57 years old if she was alive today. She rose to become a high-calibre musician whose career spanned over two decades and shaped the popular indigenous genre, Kwaito. Brenda Fassie's style and energy during performances filled stadiums in a time when many Black South Africans were held under the constraints of Apartheid. She sang about love, heartbreak, and walking away from love. "I'm no weekend special" and "My baby, *uhambe* wrong(o)" rang through many households' speakers, encouraging women to stand up for themselves. She sang these songs in a mixture of English and Xhosa, peppered with slang. This style of speaking (and dressing) would emerge from this era and shape 90s Kwaito. There is something to be said about thinking about this woman, whose songs would come to her in dreams.

She sang about resistance: not just the resistance of a Black person against the system, but a Black woman rebelling against a system which told her Black women's voices only mattered inside the home. Brenda Fassie redefined what it meant to be a Black woman in her time. She wore what she wanted and expressed her thoughts and sexuality without shame. Decades later, I transitioned into motherhood and observed so many changes in myself and my position in the world, yet her words reminded me that I can be who I am: unashamed, confident, and proud. This is a feat for many women of colour.

There is not a lot of time to worry about individuality if you come from a community like Langa, Gugulethu, Mfuleni, or Khayelitsha where food insecurity and unemployment are severe. To live here, you need people to help you. You know an occasional knock on a neighbour's door may yield enough borrowed money for bus fare to school. Aloof and hungry in class with one rand in my pocket, I wondered at how my inherited poverty threatened my potential to be the best form of myself every single day. Colonialism and patriarchy have a lot to account for if we truly consider its effects on the humans it oppressed and continues to oppress.

Let us fast forward into history to another woman who has inspired the thinking behind this chapter: Maya Angelou. From Angelou's work emerges the workings of the mind of a woman who told her story in all its complexity, trauma, and beauty. Angelou wrote the story of a young Black woman in America in the midst of the Great Depression before the civil rights movements. The focus was on the everyday: the retelling of events in her life in connection to the lives of those around her and in connection to her historical present. The language that Angelou used was always simple; her thoughts appeared weightless, even as she retold traumatic stories like *I Know Why the Caged Bird Sings* (1969). In this book, she expounds upon a time in her life when she lived with her grandmother who ran a shop that sold food to cotton pickers who passed the shop on the way to and from work daily. She describes the transition from morning to evening in parallel to the diminishing mood of the passing cotton pickers who left their homes vibrant and entangled in hopeful banter and bragging in the morning and returned home in the evening exhausted and depleted. Her description of the day's end opens coldly with, "In the dying sunlight, the people dragged…". In this way, she transports her readers to the fields where labourers pick cotton as Angelou picks through the injustice and discrimination that people of colour faced during this time. Knowing I was reading was not just a fictional story, but Maya Angelou's life story always struck a painful nerve with me: like myself, she was just a young woman trying to survive, write, dance, sing, and create. I often wonder if she knew that what she was doing was an act of resistance and if she ever really had a choice of doing anything else.

Sanelisiwe: It is important for those who will follow after me to see, hear, and witness another Black woman writing her own story and to know that my story is embedded in the stories of the lives of those around me and that I am impacted by their stories. I am impacted by my own story. And so,

Angelou's story weaved itself into the history of its time: she wrote this story and wrote her observations and wrote to us about the internal workings of her mind. These stories will live beyond her and continue to inspire other women, including me as I write this.

6.3   Where are we at: Colonialism in research

The academic world and scientific writing manifests inequalities. The reality reads as follows:

More men than women lead research projects (McDonald et al. 2014; Acker 2006: 443; Forret/Dougherty 2004; Vehvilainen et al. 2010). The normalisation of male leadership in research projects legitimises, implicitly or explicitly, low participation of women in research (Johnston 2009; Berger et al. 2015). Consequently, more men than women publish academic work (Leslie et al. 1998; Schiebinger 2007; Schucan 2011; Duch et al. 2012; Arau´jo et al. 2017), men predominate the prestigious first-author positions (West et al. 2013), and men publish twice as many articles in accredited journals than women (Prozesky 2006). It is not surprising that more Europeans lead research projects than Africans (Diallo/Thuillier 2005) and African women published three times less often than women from Northern countries (UNESCO 2017; Khisa et al. 2019). The gender disparity in research exists against a backdrop of African scientists, in general, contributing proportionally less to global research output. Sub-Saharan Africa published only 1.4 percent of the world's total scientific papers in 2014 (Okeke et al. 2017). Women from sub-Saharan Africa constitute 30.4 percent of the continent's researchers (UNESCO 2017).

Academic journals from Europe have a higher impact factor than African journals based on JCR subject category and ISI impact factor (Orlando et al. 2005). European authors are more likely to publish than African researchers (Duermijer et al. 2018). More than 13.6 billion euros of research funds travel every year from Europe to Africa (EU 2021) and, with it, thousands of researchers.

6.4   Collaboratively writing

While continuously opening ourselves wider to sitting in the discomfort described in those statistics, leaning in, and lovingly forcing ourselves to become aware of these manifestations of inequality, we are also aware that our collaboration is caught in power relations. Nicole is leading a research project with a range of partners and staff and with substantial financial resources and decision-making power. It is coordinated from the North. Sanelisiwe is part of a partner organisation, financially dependent on the research project's funds, and personally financially tied to the project as a recipient of a master's bursary from the research collaboration. We collaborate in various work streams. One of these work streams is a co-research study on community kitchens. Community researchers from different areas of marginalised neighbourhoods in Cape Town (previously referred to as "townships" under the Apartheid regime) conduct cross-visits and document their observations, interview each other, and collect stories. Nicole supports from a distance while Sanelisiwe accompanies the community members to the site visits.

This research sprang forth from a community kitchen retreat. During this retreat, twenty women came together to kick-off the research, take a deep breath, and download the frustration that accompanies their current situations. The community kitchens of Cape Town and the women who work in them are as diverse as the neighbourhoods they serve. While some have been operational for years and are supported through community and neighbourhood initiatives or faith-based and philanthropic organisations, others opened during the COVID-19 pandemic as community-led responses to increasing food insecurity. It is estimated that there are hundreds of community kitchens in the Cape Flats. The women who run the kitchens serve a rich menu of services alongside food: domestic violence support, nutrition advice, childcare or after-school care support, and advice urging gang members to desist from violence, for example. The women see their empathetic ears as another way they help community members, many of whom want to vent their anger and frustration about the "poverty porn" they are subjected to in return for mere scraps of the cake through other support services. Their stories are both pitiful and painfully intriguing.

In community research, many of our workshops start with storytelling or a reading. This familiarises the participants with each other, creates a safer space, and grounds participants within the course environment. What is our literary safer space?

The poem read by Sanelisiwe was selected because she thought it would be able to speak to women's experiences across a range of ages. Women have feelings about their bodies, insecurities, and the shame of nakedness. Shame has a lot of power when it is not confronted; it is a silent happening inside our minds and bodies. The poem dives into one woman's experiences of womanhood and motherhood and reminds women that we are not alone in this shame, yet we would not know this unless someone is vulnerable enough to share their shame aloud:

Shame

Feeling ashamed
of my body
with its breasts that part ways
violently when I lay on my back,

that one breast goes and lays on one side
the other breast goes and lays on the other

I am ashamed
of the gleaming marks on
my bronze skin

You can see how far my
stomach must have stretched when it carried the baby

I was ashamed then
I am ashamed now
I was ashamed even
when I was too young to be ashamed
or understand shame

So shame is a taunting little thing
that grows in size and likeness
and changes with you

When your thighs take the shape of a curve
its muscles growing stronger to
withstand what weight you carry
shame has its own muscles

It grows taller with you
a second shadow that
does not disappear even when the sun
disappears from the sky

You carry your baby on your back
and somewhere your shame is attached
Perhaps a heavier load
perhaps it is why you tire so
quickly on your way to the taxi rank

I am not ashamed to admit
that I have nursed this shame
and fed it as I fed my growing child

I have groomed shame, because
letting go is a shame on its own

What the fuck is really going on

I want to write poetry
in this language I am using right now
to describe the beautiful rise of
a network of the branches of a tree
not a single leaf on this tree
dry to a kind of death,
maybe cold too

I want to highlight my fascination
at how the invisible wind lifts
dead dry leaves towards me
in the street
that my children cry in wonder
at things moving on their own

What now
with people dying in the name

of a vagina and breasts
in the name of brown skin

I don't want to protest
or have my timeline filled
with hashtags of the names of
dead Black boys
dead Black girls
dead Black children
dead Black people

what the fuck is really going on?

I am called to bear myself open
and I hope you will find inside of me
soil that grows these
trees that grow naked in winter

I want the crooks
and corners of my veins to
house these brave birds that choose to
stay the winter

I want a smoothness to my words

I can't even take a walk
in a forest without being afraid

I can't even take a walk
down the street without dogs
barking at me

Because everyone is afraid

This is not about race,

of course not

but fuck poetry

fuck wordsworth

fuck these hashtags

fuck these rapists and

murderers and fuck

all this uncertainty

"-- Uhm so Sanelisiwe, to cut you short on your little speech there, how are you today?"

"Man, I don't even know"

The kitchen retreat was impactful for both of us. We can't do any research justice by just interviewing and counting the plates that leave the kitchens or asking what age group eats there or making a map of the location of the kitchens. The stories determine the depth of the research and making space for them allows the data to be interpreted by the storytellers themselves. The women community researchers also took photographs that captured significant aspects of their relationships with food and their community. As a collective, we viewed the photographs as story and interpreted the stories along a map of social networks: inside the kitchens and outside homes. The stories served as nagging reminders that conventional academia is devoid of emotions and favours easily manipulated numbers over the depth and brevity of human stories.

We understand the storytelling approach as the researchers' task of getting the story right and telling it well. This requires critical thinking around how to pursue the methodology. In our approach, we first thought about two questions, "Why is the research important and who says so? What supports are in place to scaffold the research, the researched, and the researcher." To get the story right, we need to listen carefully.

Storytelling in community organisations' work is an oral sharing of narratives, often very personal and partly embedded in the culture of the community. The storyteller is proactive in choosing whether to share the story in the first or third person and when to jump into the role of the narrator. Telling a story has an educational and an empowering component. There is a listener (or more) and there is the storyteller, all of whom embark on a process that stimulates thoughts and appeals to feelings. People who speak and tell often experience speaking as empowering, while listeners contribute by listening empathetically, connecting what is told with their own experiences and thus being understood and validated through stories.

Storytelling is, therefore, appropriately applied in the context of co-learning within community research. Different nuances and facets of different stories allow participants to create a story board of knowledge. The more stories the research process adds to such a story board, the more central some key messages become. The storyboard has two benefits; in a first step, it allows participants to describe lived experience via their different voices and, in a second step, they can look into their past and decide where the story starts, before the collected narratives come into play. In this work on community kitchens, the story started with COVID-19, the pandemic, control measures imposed by government, and how these controls impacted women and their food security. They also sparked solidarity and community-led action, such as the community kitchens (see Paganini et al. 2021). Further steps to understand what factors might influence the future help participants imagine future stories. In our case, after collecting stories, the women thought about future scenarios and clustered them in three key message categories (health, political voice, and sisterhood). From this process, action plans were developed and are currently being implemented. For example, health agents will be invited to turn kitchens into hubs for nutrition education and younger women are forming a writing club to complement a podcast series with essays developed in writing retreats. Working together to form a collective voice to gain political influence and mobilise against gender-based violence, the aim is to highlight the invisibility of care work.

In validating their shared lived experiences during research activities, participants were drawn into community and, within the safety of that positive learning community, they explored methods of community research that were enabling, respectful, and healing. For them, that meant centering community kitchens in research and questioning why research is important and to whom. Through their stories, we realised that kitchen research provides safe spaces for exploration of the hard topics that women face in their survival: carrying the burden of invisible care work, the female identity in so-called townships, and women's rights to exercise their political voices. Who says this research is important? The women!

6.5   UPhakatoni: What are we dishing?

Our joint challenge is now to translate stories into writings.

We started using collaborative writing about our research as a means to convey a message from a creative and a research perspective. Collaborative writing is, to us, more than just co-authorship of a text. It is a process from jotting notes to building paragraph upon paragraph, while swapping the leading author role. Sanelisiwe starts with a paragraph and Nicole adds the next one. This collaborative writing is inspired by a podcast series hosted by Sanelisiwe called uPhakatoni, translated from Xhosa to "What are you dishing?" In her series, Sanelisiwe invites guests to the uPhakanini community kitchen to talk about food, but also what we need to dish up to work toward a vision of community-led food systems. The conversations are collaborative explorations. In the following dialogue, we discuss whether storytelling work, as we apply it, happens in a way that models research with communities who experienced a colonial past and unsettling of colonial knowledge systems: can storytelling support respect, relevance, reciprocity, reverence, synergy, holism, and interconnectedness or does it seek to keep knowledge within contained and constrained silos?

Sanelisiwe: We are sitting at the uPhakanini kitchen. Let's talk about our research. I have always approached my academic career and my art as two spheres of expression. I attended university and complied with the criteria and structure demanded by academia as best as I could. My creative writing and other artistic passions had their own criteria which were less focused on structure and more on the quality of the final product. These developed separately for as long as I was in university. I realise now that the topics that I pursued in my art and the different modes in which it was represented was rooted in both my literature and linguistic background. This merge for me would only really take shape when I joined the co-research project in 2020 as a mapper and became engrossed in the topic of food insecurity. I was asked to write insights that would accompany the survey conducted by community researchers in my community.

This journey has led me to merge storytelling with research and it is one that I am exploring in my master's thesis. Sociolinguists see communication as verbal, text, images, or any kind of sign or meaning that comes to be understood in a context. In the rapidly evolving age of technology and media we live in, communication can be transmitted in different ways. Respecting different cultures and ways of doing comes with respecting the different ways in which information is presented. Maybe what is lacking in research is not storytelling, but acknowledging the different ways we can see knowledge.

Nicole: Our research started at a retreat in which women who run community kitchens centered their work around slow violence. We work with different forms of storytelling. The kitchen heads embark on a co-creation process to achieve their dream: repositioning community kitchens as multifaceted hubs where supports for diverse needs can be aggregated, while restoring dignity and social capital. Is the desire to amplify voices through advocacy-driven research naïve? Can research really amplify voices?

Sanelisiwe: Being in the retreat and hearing the stories of the women brought me to confront my own struggles with my personal past. I can understand my place in the world as a Black woman through my academic background, yet this does not make it easier to navigate my own oppression. I recognise the same struggles in the women who, in a broken system, take on the burden of feeding communities. That interactive dialogue at the retreat demystified the view of these women as community heroes and revealed them as exhausted women who still take it upon themselves to pour from cups that are not always sufficiently full. This part of the work is where the naivety is lost. It is important to carry this into our work approach.

In essence, yes, this research can help amplify voices. There is often tension between women's place as Black women and their sense of agency and even more so for the women at the retreat. Creating a space where dreams and obstacles to those dreams could be heard and incorporated into a vision for building these hubs and empowering those that are doing the work.

Nicole: Academic writings usually follow similar patterns, starting with an introduction, theoretical or conceptual background, methodology, findings, discussion, conclusion, and bibliography. Storytelling in academia is less common and often comes as an opening or conclusion to support the issue, its history and relevance, and changed perspectives. Can storytelling happen in a way that supports decolonisation and unsettling of colonial knowledge systems to support and respect lived experiences in a reciprocal and interconnected way? Can it acknowledge conventional, but maybe more powerful ways, of conveying research results? I remember in our last collaboration, community members surprised me by constantly pushing us to produce statistics and published studies to present to decision makers as advocacy materials; on the other hand, you, Sanelisiwe, used podcasts and factsheets to mobilise communities.

Sanelisiwe: As an artist, research is important in asking the critical questions. How is colonialism still perpetuated in the current food system? How are the women from the retreat affected by this patriarchal system? There is a reconciliation, for me, between the research data and critical thinking with the individuals who provide the data. Reading research through the lens of different modes of communications is important. This collaboration between a researcher and an artist, then, does not mean we do not see the value in conventional research. It means a mutual respect for the different ways of knowledge making, learning from experience, and seeing how things look when they are built together.

Nicole: Mutual trust and collaborative writing aren't easy. I also think that the two knowledge systems are too often too different to converge. Perhaps it is art that asks the more critical questions? Or art that is needed to break the ice on defining research needs? You often mention the reconciliation of research data. Is it enough to do research "with" instead of "about" community groups? Here I refer to the idea of co-research. We understand community-led research as a way of doing research with, rather than about communities. In co-research, participants pose research questions, design methodologies, and take part in analysis, sharing findings, and collaborative writing. Actual co-research is intense and a lot of work. And still there is a power gap.

Sanelisiwe: I have conducted two mini-research topics as a student in university and have never worked on a research project led by an international think-tank. I am aware of the obvious power differences between you and I; you are White and I am Black, you are older and more experienced in your career and I am only starting out. Vested within the work are other power differences as there are other even older, White women and more experienced colleagues (of course, there are also other older colleagues who aren't White and that has its own power dynamics as well).

Voice, opinion, and how we interact are shaped by power relations. I appreciate your willingness to listen to my crazy ideas and have observed the ways you facilitate work sessions in dialogue. Despite this, when seen through a larger historical context, our work comes with own power relations; for example, in having your approval of my texts or ideas. It is very affirming to have the confidence of a more experienced co-author who thinks you are a brilliant author and is willing to critique and support the writing. We will always face bridging the power dynamic and questioning whether or not we are bridging and where have we gone wrong in doing so?

It is important to approach the work we are doing with slow diligence. Every part of this work (the art, the data, the community insights and, in this case, the co-writing) can be seen as different parts of a functioning system that can serve as an example to others. For example, as co-authors, we discussed which of us would be listed in this chapter as the primary author and how that matters (or not) in academia and our social environments. Yet, these things did matter at the time that our current system was shaped and molded. Why did it matter at all in South Africa that a White person and a Black person could not, by law, be friends or lovers? In the same way that one example of an interracial friendship or couple sets an example and exposes how ridiculous the whole system was, as co-authors we seek to challenge power structures and norms. A mutual love for music or a type of food, perhaps, could create space for cultural sharing. Once that sharing begins, there is a breakdown of "us and them". This makes me wonder how, for example, your changed understanding of the experiences you have had in South Africa has changed your perceptions and how, if at all, this new knowledge has influenced your approach to research?

Nicole: The way we work is always marred by trouble. I often like to jump into the midst of the problem and the way we ask questions and listen to stories stirs up a lot of discussion. I think it is good, but it's also exhausting and keeps me busy. I am constantly preoccupied by the research system, its power relations, and my role within it. Whether I am in the right place, I can't say. I think that the joint research has been shaped, above all, by those who gave it its mandate. I don't think I can put into words how privileged I feel to be learning from research with community members who developed research questions, discussed ideas and concepts, written together, and, as you say, "made waves". The process we took on overcame stereotypes and involved sitting in discomfort, seeking truth about how research and colonialism are intertwined, and reconciling those differences together. I have been taught what Whiteness means and what privilege means. Decolonial research could be really useful in a world that continues to pump out White, male, Northern-dominated research projects that parachute "knowledge" into countries with no interest in receiving it. That's what we see, internally, when we try to speak the language of Northern, White, policy makers who think about policy briefs or the White women who want to save the world: we just want to be heard and focus on what we are good at: storytelling in podcasts and think pieces. Externally, community research has been ridiculed either as a project steered from abroad or as a nice chat between women who don't write serious research articles.

Sanelisiwe: I feel just as privileged to be part of a work process where I can utilise all versions of my voice. This means that I have struggled to really fit into spaces because there is a criterion to which one must always perform. My relationship with academia has been this way too: having to write to a certain structure, even when in sociolinguistics critique and question this very structure. Literature and storytelling have largely centered on telling the stories of the White male voices you speak of and has resulted in a limited interpretation of history. The book *Cry The Beloved Country* by Alan Paton (1948) follows the story of a Black pastor who travels from KwaZulu Natal to Johannesburg trying to locate his long lost son. This story, at the time of its publication, received copious praise for telling what was deemed an authentic South African story. When I read this story about a Black man as told by a White man, I could see where Paton was limited. The problem was not Paton himself as he imagined a South Africa where different races attempted to heal from a deeply painful colonial past. Perhaps if a variety of voices trying to reimagine a future were raised, there could be more complex characters and stories told. This is what we are trying to do, I believe: create room for more voices and to hear those voices with respect, not just in storytelling, but in research too.

6.6 Conclusion

Writing together, especially across social and cultural boundaries is not easy. To write at eye level and shape the text equally, we suggest starting with a story or a poem that helps us all understand the core message of the text. Most people remember stories, but not numbers and percentages. One of these stories is the story Brenda Fassie which shows us that no matter what anyone says, you must stay true to yourself. She came from Sanelisiwe's community, she sang about resistance, and gave people hope during a time of oppression. We still live during a time of oppression and stories help us explore injustice and connect to and disrupt conventional logic through unexpected style.

In other words, decolonial writing through sharing of stories detaches the neutrality of conventional, conceptually framed, evidence-based research by contextualising the findings not through a framework, but through a story. The story gives the text and the research personality and a voice. This brings another vulnerability to the fore: participants in our research project expressed fear that their information was being captured in mere numbers, naked statistics, or bar charts. They didn't want to be seen as statistics, but as stories. Sharing a story of grief and oppression make us, however, more vulnerable. However, there is strength in vulnerability. We have not overcome the uncomfortable situation caused by power relations, though we do our best to depersonalise it.

Co-writing among oppressed communities, women, people of colour, the queer community, and other members of "the researched" can create transformative agency for knowledge by steering and shaping the narrative of the research. Writing about lived experience, as a scientist who is from a community, turns contestations and contradictions of conventional methods into intellectual resistance and is a further step toward inclusion in a growing network of African scientists and African women rewriting Africa. Collaborative writing is not only a process of exchanging ideas, but of co-creating text and a body of written knowledge that follows a process of intellectual musings, conversation, reflection, and appreciation of difference.

Referenced Literature

Acker, Joan (2006): »Inequality regimes — Gender, class, and race in organizations«, in: Gender & Society 20(4), P. 443–64.

Angelou, Maya (1969): I Know Why the Caged Bird Sings. New York: Random House LLC.

Arau´jo, Edwardo/Arau´jo, Nuno/Moreira, Andre/Herrmann, Hans/Andrade Jose (2017): »Gender differences in scientific collaborations: Women are more egalitarian than men«, in: PLOS ONE 12(5).

Berger, Laura/ Benschop, Yvonne/Van Der Brink, Marieke (2015): »Practicing Gender when networking; The case of university- industry innovation projects«, in: Journal of Gender, Work and Organization 22(6), P. 557–78.

Diallo, Amadou/Thuillier, Denis (2005): »The success of international development projects, trust and communication; an African perspective«, in: International journal of project management 23(3), P. 237–52.

Duch, Jordi/Zeng, Xiao/Sales-Pardo, Marta/Radicchi, Filippo/Otis, Shayna/ Amaral, Luis/ Woodruff, Teresa (2012): »The Possible Role of Resource Requirements and Academic Career-Choice Risk on Gender Differences in Publication Rate and Impact«, in: PLOS One 7(12), P. 1–11.

Duermijer, Charon/ Amir, Mohammed/Schoombee, Lucia (2018): Africa generates less than 1% of the world's research. Data analytics can change that, see https://www.elsevier.com/connect/africa-generates-less-than-1-of-the-worlds-research-data-analytics-can-change-that

European Union (2021): Funding and support EU, African and international funding and support for African and European researchers. Retrieved from: https://ec.europa.eu/info/research-and-innovation/strategy/strate

gy-2020-2024/europe-world/international-cooperation/eu-africa-cooper
ation/funding-and-support_en

Federici, Silva (2014): Caliban and the Witch: Women, the Body and Primitive
Accumulation, Brooklyn: Autonomedia.

Federici, Silva (2018): Re-enchanting the World. Feminism and the Politics of
the Commons, Oakland: PM Press.

Forret, Monica/Dougherty, Thomas (2004): »Networking behaviours and career outcomes; Differences for men and women?«, in: Journal for organizational behavior 25(3), P. 419–37.

Johnston, Jessica (2009): Technological turf wars; A case study of the computer
Antivirus industry, Philadelphia, P.A: Temple University Press.

Khisa, Anne/Ngure, Peter/Gitau, Evelyn/Musasiah, Justus/Kilonzo, Eunice/
Otukpa, Emmanuel/Vicente-Crespo, Marta/Kyobutungi, Catherine/Ezeh,
Alex/Fonn, Sharon (2019): »Gender responsive multidisciplinary doctoral
training program: the Consortium for Advanced Research Training in
Africa (CARTA) experience«, in: Global Health Action 12(1), P. 1–7.

Leslie, Larry/McClure, Gregory/Oaxaca, Ronald (1998): »Women and Minori-
ties in Science and Engineering: A life Sequence Analysis«, in: The Journal
of Higher Education 69, P. 239–276.

McDonald, Steve/Lin, Nan/Ao, Dan (2014): »Networks of opportunity; Gender,
Race and Job leads«, in: Social problems journal 56(3), P. 385–402.

Okeke, Iruka/Babalola, Chinedum/Byarugaba, Denis/Djimde, Abdoulaye/
Osiniyi, Omolaja (2017): »Broadening participation in the sciences within
and from Africa: purpose, challenges, and prospects«, in: CBE Life Sci Education 16(2), P. 1–9.

Orlando, Gregoria/Sainul, Abideen/Hamwela, Virginia/Ngenjo, Kabyema/
Rahma, Kubaiza/ Henock, Legesse/Sibongile, Mabuza/Elnour, Mahasin/
Manglal-lal, Christine/Masele, Juma/ Mendoza, Daisy/Mutsungi, Irvine/
Nakasagga, Juliet/Rousseau, Ronald/Soto, Benavides (2005): »Impact of
African journals in ISI databases«, in: Libres 15(2).

Paganini, Nicole/Ben-Zeev, Keren/Bokolo, Khutala/Buthelezi, Nomonde/
Nyaba, Sanelisiwe/ Swanby, Haidee (2021): »Dialing up Critical Femi-
nist Research as Lockdown Dialed us Down: How a Pandemic Sparked
Community Food Dialogs in Cape Town, South Africa«, in: Frontiers in
Sustainable Food Systems 5(2), P. 1–12.

Paton, Alan (1948): Cry for a beloved country, Johannesburg: Scribners.

Prozesky, Heidi (2006): »Gender differences in journal publication productivity of South African academic authors«, in: South African Review of Sociology 37(2), P. 87–112.

Schiebinger, Londa (2007): »Getting more women into science: knowledge issues«, in: Harvard Journal of Law & Gender 30(2), P. 365–378.

Schucan Bird, Karen (2011): »Do women publish fewer journal articles than men? Sex differences in publication productivity in the social sciences«, in: British Journal of Sociology of Education 32(6), P. 921–937.

Tuhiwai Smith, Linda (2021): Decolonizing Methodologies, London: Zed Books.

UNESCO (2017): Institute for Statistics. Women in science. See http://uis.une sco.org/en/topic/women-science

Vehvilainen, Marja/Vuolanto, Pia/Ylijoki, Oili-Helena (2010): »Gender equality in interface organization between science, technology and innovation«, in: Journal of technology management and innovation 5(1), P. 152–165.

West, Jevin/Jacquet, Jennifer/King, Molly/Correll, Shelley/Bergstrom, Carl (2013): »The role of gender in scholarly authorship«, in: PLOS One 8.

7 Writing with beekeepers on a blog
A collaborative experiment

Greca N. Meloni

7.1 Introduction

I am driving home after an intense day with buzzing bees and their keepers. It's almost dark, and I feel a bit tired from the overwhelming stimulus I've gotten from this experience. I decide to avoid the new 125's road and take the old *Campu Ommu* instead. The route is full of sudden bends, and I must drive slowly and carefully because my old fiesta doesn't really hold the asphalt. The pace allows me to enjoy the different shades of purple and blue slowly taking over the orange veil on the gentle hills. I take time to observe the place getting quiet. People are coming back home after a long day working in the field. I dwell on observing a guy in his tractor rushing up to finish his job before it gets too dark. The car radio is broken, so I take advantage of this moment of peace to reflect on the last days of fieldwork. I spent the last few days driving up and down in the *Sarrabus*[1] to interview beekeepers and engage with their bees.

Many things are buzzing in my mind right now. While driving, I go through the feelings of being surrounded by bees. I dwell on the dance I performed following Giancarlo[2]'s daughter at her apiary. This was a very extraordinary multispecies experience for me. Yet, I keep stinking about something different. My attention goes to some sturdy words making their own space between my thoughts. Giancarlo, Fabio, Lino, and other beekeepers keep telling me the

---

1   The Sarrabus is a micro area of Sardinia located on the Southeast coast of the island (see Böhne 1950: 13–14).
2   All the beekeepers' names and the names of beekeeping associations in this book chapter are anonymized.

same thing: *"They* don't pay attention to us; *they* don't want to listen to what we have to say." This complaint is perhaps the most common criticism I always hear from my informants. Behind that, *they* are Sardinian policymakers and their non-beekeepers' specialists who manage the environment and the funds for beekeeping and agriculture. Beekeepers believe that regional policymakers and their "specialists" lack knowledge of beekeeping's peculiarities. As a result, beekeepers feel powerless and voiceless before them. The tensions between beekeepers and policymakers strike me. I wonder if beekeepers' sense of being voiceless depends on the difficulties for non-beekeepers in understanding the world of bees. I wonder how can I tackle the tension raised within different forms of knowledge. Am I able to do this? Do I have the *power* to address this problem? If so, how? And further, does it even make sense to engage with this problem? Why should I?

The conflicting relationship between contrasting forms of knowledge and different powers is a common problem in various fields of anthropological inquiry (Foucault/Gordon 1980; Foucault 1982; Bourdieu 1994; see also Gramsci 1975: 455–465). Anthropologists have explored the relationship between power and knowledge from different perspectives (Haraway 1988; Spivak 1988; Escobar 1998, 2015). Drawing from the four years of ethnographic research on beekeeping on the Italian island of Sardinia, the following chapter analyzes the collaborative processes activated through the blog *Abieris e Abis. Antropologia dell'apicoltura in Sardegna* (www.fareapicoltura.net). I will dwell upon the asymmetrical relationships connected to visual ethnographic methods and the use of a camcorder in the field and reflect on the emergence of writing as a form of collaboration with the informants.

In what follows, after briefly introducing the methodology in the field, I explore the asymmetrical relationships between subjects and researchers in the field.

7.2 Questioning dominance in filming

Before lingering in the analysis of the blog and the collaborative processes it activated, it is helpful to give a general overview of the research project within the blog inserts. During the fieldwork, I interviewed several beekeepers from different parts of Sardinia to have a comprehensive perspective on the dynamics of the networks within the community of beekeepers. In addition, I had formal and informal interviews with Italian beekeepers and with the most prominent spokespersons of the regional and national associations. Along with beekeepers, I encountered employees from the regional departments of agriculture, politicians, specialists in environmental management, the entomologists of the University of Sassari, daily workers, forestry rangers, and whoever deals with the field of beekeeping in Sardinia. Most interviews were carried on as semi-structured interviews using audio-visual equipment. I collected several hundred hours of material with a professional camcorder and with a minimum requirement of external sound equipment.

The blog idea wormed its way into my reflections already in early 2017. The following Summer, I was designing the blog. As I will show later, the blog helped define my position in the field as a researcher. However, this aspect was secondary compared to my first goal of avoiding an asymmetrical relationship with the informants. Using the camcorder as a negotiation tool in the co-production of a film artifact did not seem enough to avoid unequal rapport. Even when beekeepers asked me to use my skills to produce anthropological documentation for their projects, I could still perceive some sort of unbalanced power between my informants and me. The audio-visual equipment proved crucial to exploring the sensorial dimension of beekeeping and *interviewing* bees. However, the camera triggered conflicting reactions in both human and non-human informants. These reactions are worth reflecting on.

The audio-visual equipment had the advantage of facilitating access to the non-verbal corporeal dimension of beekeeping (Meloni 2018a). Beekeepers use their bodies to build their relationship with the bees. Hence, their bodies become an instrument of communication and intra-action with the *body* of the Superorganism[3] hive. The beekeeper's gestures, the pace, and the rhythm of the movements' sequence are all aspects of the non-verbal communication between humans and bees. The possibility of zooming in and out with the camera eye allowed me to observe how bees reacted to the beekeepers' corporeal presence and communicated through the bee's dance (Frisch 2012; Seeley 2010). The camcorder, in combination with the sound equipment, boosted my senses, enabling me to explore the aspects that would otherwise remain hidden from a human-centered ethnography on beekeeping.

For their part, the insects reacted to my presence, urging me to negotiate my corporeal position in the field. They lively responded to the furry cover

---

3   The notion of Superorganism considers the honeybee colony as a single integrated unit composed by a multitude of individuals that, like the cells in the human body, works as a single coherent whole (see Seeley 1989, 2010: 25).

of the microphone and the black-colored audio-visual tools I was wearing on my body. Often, these objects alarmed the tiny hives' guardians, leading the whole apiary to take on a defensive — if not aggressive — behavior towards me (Meloni 2018a). According to Sarah Abbot (2020: 227), before filming with nonhumans participants, it is fundamental to take the time to learn about their means of communication and to engage with their presence in the field. I must remark here that my embedded knowledge in beekeeping acquired through a lifetime apprenticeship growing up in a family of beekeepers allowed me to find *my place* surrounded by bees. Yet, the bees' presence was sometimes overwhelming, and occasionally I felt worried due to my allergy to bees' venom. I took advantage of the length of the camera eye that allowed me to step back in potentially dangerous situations and still maintain a close view of the insects.

As for beekeepers, to some, the camcorder seemed to represent an opportunity, a sort of stage where to perform themselves (Meloni 2018a). However, other informants (beekeepers and non-beekeepers) appeared to feel disturbed by the invasive eye of the camera. In the present-day hegemony of images on social media, the act of filming implies that, most likely, the pictures will become public. Consequently, the subjects too will become visible to the mundane sphere. This is an aspect that needs to be taken seriously. The risk of creating asymmetrical relationships with beekeepers prodded me to reflect on which tools anthropology could provide to address this delicate matter. To avoid asymmetrical relationships, I tried to use the camcorder as an instrument of negotiation, letting beekeepers freely choose what I could film and what they preferred not to show. This approach produced a sort of collaboration between the anthropologist-filmmaker and the subjects that nevertheless differs from the ways of collaborating recently described by David MacDougall (2020).

Yet, despite the effort, *dominance* seems an inevitable question when filming. Hence, the entire film jargon mimics warlike situations. The filmmaker *aims at* the subjects with the camera and s/he *shoots* them. Even in the act of holding a camera steady without using a tripod but simply its body, the filmmaker must control his/her breath in precisely the same way as to aim at something when holding a shotgun. This fact contributes to reproducing an asymmetrical relationship between the filmmaker and the filmed, already embedded in the act of filming (Shankar 2020). To avoid exercising forms of power and dominance, the filmmaker must engage in a negotiation processthat may lead to creating new collaborating practices (Gubrium/Harper/Otanez 2015). Yet, as MacDougall pointed out, except in some co-authored films, dominance is often hard to escape, while significant differences may persist between col-laborators (MacDougall 2020: 2).

These aspects led me to consider *writing* a form of collaboration in my an-thropological research. More precisely, writing with the informants on a blog was the form of writing I chose to carry on.

7.3   Designing the blog: conflicting knowledge

In 2018, after a few years of collecting data, I decided to take a step further and design a platform where people, including myself, could share their beekeep-ing knowledge without the fear and aggressiveness connected to social media. At that time, I had acquired the competencies to create a blog by collaborat-ing on two projects of digitalization of cultural heritage in Sardinia[4]. Initially, the blog was structured into four sections, each dedicated to a beekeeping as-pect. Additionally, a section embedded videos from my accounts on Vimeo and YouTube.

I called the blog after the name used by the beekeepers of a private Face-book group of Sardinian beekeepers. The word *abieris* is a new coinage made by the admins of the group. The correct Sardinian word for *beekeepers* would be *abiargius, apiaresos, mojaresu, casiddaiu, abealzu* (Wagner 1928; Böhne 1950; Spiggia 1997). Many members self-define using the new coinage; hence I used it for my blog. The latter is designed to avoid most male beekeepers' funda-mental braggadocio and aggressiveness. It seems that there is a fundamental difference between the modes of communicating and sharing knowledge via Facebook between female and male beekeepers. The formers appear to use social media to seek technical support and pieces of advice. The communi-cation between female group members appears less conflictual than male-based groups. Male beekeepers appear to reproduce online the dynamics of the hierarchy of expertise that usually form part of the relationship between master and apprentice (Meloni 2018a; see also Herzfeld 2004). The blog ad-dresses the divergent perspectives derived from different kinds of knowledge at play and beekeepers' perception of being voiceless and powerless before the

---

4   The *Progetto Hostel* directed by Beatrice Artizzu with the artistic high school of Cagliari (https://progettohostel.jimdo.com/). The other project was called *Progetto S'Intzidu Archeologicu* (www.sintzidu.com now offline) which I designed and directed between 2016 and 2018.

policymakers. These aspects are strictly connected because the contrasting forms of knowledge in beekeeping create tensions (Meloni 2018a). Notably, the relationship between beekeepers and non-beekeepers' specialists is often conflicting. The term *specialists* indicate the professional figures for which apiculture does not necessarily represent the main field of expertise but that have a role in the community of beekeepers. Namely, the delegates of the regional agricultural departments, vets, accountants, agronomists, supervisors from the national agency for work, Carabinieri's inspectors from the department of health and food alteration, forestry rangers, and those figures that operate in beekeeping as workers from policymaker's departments. With these specialists, beekeepers maintain constant and sometimes daily — and mainly asymmetrical — relationships often characterized by a feeling of mistrust. Beekeepers appear to consider many specialists incapable of safeguarding their rights. They claim that the specialists tend to take on a "repressive behavior" against beekeepers rather than providing practical solutions. The latter attribute this restrictive attitude as the consequence of a profound lack of expertise in apiculture's peculiarities and the working of the Superorganism.

However, it seems that beekeepers' and specialists' nature of knowledge differs rather than one of them lacking expertise. The tension lay between the different forms of knowledge addressing similar problems in the field.

The diverse and mutable nature of beekeepers' body of knowledge mirrors in some ways the definition of Traditional Ecological Knowledge (TEK), which is "a cumulative body of knowledge and beliefs, handed down through generations by cultural transmission, about the relationship of living beings (including humans) with one another and with the environment" (Inglis 1993: 3). Beekeepers' knowledge appears structured on a form of local knowledge that combines handed-down *know-how*, fieldwork experience, and a selection of technical-scientific knowledge on bees and beekeeping in the broader sense (Meloni 2018a). Beekeepers' knowledge is structured as a form of local ecological knowledge developed through an ongoing daily relationship with bees and every non-human actor connected to them — namely, plants, mammals, various insects, birds, and pests, as well as climate and international markets of honey and bees. Beekeepers appear to take on the perspective of their bees to analyze the world and give meaning to it. For its land-based knowledge and its awareness of the interactions between human and non-human species within the ecosystem, beekeepers' knowledge can be considered as a sort of indigenous knowledge that takes advantage of technologies, social media, the internet, and academic expertise (Meloni 2018b). In contrast, specialists' knowledge is based on the form of technoscience produced according to a Western-style system of knowledge linked to dominant institutions (Escobar 1998). In other words, specialists' scholarly ecological knowledge is built on a *globalocentric perspective* (Tsing 2003) that works to standardize agricultural practices (beekeeping included), monitor the productions, and conserve the "biodiversity", with the ultimate goal of monetarizing beekeeping productions at large. Dominant institutions such as the regional administrations, the national policies, the EU system, and various environmental NGOs (e.g. World Wide Fund) empower the agency of specialists on the territory and contribute to establishing a hierarchy of knowledge that puts land-based knowledge of species on a subaltern position. I argue that the IK of beekeepers is precisely what makes their expertise ontologically inconsistent with specialists' technological knowledge (Meloni 2018b).

The form of scholarly ecological knowledge of specialists and policymakers dominates the field and often determines the distribution of wealth and EU funds in the community of beekeepers. Furthermore, it produces the feeling of not being heard, of being voiceless, even when beekeepers sit at the same negotiation tables with other specialists[5]. An excellent example of these sentiments is offered in the post written by the *Padenti*'s president Felice Gallus in the private Facebook group of Sardinian beekeepers:

"During a meeting with the [regional] vet service, we discussed the structure of the new plan against the varroa mite. There were also Efisio Mele [Association *Ortus de is Abis*] and Andrea Loddo. I believe that we beekeepers agree

---

5   I refer here to the regional beekeeping commission created according to the Regional law 24 July 2015, n.19 "Law for beekeeping", Art. 11: the beekeeping commission consists of the following members: a) the councilor of the regional agriculture and agri-pastoral reform, or a delegate, as chairman of the commission; b) a beekeeper spokesperson for each of the three most representative agricultural professional organizations on regional level; c) a beekeeper spokesperson appointed by the most representative cooperative at regional level; d) a spokesperson appointed by the organizations of producers; e) a spokesperson appointed by the legally recognized associations of producers; f) a spokesperson of the regional agency *AGRIS Sardegna* and a spokesperson of the Agency Laore; g) a spokesperson of the Department for plant protection from the faculty of Agriculture of the University of Sassari; h) a spokesperson of the councilor's office of the regional environmental safeguarding; i)a spokesperson of the councilor's office of the regional health care and welfare service; j) a spokesperson of the Sardinian Department for animals (*Istituto zooprofilattico della Sardegna*. See: https://www.regio ne.sardegna.it/j/v/80?s=287780&v=2&c=12794&t=1 (accessed 1 July 2016).

that it is pointless to design a monitoring plan without first shedding light on the apiaries that are not registered in the [national] beekeeping registry. Finally, during the discussions, I felt that some spokespersons of the vet service keep understanding their job as "repressive" rather than support [beekeepers]. It is dangerous that a specialist who talks does not understand the difference between a drug that doesn't require a prescription and a drug; more importantly, that s/he cannot distinguish an animal from an insect. I see too much arrogance in the specialists who are supposed to support the [beekeeping] sector. At some moment, the foolishness of the discussion makes us understand the importance of establishing the beekeeping commission as soon as possible. I impel all the delegates of the beekeeping associations to push harder on the [regional] agricultural department. PS: the only bright side is that we are talking about 60.000 beehives. Thus the 1308[6] should have double the funds availability for the beekeeping sector.[7]"

With some differences, Gallus' feelings towards the regional delegates are shared within the community of Sardinian beekeepers.

Given the importance of these elements, I conceived the blog as an open virtual space in which to discuss and share knowledge on beekeeping from different perspectives without the usual aggressiveness of social networks. In ad-

---

6   Regulation (EU) No 1308/2013 of the European Parliament and of the Council of 17 December 2013 establishing a joint organization of the markets in agricultural products. See https://eur-lex.europa.eu/legal-content/EN/TXT/?uri=celex%3A32013R1308 (accessed: 28 October 2021).

7   My translation from the original post in Italian: *Ieri durante l'incontro con il servizio veterinario si è discusso del nuovo piano antivarroa, presenti oltre delegazione organizzatrice anche Efisio Mele e Andrea Loddo. Credo che la visione degli apicoltori sia stata abbastanza comune convenendo sulla sostanziale inutilità del metodo visto che non si capisce che è di fatto inutile fare un piano di controllo se prima non si fa un piano di ricerca di tutte le postazioni non censite dell'anagrafe apistica. In ultima analisi tra le varie discussioni ho avuto l'impressione che alcuni esponenti del servizio sanitario continuino a valutare il loro operato come "repressivo" e non di sostegno. È grave che chi parla non capisca la differenza tra una prescrizione senza ricetta e un farmaco ma soprattutto non sia capace di fare una distinzione tra un animale e un insetto. Vedo ancora troppa sufficienza da parte di chi dovrebbe invece essere un supporto al settore e in alcuni momenti la discussione ha raggiunto apici di irragionevolezza che ci fanno capire quanto sia importante che la commissione apistica venga insediata il prima possibile, esorto tutti i rappresentanti delle associazioni apistiche ad aumentare il pressing nei confronti dell'assessorato all'agricoltura PS unica nota positiva è che si parla di 60.000 alveari quindi la prossima 1308 dovrebbe essere raddoppiata nei fondi messi a disposizione per il settore.*

dition, the blog appeared to offer the opportunity to disclose the results of the ethnographic research to a non-academic audience.

7.4   Writing together: the blog *Abieris e Abis*

The blog is structured into six main sections. The section *Home* displays the latest articles that have been posted. The *Il Progetto* (The project) contains a description of the research project with pieces of information on the aim of the blog. A sub-section named *Mappa sensoriale* (Sensorial map) contains an interactive map developed through open-source systems that links to diverse ethnographic material, including fieldwork notes, photographs, and videos hosted on Vimeo. This section is still under development, and it will be implemented with more material. The third section *Fare Apicoltura* ("doing" beekeeping) is linked to two additional sections, *Api e territorio* (Bees and territory) and *Miele* (Honey). The sections functions as tags to group the articles according to their topics. However, the sections are not binding, and an article can be tagged under two or more categories. The section *Video* contains the link on Vimeo to the short movie *S'Acuamebi de Verina Olla* (2018) which an association of Sardinian beekeepers asked me to produce as "anthropological evidence of a traditional way of making the *honeywater*" a traditional by-product of honey (Spiggia 1997; Floris/Satta 2009). This section provides the link on YouTube and Vimeo to the movie ABIERIS E ABIS. BEYOND A DROP OF HONEY trailer (2018) (Italy, R: Greca N. Meloni) which is described in detail in a subsection with the name *Il film Abieris e Abis*. The section *About me* offers an overview of my academic achievements. Finally, the section *Privacy* contains the privacy policy.

The wealthiest section of the blog is named *Fare apicoltura* which literally translates 'doing' beekeeping. This section includes articles that cover a wide range of topics connected to beekeeping in a broader sense, such as climate change and the environmental struggles connected to the green economy. Most articles in this section form part of the subdivision about bees and the territory. At least five articles included in this section were written together with fieldwork informants and by beekeepers themselves.

The article *Il cambiamento climatico e l'apicoltura*[8] focuses on the effects of climate change on beekeeping, given the flood that affected beekeepers in various

---

8   See: https://www.fareapicoltura.net/post/il-cambio-climatico-e-l-apicoltura

parts of Sardinia in 2018. This article includes the interview with the meteorologist Matteo Tidili of the regional newscast *TGR Rai Sardegna*. Article *Febbre del Nilo e disinfestazioni: quale pericolo per le api?*[9] dialogues with the entomologist and beekeeper Paolo Fontana about the effects on bees of the pesticides the Italian government used against the mosquitos to control the West Nile Virus. Fontana offers a compelling perspective about the interaction between bees and mosquitos and policymakers' inability to solve problems involving insects. Both these two articles are designed to answer the concerns raised among beekeepers in the case of the frequent floods that directly affect and indirectly affect bees (by killing them during the flood and by spoiling flowers and other food sources) and for the uses of pesticides. In these cases, the format of the interview perfectly responded to the relationship of collaboration between the two scientists and me.

The articles *Sarrabus: c'erano una volta i casiddus*[10] e *Diventare apicoltore*[11] are written by the beekeeper Giuseppe Bellosi. Giuseppe is a 70-years old beekeeper who migrated from North Italy to Sardinia in the 1970s. He's a professional beekeeper who keeps caring for the bees, although his daughter has now taken over him in most of the activities in the holding. Giuseppe was a crucial figure in the issue of the eucalyptus (Meloni 2018b) as he engaged in a tireless negotiating activity with policymakers to save the eucalyptus trees from imported pests (see Deidda et al. 2016; Floris et al. 2018). Both articles he wrote on the blog describe the beginning of his beekeeping activity, the difficulties in dealing with the insects, and the discovery of the Sardinian traditional ways of beekeeping (see Böhne 1950: 126–31; Spiggia 1997; Floris/Satta 2009). Part of these texts appeared on the Facebook private group of Sardinian beekeepers, where Giuseppe is one of the most active members. After reading his posts on Facebook, I proposed that he revise them and publish My role was to adjust both articles to make them consistent with the blog format and to look for some pictures to put along.

The beekeeper Luigi Manias wrote *L'albero degli Arborea amico delle api*,[12] an article about an old service tree in his courtyard. Luigi uses the death of the old tree to introduce the reader to the symbolic value of the service tree in

---

9   See: https://www.fareapicoltura.net/post/febbre-del-nilo-e-disinfestazioni-quale-pe ricolo-per-le-api

10   See: https://www.fareapicoltura.net/post/sarrabus-c-erano-una-volta-i-casiddus

11   See: https://www.fareapicoltura.net/post/diventare-apicoltore

12   See: https://www.fareapicoltura.net/post/l-albero-degli-arborea-amico-delle-api

the history of beekeeping in Sardinia in connection to the claims for independence. Luigi is a 60-years old professional beekeeper highly engaged in cultural events. He has practiced beekeeping roughly since the 1970s. Together with others, he founded one of the oldest beekeepers' associations in Sardinia, which organizes cultural and technical events on beekeeping. In exchange for his article, Luigi asked me to write some contributions to an online blog he directs[13] and to an edited volume about beekeeping (in publication). In addition, Luigi also involved me in various cultural activities about beekeeping that his association organizes on the island.

Finally, the Italian part–time beekeeper Fausto Delegà wrote two contributions about honey and its link to a specific *terroir*.

The remaining articles on the blog are all written by me. They alternate self–ethnographic accounts about living with the bees and anthropological analyses on critical issues of beekeeping and the environment. The language and style used to address these topics are highly disseminative to reach a larger public as possible, including people that have no beekeeping knowledge. Everything in the blog was carefully designed to make anthropology more understandable to non–anthropologists. Finally, the platform allows me to track the readers' reactions to the articles. This enabled me to adapt the length and writing genre to make multispecies theories more *palatable* to nonacademic audiences (Eriksen 2015: 724).

A former educator of a beekeeping association admitted including my article *Apicoltura, nonostante tutto* (Beekeeping, in spite of everything) in his courses. The article describes the uncertainty of beekeeping from an auto–ethnographic perspective.

> "I show that because it's true. People attend beekeeping courses to learn about this job. We explain to them that it is hard. Beautiful and hard. In the regional courses, they only explain that you can make easy money doing beekeeping. But it's not true. They don't know what it means to rely on bees. When I read that thing you wrote, I felt it was true." (Germano Olla, Montevecchio, 22 luglio 2019)

---

13   See *La mia amica si chiama Erica* on: https://www.marmillacultura.it/rubriche/abiaresu/la-mia-amica-si-chiama-erica-come-il-miele/

Readers of the blog do not belong merely to the community of Sardinian beekeepers. Policymakers from other Italian regions, researchers who are approaching the field of beekeeping, and landowners that seek connection with beekeepers often contact me after reading the blog.

7.5   Critical aspects of writing together in beekeeping

The blog and the practice of writing together with beekeepers represent an exciting field of inquiry from a critical perspective. In addition, the blog activates what Sarah Pink calls "blended practice," which is "ways of working that surpass the disciplinary conventions of practice and theory" (Pink 2018).

By taking on a disseminative approach, the blog allowed me to make visible some of the needs and struggles of Sardinian beekeepers. The blog represents a tool to actively engage in a context in which dynamics of power make beekeepers "voiceless" and prevent them the right to claim anything before the policymakers. Along with policymakers, the large public appears to use the blog to know more about beekeeping and its struggles.

However, some critical aspects are worthy of careful reflection. The main issue is that most beekeepers do not feel comfortable writing texts. They often claim to not possess the competencies in writing in Italian that they otherwise claim in public speeches. The beekeepers who feel comfortable writing are generally those that take on a public role in the community. This aspect is fundamental because it means that the blog risks boosting the voice of the people that have already built their public role in the community. Instead of giving voice to the voiceless, the blog may offer a further stage to beekeepers who already act as community spokespersons or as self–representants. This element is crucial because the activity of the blog interacts with the fieldwork. Empowering beekeepers that already have a role before the policymakers may widen the asymmetries with beekeepers that are less represented in the public domain. This, in turn, fails the premises behind the blog itself.

A further element that hampers beekeepers from writing is the time–consuming characteristic of beekeeping. Through the Autumn and Winter months, beekeepers have less work to do at the apiary. Except for the Strawberry tree's harvesting between November and December, flowering plants rest, and bees winter cluster. Most beekeepers use this break to renew the tools for the upcoming season and to focus on selling honey. From February on, the workload of beekeepers steadily increases. The swarming fever of bees overlaps with the blooming season, and beekeepers work restlessly every day until the end of August. Hence, the time for other activities is meager. This aspect impacts the willingness of beekeepers to write. Only people that are really motivated engage in this endeavor.

However, the most critical issue concerns the writing competencies in grammar and the use of PCs. Writing is not a neutral form of sharing knowledge. To write, one should possess a specific kind of knowledge that we are used to taking for granted. The aim of writing determines the style and often requires expertise in a specific field. Writing for a blog with a potentially large audience requires more than basic knowledge of Italian grammar and computer use. In the case of Sardinian beekeepers, it foresees the ability to translate into written form aspects of the operational phases that often happen in a different language code. Hence, in most cases, Sardinian is the working language beekeepers use in the field. Instead, Italian is the language of communicating in the blog. The language discrepancy is problematic to resolve even for a *pure* bilingual. Not all Sardinians possess the same competencies in both languages. Sometimes, the level of proficiency is different for language, and it might be connected to specific aspects of everyday life according to gender, class, work, age, etc. While the variety of grammar mistakes on Facebook posts makes writing on the social network less demanding, writing on a blog is necessarily connected to *writing well* in Italian. This aspect impedes some beekeepers from writing their perspectives on the blog. Ethnography may help in this matter. The size of knowledge beekeepers share on Facebook represents a good source of information concerning beekeepers' personal perspectives. Analyzing the posts combined with offline participation and engagement with beekeepers provides more elements to define the position of beekeepers that do not write on the blog. In this case, I used ethnography as a device to write for beekeepers and to translate their claims into written forms. Anthropologists have problematized cultural translation in diverse ways (Maranhão/Streck 2003; Churchill 2005; Samudra 2008; Giordano 2008). This includes questioning whether collaborative writing can effectively avoid power dynamics (Mignolo/Schiwy 2003). Writing in *Abieris e abis* requires the skills of writing a particular form of text that simultaneously addresses a public of specialists and nonspecialists without losing the scientific rigor of the discipline. This represents a manyfold challenge endeavor. Academic training provides courses on research methodology, and although the expertise acquired in the university is fruitful outside the academic (Eriksen 2015), it is designed to prioritize writing in peer–review journals and scientific books.

Nevertheless, ever more commonly, scholars are urged to use their knowledge in non–academic contexts. Yet, there is a lack of training in this regard. In my case, I have learned how to design and use a blog in a collaborative educational project with and high school teacher and her web designer–to–be student. This *impure* academic education enabled me to develop the skills to write *impure* texts on *Abieris e abis*. The results of the fieldwork are sectioned into multiple articles that can be read in less than four minutes, possibly from a smartphone's screen.

Writing skills are not the only aspects to make writing for a blog a real challenge. Academic research outcomes impose numerous deadlines that make overseeing a blog very time–consuming. The pace of academic writing is slower and more demanding compared to the blog. The latter, on the other hand, requires writing on a tight schedule to keep up the interest of the readers. This type of writing is not considered for the quality standards of research outcomes. Hence, it is sometimes frustrating to combine the two modes of writing. Nevertheless, I argue that the blog, with the mechanisms of collaboration that are activated, represents a research outcome worth considering.

7.6   Conclusions

The complexity of the intertwined relationships of human societies and the different approaches used to investigate them show that nowadays, multimodality and experimental collaboration practices are becoming ever more crucial in the contemporary ethnographic mode of inquiry (Collins/Durington/Gill 2017; Estalella/Criado 2018). Mainly young scholars are using unusual practices of collaboration to question power and hierarchies in their fields (Pink 2018). The contexts of the fields may urge researchers to design unusual ways of collaborating with the subjects. Along with filming, drawing, and enmeshing anthropological knowledge and art design (Pink 2007; Ingold 2013), *writing* is a form of collaboration. The contributions in this edited volume have shown a variety of situations that lead researchers to engage in writing together with informants. Aims and the relational dynamics between co–authors contribute to determining the different approaches and styles of writing.

I focused on a specific form of collaborative writing, mostly with beekeepers from Sardinia. I have shown critical reflections on *dominance* in filming beekeepers, and moral questions moved me to design the blog *Abieris e abis*. Primarily, the blog aims at empowering beekeepers that are voiceless before policymakers. Simultaneously, the blog attempts to avoid asymmetrical relationships with subjects by making anthropology's mode of inquiry more *palatable* to a nonacademic public. For the anthropologist Robert Borofsky, the aim of *public anthropology* is to fill the gap between anthropological expertise and the societies studied by anthropologists in which they also take part. He defines the application of anthropological knowledge in the public context as the activity of seeking to "address broad critical concerns in ways that others beyond the discipline can understand what anthropologists can offer to the re–framing and easing —if not necessarily always resolving — of present-day dilemmas" (Eriksen 2015: 719). To this extent, my engagement in the blog may be considered a form of public anthropology. Hence, many articles offer an anthropological perspective on the current environmental crisis linked to world bee decline. Whether as public anthropology or not, the blog activated unexpected forms of collaboration, challenging me to reconfigure anthropological practices. The fieldwork opened up a new dimension, surpassing the borders of corporeal encounters to embrace blended online and offline engagement. While learning beekeeping from my informants, they also learned why beekeeping matters from an anthropological perspective.

Some critical aspects emerged from reflecting on writing together with beekeepers. Writing is not a neutral form of collaboration, and the diverse expertise of co-authors may produce unbalanced power dynamics. In Sardinia, people possess different levels of knowledge of Italian and Sardinians. One language code may be used mainly in a specific context, and often the speaker lacks vocabulary in the same context but the other language. Beekeepers appear to use Sardinian as the primary language to work in the field. The diverse competencies in writing and speaking between Italian and Sardinian may discourage beekeepers from engaging in writing. As a result, only beekeepers already acquainted with writing tend to *speak* on the blog. This may lead to failing the premises of the blog of giving voices to the beekeepers that are less represented before the public and the policymakers. Devicing fieldwork and anthropological expertise may help to make the perspectives of these beekeepers visible. This requires the translation of their claims into written forms. While translating culture may reproduce power dynamics, particularly in bilingual contexts (Mignolo/Schiwy 2003), it also raises the question of authorship. Whose voice is on an article written by the ethnographer but that s/he has negotiated with the informants? When the ethnographer translates someone else perspective, is s/he writing *for* them? If so, do the informants feel those words as their own? Finally, how do non–beekeeper readers perceive authorship in this case? Do they take beekeepers' perspectives seriously, or do they simply acknowledge scholarly anthropological knowledge?

I argue that power dynamics may be unavoidable. After all, I am what I am, and my access to the field is functional for academic research. Yet, reflectivity and a more accurate theory of *impure* practices may help to answer the problems raised in writing with the informants on a blog. There is a need for a theory and methodology for these impure ethnographic practices that the academy seems not yet to offer. Students and researchers may be encouraged to find dynamic ways to address their fields of inquiry.

Referenced Literature

Abbot, Sarah (2020): »Filming with Nonhumans«, in: Philip Vannini (eds.), The Routledge International Handbook of Ethnographic Film and Video, London/New York: Routledge, P. 224–34.

Böhne, Rudolf (1950): Zum Wortschatz Der Mundart Der Sárrabus (Südostsardinien), Berlin: Akademie-Verlag.

Bourdieu, Pierre (1994): Raisons Pratiques: Sur La Théorie de l'action, Paris: Seuil.

Churchill, Christian J. (2005): »Ethnography as Translation«, in: Qualitative Sociology 28(1): P. 3–24.

Collins, Samuel Gerald/Durington, Matthew/Gill, Harjant (2017): »Multimodality: An Invitation: Multimodal Anthropologies«, in: American Anthropologist 119(1), P. 142–46.

Deidda, Antonio/Buffa, Franco/Linaldeddu, Benedetto T./Pinna, Cristina/Scanu, Bruno/Deiana, Vitale/Satta, Alberto/Franceschini, Antonio/Floris, Ignazio (2016): »Emerging Pests and Diseases Threaten Eucalyptus Camaldulensis Plantations in Sardinia, Italy«, in: IForest – Biogeosciences and Forestry 9, P. 883–91.

Eriksen, Thomas Hylland (2015): »Public Anthropology«, in: H. Russell Bernard/Clarence C. Gravlee (eds.), Handbook of Methods in Cultural Anthropology, Lanham/London: Rowman & Littlefield, P. 719–733.

Escobar, Arturo (1998): »Whose Knowledge, Whose Nature? Biodiversity, Con-
servation, and the Political Ecology of Social Movements«, in: Journal of
Political Ecology 5(1), P. 53.

Escobar, Arturo (2015): »Territorios de diferencia: la ontología política de los
'derechos al territorio'«, in: Cuadernos de antropología social 41, P. 25–37

Estalella, Adolfo/Tomas Sanchez Criado (2018): Experimental Collaborations:
Ethnography through Fieldwork Devices, New York: Berghahn Books.

Floris, Ignazio/Cocco, Arturo/Buffa, Franco/Mannu, Roberto/Satta, Alberto
(2018): »Insect pests of Eucalyptus Plantations in Sardinia (Italy)«, in: Re-
dia, P. 61–71.

Floris, Ignazio/Satta, Alberto (2009): Apicoltura in Sardegna. La Storia, Le Api,
i Mieli, Sassari: Assomedia s.r.l.

Foucault, Michel (1982): »The Subject and Power«, in: Critical Inquiry 8(4), P.
777–795.

Foucault, Michel/Gordon, Colin (1980): Power/Knowledge: Selected Interviews
and Other Writings 1972–1977, New York: Pantheon Books.

Frisch, Karl von (2012): Il linguaggio delle api, Torino: Bollati Boringhieri.

Giordano, Cristiana (2008): »Practices of Translation and the Making of Migrant Subjectivities in Contemporary Italy«, in: American Ethnologist
35(4), P. 588–606.

Gramsci, Antonio (1975): Quaderni Del Carcere, Edizione critica dell'Istituto
Gramsci a cura di Valentino Gerratana, Vol. 1, Torino: Einaudi.

Gubrium, Aline/Krista, Harper/Marty, Otanez (eds.) (2015): Participatory Visual and Digital Research in Action, London: Routledge.

Haraway, Donna (1988): »Situated Knowledges: The Science Question in Feminism and the Privilege of Partial Perspective«, in: Feminist Studies 14(3): P.
575–99.

Herzfeld, Michael (2004): The Body Impolitic: Artisans and Artifice in the
Global Hierarchy of Value, Chicago: University of Chicago Press.

Inglis, Julian (eds.) (1993): Traditional Ecological Knowledge: Concepts and
Cases, Ottawa, Ont., Canada: International Program on Traditional Ecological Knowledge, International Development Research Centre.

Ingold, Tim (2013): Making: Anthropology, Archaeology, Art and Architecture,
London/New York: Routledge.

MacDougall, David (2020): »Seven Types of Collaboration«, in Studies in Documentary Film, P. 1–21.

Maranhão, Tullio/Streck, Bernhard (eds.) (2003): Translation and Ethnography: The Anthropological Challenge of Intercultural Understanding, Tucson: University of Arizona Press.

Meloni, Greca N. (2018a): »Saperi condivisi, saperi in conflitto Etnografia dell'apicoltura in Sardegna«, in: Antropologia pubblica 4(2), P. 65–83.

Meloni, Greca N. (2018b): »Making Indigeneity: The Beekeeper's Perspective«, in: On_Culture: The Open Journal for the Study of Culture 5, P. 1–22.

Mignolo, Walter D./Schiwy, Freya (2003): »Double Translation: Transculturation and the Colonial Difference«, in: Tullio Maranhão/Bernhard Streck (eds.) Translation and Ethnography: The Anthropological Challenge of Intercultural Understanding, Tucson: The University of Arizona Press, P. 3–29.

Pink, Sarah (2007): Visual Interventions: Applied Visual Anthropology. Studies in Applied Anthropology, New York/Oxford: Berghahn Books.

Pink, Sarah (2018): »Refigurig Collaboration and Experimentation«, in: Estalella, Adolfo/ Sanchez Criado, Tomas (eds.), Experimental Collaborations. Ethnography through Fieldwork Devices, New York: Berghahn Books, P. 201–212.

Samudra, Jaida Kim (2008): »Memory in Our Body: Thick Participation and the Translation of Kinesthetic Experience«, in: American Ethnologist 35(4), P. 665–681.

Seeley, Thomas D. (1989): »The Honey Bee Colony as a Superorganism«, in: American Scientist 77(6), P. 546–553.

Seeley, Thomas D. (2010): Honeybee Democracy, Princeton: Princeton University Press.

Shankar, Arjun (2020): »Participation, Reception, Consent, and Refusal«, in: Vannini Philipp (eds.), The Routledge International Handbook of Ethnographic Film and Video, New York: Routledge, P. 204–213.

Spiggia, Serafino (1997): Le api nella tradizione popolare della Sardegna, Sassari: Carlo Delfino.

Spivak, Gayatri (1988): »Can the Subaltern Speak?«, in: Nelson, Cary/ Grossberg, Lawrence (eds.), Marxism and the Interpretation of Culture, Champaign: University of Illinois Press, P. 271–313.

Tsing, Anna Lowenhaupt (2003): »Cultivating the Wild: Honey-Hunting and Forest Management in Southeast Kalimantan«, in: Zerner, Charles (eds.), Culture and the Question of Rights, Forests, Coasts, and Seas in Southeast Asia, Durham: Duke University Press, P. 24–55.

Wagner, Max Leopold (1928): La Vita Rustica Della Sardegna Rispecchiata Nella Sua Lingua, Cagliari: Società editoriale italiana.

Online resources

Abieris e abis, see www.fareapicoltura.net

Bellosi, Giuseppe (2018): "C'erano una volta i casiddus", in: https://www.farea picoltura.net/post/sarrabus-c-erano-una-volta-i-casiddus

Bellosi, Giuseppe (2018): "Diventare apicoltore", in: https://www.fareapicoltur a.net/post/diventare-apicoltore

"Legge regionale n. 19 del 2015, Disposizioni in materia di apicoltura", in: htt ps://www.regione.sardegna.it/j/v/80?s=287780&v=2&c=12794&t=1 (accessed 1 July 2016).

Manias, Luigi (2018): "L'albero degli Arborea amico delle api", in: https://www. fareapicoltura.net/post/l-albero-degli-arborea-amico-delle-api

Meloni, Greca N. (2018): "Febbre del Nilo e disinfestazioni: quale pericolo per le api?", in: https://www.fareapicoltura.net/post/febbre-del-nilo-e-disinfest azioni-quale-pericolo-per-le-api

Meloni, Greca N. (2018): "Il cambio climático e l'apicoltura", in: https://www.fa reapicoltura.net/post/il-cambio-climatico-e-l-apicoltura

Meloni, Greca N. (2018): "La mia amica si chiama Erica", in: https://www.mar millacultura.it/rubriche/abiaresu/la-mia-amica-si-chiama-erica-come-il -miele/

Progetto Hostel: https://progettohostel.jimdo.com/

"Regulation (EU) No 1308/2013 of the European Parliament and of the Council of 17 December 2013 establishing a common organisation of the markets in agricultural products and repealing Council Regulations (EEC) No 922/72, (EEC) No 234/79, (EC) No 1037/2001 and (EC) No 1234/2007", in: https://eur-l ex.europa.eu/legal-content/EN/TXT/?uri=celex%3A32013R1308 (accessed: 28 October 2021).

Sintzidu: www.sintzidu.com (now offline).

III. Repräsentationen und ethische Implikationen am Beispiel von Flucht_Migration

8 »Aber Du musst schreiben«
Epistemische Gerechtigkeit durch kollaboratives Publizieren mit Fluchtmigrant*innen?

Martina Blank

8.1 Einleitung

>»I think it is obviously an essential attribute of personhood to be able to participate in the spread of knowledge by testimony and to enjoy the respect enshrined in the proper relations of trust that are its prerequisite. A culture in which some groups are separated off from that aspect of personhood by the experience of repeated exclusions from the spread of knowledge is seriously defective both epistemically and ethically. Knowledge and other rational input they have to offer are missed by others and sometimes literally lost by the subjects themselves.« (Fricker 2007: 58–59)

>»Als Martina mir vorschlägt, dass wir über meine Wohnsituation in Frankfurt schreiben, bin ich sofort dabei. Ich möchte davon erzählen. Nach über vier Jahren in Frankfurt habe ich jetzt endlich seit kurzem eine eigene Wohnung. Wenn ich daran denke, wie viele Jahre ich im Flüchtlingsheim gewohnt habe, wie mein Tag war, das ist unglaublich. Das war echt hart. Und noch bin ich nah genug dran, um davon zu erzählen. In einem Jahr oder so interessiert mich das Thema hoffentlich gar nicht mehr. Aber bis jetzt trage ich es mit mir herum und ich möchte, dass andere wissen, wie es ist.« (Blank/Hannes 2021: 285)

Im Januar 2019 erhalte ich eine E-Mail von einem Kollegen. Er und andere Humangeograph*innen, die sich mit dem »Recht auf Stadt« beschäftigen, planen eine gemeinsame Publikation über Frankfurt als »Stadt für alle?!« (Betz et al. 2021). Sie beabsichtigen, ein Buch zu veröffentlichen, das sich an eine breitere städtische Öffentlichkeit wendet und akademisches Wissen mit den alltäglichen Kämpfen um das Recht auf Stadt verknüpft. Die Herausgeber*innen laden mich ein, über die Wohnsituation von Asylbewerber*innen in Frankfurt zu schreiben. Ich freue mich, dass sie die Situation von Fluchtmigrant*innen einbeziehen wollen, und auf den ersten Blick scheint es auch nur konsequent, mich zu fragen. Zu diesem Zeitpunkt stecke ich mitten in einem Forschungsprojekt zu Räumen des Asyls, in dessen Rahmen ich mich u.a. mit kommunaler Flüchtlingsunterbringung beschäftige. Doch sofort drängt sich das wohlbekannte Problem der Repräsentation im wissenschaftlichen Schreiben auf: Wenn dieser Text über die Lebenssituation von Asylbewerber*innen informieren soll, warum sollte ich ihn schreiben und nicht eine betroffene Person?

Wissen ist Träger von Macht und unterschiedliche Formen des Wissens tragen und stabilisieren oder destabilisieren dadurch spezifische Machtverhältnisse (Foucault 1973, 1974). Feministische und postkoloniale Forscherinnen gehörten zu den ersten, die die »Situiertheit von Wissen« (Haraway 1988) betonten und sichtbar machten, wie koloniale und patriarchale Machtverhältnisse in hegemoniale Wissensformen eingebettet sind, die durch ihren Anspruch auf Neutralität und Objektivität als universell verschleiert werden (Said 1979; Spivak 1988). Der damit ausgeübten »epistemischen Gewalt« (Spivak 1988) begegnen dekoloniale Theorien mit dem Imperativ einer umfassenden Dekolonisierung des Wissens (Chakrabarty 2000; Mignolo 2007, 2009; Quijano 2007).

In der moralphilosophischen Debatte zu »epistemischer Gerechtigkeit« (Fricker 2007; Kidd/Medina/Pohlhaus 2017) liegt der Fokus stärker auf den einzelnen, zum Schweigen gebrachten Subjekten. Epistemische Ungerechtigkeit wird dabei verstanden als »jenes Unrecht, das Jemandem speziell in seiner*ihrer Fähigkeit zum Wissen zugefügt wird« (Fricker 2007: 1, Übersetzung der Autorin [Ü.d.A.]). Das Konzept der epistemischen Gerechtigkeit unterstreicht damit nicht nur die Notwendigkeit, verschiedene Perspektiven als Wissen anzuerkennen und einzubeziehen, sondern stellt gleichzeitig eine Reihe von Verteilungsfragen:

> »Who has voice and who doesn't? Are voices interacting with equal agency and power? In whose terms are they communicating? Who is being understood and who isn't (and at what cost)? Who is being believed? And who is even being acknowledged and engaged with? Epistemic injustice refers to those forms of unfair treatment that relate to issues of knowledge, understanding, and participation in communicative practices.« (Pohlhaus/Medina/Kidd 2017: 1)

Bestrebungen hin zu mehr epistemischer Gerechtigkeit richten sich also auf eine Umverteilung von Wissensautorität. Und Wissenschaft ist eine solche Autorität (Grasswick 2017). Damit stellt sich auch die Frage, wie die Umverteilung wissenschaftlicher epistemischer Macht aussehen könnte.

Der vorliegende Artikel möchte einen Beitrag zur Beantwortung dieser Frage leisten, indem er den durch die oben genannte Einladung angestoßenen Prozess reflektiert, zusammen mit einer Person aus meiner Feldforschung, genauer: einer Bewohnerin einer Sammelunterkunft für Geflüchtete, einen Artikel zu schreiben und zu veröffentlichen. Er gründet in einem Forschungsprojekt zur Produktion von Räumen des Asyls, das ich von Oktober 2017 bis Dezember 2020 durchführte. Ziel des Projekts war es herauszufinden, wie das europäische Grenzregime durch die soziale Produktion von Raum alltäglich in Städten ausgehandelt wird. Zu diesem Zweck führte ich eine ethnografische Regimeanalyse (Hess/Tsianos 2010) in Frankfurt a.M. durch. Zugang zum Feld fand ich durch meine Mitarbeit in einer ehrenamtlichen Willkommensinitiative. Mein an der *Grounded Theory* (Bryant/Charmaz 2007) und der Situationsanalyse (Clarke 2005) orientierter Zugriff sowie die implementierten ethnografischen Methoden ermöglichten es mir, ein Verständnis des Feldes zu entwickeln, das so nah wie möglich an der Alltagspraxis der Beteiligten orientiert war (Müller 2013). Gleichzeitig dienten mir Ethnografie und Situationsanalyse als Methoden, meine Situiertheit im Feld zu reflektieren (Browne/Bakshi/Law 2010; Clarke 2005; Rose 1997), d.h. wie meine eigene Perspektive und die Praktiken und Selbstdarstellungen der anderen beteiligten Akteure mit meiner Position als weibliche deutsche akademische Ehrenamtliche und den im Feld eingebetteten Machtverhältnissen zusammenhingen. Um meine persönliche Verstrickung mit den Themen meiner Forschung zu reflektieren, wurde ich außerdem von einer professionellen Supervisorin betreut. Während ich aber mit der Ehrenamtsinitiative, über die ich ins Feld kam, eine sehr gut entwickelte, horizontale Forschungsbeziehung etablieren konnte, gelang mir dies mit den Fluchtmigrant*innen im Feld aus verschiedenen Gründen weniger gut. Als mich die oben erwähnte E-Mail erreichte, beschloss ich deshalb, diese Gelegenheit zu nutzen, auch Fluchtmigrant*innen auf eine stärker partnerschaftliche Weise an der Wissensproduktion zu beteiligen.

Im Folgenden werde ich über die Bedingungen, Herausforderungen, Probleme und Chancen des gemeinsamen Publizierens mit Personen aus dem Feld am Beispiel des entstandenen Artikels (Blank/Hannes 2021) reflektieren. Die besondere Situation von Fluchtmigrant*innen und die vergleichsweise fortgeschrittene Diskussion zu ethischen Forschungspraktiken im Bereich der Fluchtforschung machen das Feld zu einem interessanten Fall für Debatten über das Teilen epistemischer Macht durch kollaborative Forschung. Bevor ich daher im übernächsten Abschnitt den konkreten Prozess beschreibe und analysiere, möchte ich zunächst einen Überblick über die besonderen Anforderungen partizipativer Forschung mit Fluchtmigrant*innen geben.

8.2 Mit Fluchtmigrant*innen epistemische Macht teilen

Personen aus dem Feld als Partner*innen in wissenschaftliche Studien miteinzubeziehen, ist selten vollständig umsetzbar (vgl. Nimführ/Blank 2023). Bestehende Hierarchien machen partizipative Forschungspraktiken oft viel unidirektionaler als ursprünglich von Forscher*innen beabsichtigt. Der Schauplatz und die Rollen sind zumeist im Voraus festgelegt (Kothari 2001: 149) und die Wissenschaftler*innen selten autonome Entscheidungsträger*innen, sondern durch die Regeln des akademischen Unterfangens konditioniert und eingeengt (Mountz et al. 2015; The SIGJ2 Writing Collective 2012). Abu-Lughod plädiert deshalb auch dafür, bei Versuchen alternativer Wissensproduktion im akademischen Bereich bescheidener zu sein (Abu-Lughod 1993: 22).

Partizipative Forschung mit Fluchtmigrant*innen wird dabei als besonders herausfordernd angesehen (Harrell-Bond/Voutira 2007; Malkki 1996; Sigona 2014). Der überwiegende Teil der Forschungsbeziehungen durchkreuzt postkoloniale Machtverhältnisse (z.B. Mayblin/Turner 2021; Nasser-Eddin/Abu-Assab 2020; Samaddar 2020). Ereignisse wie die sogenannte europäische Flüchtlingskrise von 2015 können nicht losgelöst vom Kolonialismus und seinen Nachwirkungen betrachtet werden (Castro Varela/Dhawan 2020; Gutiérrez Rodríguez 2018; Samaddar 2020: 142ff.), der auch das Verhältnis zwischen Forschenden und Beforschten strukturiert. Zudem gelten Fluchtmigrant*innen aufgrund ihrer Ausnahmesituation, ihren teils traumatischen Erfahrungen, den meist eingeschränkten Ressourcen und Rechten und einer hohen Abhängigkeit von Unterstützung als besonders verletzlich (Block/Riggs/Haslam 2013; Krause 2017; von Unger 2018). Ein zentraler Anspruch der Fluchtforschung ist es daher, »keinen Schaden anzurichten« (Anderson 1999, Ü.d.A.).

Darüber hinaus ist epistemische Ungerechtigkeit und insbesondere ihre Form der »testimonial injustice«, »wenn Vorurteile dazu führen, dass ein Zuhörer dem Wort eines Sprechers weniger Glaubwürdigkeit beimisst« (Fricker 2007: 1, Ü.d.A.), eine sehr häufige Erfahrung von Fluchtmigrant*innen.

Misstrauen und »eine weit verbreitete und allgegenwärtige Kultur des Unglaubens« liegen dem Asylverfahren zugrunde, bei dem die Befrager*innen angewiesen sind, die Glaubwürdigkeit der Antragsteller*innen und die Kohärenz und Plausibilität ihrer Darstellungen zu prüfen (Sigona 2014: 6, Ü.d.A.). Menschen, die ein Asylverfahren durchlaufen, sind bezüglich ihrer Glaubwürdigkeit daher besonders verletzlich. Das Erzählen ihrer Geschichten ist ein machtdurchwobener Prozess, der durch Kolonialismus und »Abschiebbarkeit« (De Genova 2002), d.h. die ständige Bedrohung, abgeschoben zu werden, strukturiert ist. Humanitäre Hilfsorganisationen stehen in der Kritik, zu dieser Form epistemischer Ungerechtigkeit beizutragen, indem die Geschichten von Fluchtmigrant*innen gefiltert und depolitisiert werden, sodass ihre Träger*innen als »stumme und gesichtslose Masse« und hilflose, passive Opfer repräsentiert und damit westliche Wissensformen reproduziert werden (Rajaram 2002: 247, Ü.d.A.; Sigona 2014: 4).

Die besondere Verletzlichkeit der Forschungssubjekte und die Erfahrungen von epistemischer Ungerechtigkeit während des Asylverfahrens werfen nicht nur ethische Fragen nach dem besonderen Schutz von Fluchtmigrant*innen und der erhobenen Daten auf (Hugman/Pittaway/Bartolomei 2011; von Unger 2018, vgl. auch Nimführ 2023), sondern auch nach der Angemessenheit und dem Nutzen der Forschung für die Beforschten. In der Fluchtforschung wird es als sehr wichtig erachtet, dass die durchgeführten Studien den Menschen in Not dienen, Forscher*innen sind angehalten, den Nutzen der Forschung für Fluchtmigrant*innen zu maximieren (Clark-Kazak 2017: 13). Fluchtmigrationsforschung sollte grundsätzlich einer transformativen, auf Solidarität basierenden Agenda folgen. Oder wie es eine Autorin auf den Punkt bringt: »Fluchtmigrationsforschung ist ›parteiisch‹« (Doná 2007, Ü.d.A.). Parteinahme hat jedoch wichtige Auswirkungen auf die Art und Weise, wie die Forschung durchgeführt wird, verlangt sie doch eine Berücksichtigung der Intentionen und Perspektiven von Fluchtmigrant*innen. Nach Fontanari et al. (2014) stellen sich bei der kollaborativen Forschung im Bereich der Fluchtmigration eine Reihe sehr grundlegender Fragen, wie z.B. von wem der Impuls ausgeht, wer darüber entscheidet, was erforscht wird, wo die Grenzen zwischen Wissenschaft und Praxis gezogen werden und wer über diese Grenzen entscheidet, was die Zusammenarbeit genau bezweckt, welche Rolle Sympathie und geteilte Haltungen spielen und wie diese Art der Zusammenarbeit den Anforderungen der wissenschaftlichen Arbeit gerecht werden und in den Kanon eingehen kann (Fontanari et al. 2014: 112–113). Wie in jeder kollaborativen Forschung liegt die Macht jedoch nicht nur in den Beziehungen zwischen Forscher*innen und Beforschten, sondern auch im Wissen im Feld selbst. In Anlehnung an Foucault begreift Doná deshalb Fluchtmigrant*innen und Forscher*innen gleichermaßen als »Vehikel für die Zirkulation von Macht, die sie gleichzeitig erfahren und ausüben« (Doná 2007: 210, Ü.d.A.). Damit verflüssigt Doná die dichotome Gegenüberstellung von mächtigen Wissenschaftler*innen und ohnmächtigen Flüchtlingen und macht deutlich, dass es innerhalb dieser Zirkulation der Macht letztlich unendlich viele Eingriffspunkte gibt. Das entbindet die Fluchtforschung nicht von der Reflexion der jeweiligen Positionen. Wenn es um die konkrete Zusammenarbeit geht, ist es wichtig, die unterschiedlichen Positionen von Forschenden und Beforschten im Blick zu behalten (Doná 2007: 214).

Forschungsverbünde drängen daher seit einiger Zeit auf sensiblere Forschungsmethoden und innovative Praktiken der Wissensproduktion (Clark-Kazak 2017; Mackenzie/McDowell/Pittaway 2007). Dabei wird es als besonders wichtig erachtet, die Sprechposition von Fluchtmigrant*innen zu stärken, indem ihnen möglichst viel Macht über die Definition von Inhalt, Design und Darstellung der Forschung, an der sie beteiligt sind, eingeräumt wird (z.B. Doná 2007; Riaño 2012). Ethnografische Methoden ermöglichen hier eine größere Offenheit im Feld (z.B. Agier 2011; Inhetveen 2014; Malkki 1996; Nimführ 2020; Squire 2018). Zudem gibt es Versuche, die Datenerhebung im Feld partizipativ zu gestalten (Aden et al. 2019; Hugman/Pittaway/Bartolomei 2011; Vey 2018). Dennoch führen etablierte Strukturen oft dazu, dass die Feldarbeit viel einseitiger ist als ursprünglich geplant und die Forschungspartner*innen zwar Wert darauf legen, ihr Wissen beizusteuern, aber kein Interesse an dem spezifischen wissenschaftlichen Forschungsprozess und den Ergebnissen haben oder ihnen die Zeit und andere Ressourcen für eine Teilnahme fehlen (vgl. McAdam-Otto/Kaufmann 2023). In anderen Wissensfeldern arbeiten partizipative Ansätze oft mit bestehenden Kollektiven (z.B. Browne/Bakshi/Law 2010; Colectivo Situaciones/MTD de Solano 2002), während wir es im Bereich der Fluchtmigration teilweise mit Situationen zu tun haben, die kollektives Handeln besonders schwierig machen (Harrell-Bond/Voutira 2007) – z.B. aufgrund von politischer Verfolgung, Traumatisierung oder »staatlich organisierter Desintegration« (Täubig 2009).

Die Situation von Fluchtmigrant*innen wirft also für das gemeinsame Schreiben einige zusätzliche Probleme auf, die aber, so möchte ich behaupten, in abgeschwächter Form in allen kollaborativen Prozessen zu finden sind. Wie ich zeigen werde, funktioniert das Nachdenken über den speziellen Fall des gemeinsamen Schreibens mit einer Fluchtmigrantin daher wie ein Brennglas, um die Herausforderungen und Fallstricke des kollaborativen Schreibens in der Wissenschaft im Allgemeinen zu verstehen und gleichzeitig herauszuarbeiten, was partizipative Wissenschaft braucht und wo die Grenzen der Dekolonisierung des akademischen Schreibens liegen.

8.3 Gemeinsam schreiben: Lektionen aus der Praxis

Die folgende Reflexion basiert auf dem Artikel »Zufluchtsort Frankfurt? Leben in der Sammelunterkunft« (Blank/Hannes 2021), den ich zusammen mit Soliana Hannes[1] geschrieben habe, die ich aus meiner Feldforschung kannte und einlud, den Artikel mit mir zu schreiben. Bei unseren Treffen lasen wir zunächst gemeinsam die Anfrage der Herausgeber*innen und das Konzept des Sammelbandes, diskutierten es, studierten die Entwürfe der anderen geplanten Beiträge, entwickelten die Idee und das Konzept unseres eigenen Beitrags und unsere Argumentation. Wir zeichneten unsere Diskussionen mit dem Handy auf und ich machte zusätzlich Notizen und verschriftlichte anschließend alles. Jedes weitere Treffen begannen wir dann mit einem Studium des aktuellen Stands des Textes, indem wir einen Ausdruck abwechselnd laut vorlasen und nach demselben Verfahren (diskutieren, aufzeichnen, Notizen machen, aufschreiben) korrigierten und ergänzten. Während wir unser gemeinsames Vokabular im direkten Gespräch entwickelten, passte ich auf Wunsch meiner Partnerin bei der nachträglichen Verschriftlichung unsere Diskussionen an die grammatischen Konventionen deutscher Schriftsprache an. Insgesamt trafen wir uns viermal für 2 bis 3,5 Stunden, um gezielt an dem Text zu arbeiten. Zwischendurch telefonierten wir auch zusätzlich und chatteten, aber der weitaus größte Teil der gemeinsamen Textarbeit fand bei unseren Treffen statt. In der gemeinsamen Schreibphase haben wir auch aus anderen Gründen telefoniert, gechattet und uns getroffen. Bei diesen anderen Gelegenheiten ging es nicht um unseren Aufsatz, nichtsdestotrotz waren auch diese Treffen, wie ich erläutern werde, ein integraler Bestandteil des Schreibprozesses. Denn das Schreiben mit Personen aus dem Feld ist kein Selbstläufer. Es geht nicht nur um das Schreiben selbst, sondern auch darum, die Bedingungen dafür zu schaffen: Beziehungen aufzubauen, eine gemeinsame Sprache zu finden, Positionalitäten auszuhandeln und durch die Lösung

---

1   Dabei handelt es sich um ein von meiner Ko-Autorin gewähltes Pseudonym, um ihre Identität zu schützen und damit Ärger mit Behörden zu vermeiden.

von Alltagsproblemen Ressourcen für den Schreibprozess freizusetzen. Im Folgenden möchte ich die Erfolgsfaktoren für unseren Prozess herausarbeiten und dabei auch auf Fallstricke hinweisen und eine Reihe von Fragezeichen setzen.

8.3.1 Eine gemeinsame Sprache finden

Gemeinsames Schreiben erfordert nicht nur eine Verständigung über den Inhalt. Vielmehr muss im Verlauf des gemeinsamen Schreibprozesses eine gemeinsame Sprache erarbeitet und weiterentwickelt werden. Vorgaben zu Struktur und Stil von Beiträgen sind deshalb ein typischer Stolperstein, wenn es um alternative Wissensproduktion geht, die oft auch eine alternative Form erfordert. In unserem Fall hatte der Call jedoch wichtige Öffnungen:

> »Das Buch wird sich an eine breite städtische Öffentlichkeit richten und insbesondere an Personen, die im weitesten Sinne stadtpolitisch aktiv sind und Interesse und Verständnis für den Gegenstand mitbringen. Wir wünschen uns daher Texte, die auch über den akademischen Tellerrand hinaus ansprechend sind sowie eine klare und allgemeinverständliche Sprache« (E-Mail, 07.01.2020).

Die Aufforderung, für ein breiteres Publikum und in einer einfacheren Sprache zu schreiben, war äußerst hilfreich für unser Schreibprojekt, das damit von traditionellen Anforderungen wissenschaftlicher Wissenskommunikation befreit wurde. Damit verbunden war die Öffnung des Wissensfeldes für nicht akademisches Wissen. Der Einladung war jedoch ein vierseitiges Buchkonzept beigefügt, das eine Zusammenfassung des Themas und die Ziele des Buches, Richtlinien für Inhalt, Struktur und Stil der Beiträge, einen Zeitplan sowie ein vorläufiges Inhaltsverzeichnis enthielt. Bevor es also losging, gab es einiges zu besprechen und das, was zu besprechen war, ähnelte letztlich einer Einführung in wissenschaftliches Arbeiten:

Die erste Herausforderung bestand für uns darin, den Kontext zu klären: Was ist überhaupt ein Sammelband, was sind Herausgeber*innen und wie ist die Rollenverteilung zwischen ihnen und uns, den Autor*innen? Was ist ein Verlag, wer bezahlt wen für was und wie lange dauert es von der Idee bis zum Druck eines Buches? Für Soliana waren diese Praktiken des wissenschaftlichen Publizierens Neuland. Dann ging es um konkretere Fragen: Wer fragt uns da überhaupt an? Wer wird unseren Artikel lesen? Wer sind die anderen Autor*innen? Für welche Positionen stehen sie im Einzelnen? Was haben wir mit ihnen

gemeinsam? Mir war es sehr wichtig, so viel Transparenz wie möglich über diese Zusammenhänge zu schaffen (vgl. Nimführ 2023), Soliana wollte sich hingegen gar nicht zu sehr damit auseinandersetzen. Der Kontext war für sie nicht
so wichtig wie das, was sie erzählen wollte.

Auch das Buchkonzept erwies sich als sehr schwierig. Wir lasen den Aufruf
gemeinsam von vorne nach hinten laut durch. Nach jedem Satz machten wir
eine Pause, um unbekannte Wörter zu klären. Und davon gab es viele. Ironi-
scherweise entpuppte sich der Call, in dem leicht zu lesende Artikel gefordert
wurden, als alles andere als leicht zu lesen. Das Durcharbeiten des Buchkon-
zepts wurde so zu harter Arbeit und am Ende waren wir völlig erschöpft. So beschlossen wir, den Artikel zu schreiben, aber aus unserer eigenen Perspektive,
ohne die vorgegebenen Konzepte. Wir einigten uns auf eine übergreifende Frage für den Aufsatz: Was bedeutet es, in einer Flüchtlingsunterkunft zu leben,
wie fühlt es sich an? Der erste Abschnitt sollte sich mit der Unterbringung von
Fluchtmigrant*innen beschäftigen, dem typischen Weg von der Erstaufnah-
meeinrichtung bis zur eigenen Wohnung und dabei konkrete Beispiele auf-
greifen. Der zweite Abschnitt sollte die Schwierigkeiten thematisieren. Wir
sammelten viele verschiedene Aspekte des Lebens in einer Flüchtlingsunterkunft, den Mangel an Respekt, die alltäglichen Erfahrungen von Diskriminierung, Demütigung uvm. Am Ende waren wir sehr zufrieden damit, unsere Geschichte so zu erzählen und beschlossen, den Artikel mit einem kurzen Absatz
einzuleiten, in dem wir darauf hinwiesen, dass wir uns zwar thematisch dem
Sammelband verpflichtet fühlten, uns dem konzeptionellen Teil aber entzo-
gen. Wir hatten Glück, dass die Herausgeber*innen uns diese Freiheit gaben.
Doch bei der ersten Buchpräsentation, die ich allein durchführte, weil Soliana ihre Anonymität wahren wollte und keine Zeit und wenig Interesse an einer
solchen Präsentation hatte, stand ich erneut vor der Herausforderung, unseren Beitrag konzeptionell einzuordnen. Denn ohne eine solche Einordnung
läuft Wissen Gefahr, im wissenschaftlichen Kontext ins Leere zu laufen, da
Anknüpfungspunkte für andere Wissensproduktionen fehlen. Wenn also die
epistemische Macht, wie bereits erläutert, im Wissen selbst liegt, wie weit können und wie weit müssen dann die vorherrschenden Konzepte ignoriert werden? Wie weit muss und wie weit darf die alternative Wissensproduktion vom
akademischen Mainstream abweichen, ohne in der Rangfolge des Wissens an
den äußersten Rand gedrängt zu werden?

8.3.2 Gatekeeping

Wie bereits erwähnt, geht es bei epistemischer Gerechtigkeit darum, Autorität zu teilen. Dies bedeutet für die beteiligten Wissenschaftler*innen jedoch auch, in die Schreibbeziehung zunächst als *Gatekeeper*innen* einzutreten. Und egal, wie viel Autorität geteilt wird und an welchem Punkt des Prozesses man sich befindet, der*die Wissenschaftler*in wird höchstwahrscheinlich in dieser Position bleiben. In unserem Fall war ich diejenige, die für den Artikel angefragt worden war, ich setzte unseren Kooperationsprozess in Gang, ich war diejenige, die Zugang zum institutionellen Feld und den damit verbundenen Ressourcen hatte, und ich entschied, mit wem und in welchem Umfang ich diesen Zugang und die Ressourcen teilen wollte. Und ich war beileibe nicht die einzige *Gatekeeperin*.

Entscheidend für das Schicksal von Wissensproduktionen im akademischen Bereich ist letztlich eine ganze *Scientific Community*, die z.B. durch ihre Rezeption darüber entscheidet, ob ein Beitrag überhaupt Eingang in den Wissenskorpus findet oder nicht. Auch sind einige der Türen leichter zu öffnen als andere. So haben Wissenschaftler*innen beispielsweise die Wahl zwischen der Veröffentlichung von Forschungsarbeiten in begutachteten Zeitschriften, dem Verfassen von Büchern oder Blogs und Ähnlichem oder der Mitwirkung an Sammelbänden und *Special Issues*. Jedes dieser Publikationsformate bringt Möglichkeiten und Einschränkungen mit sich. Die damit verbundene »Rangordnung des Wissens« (Sibley 1995: 122) wird nicht nur von den spezifischen Regeln und Gewohnheiten des wissenschaftlichen Schreibens beeinflusst (St. Pierre 2015: 1), sondern auch durch Metriken verstärkt, die darüber entscheiden, ob eine Publikation als beachtenswert gilt oder nicht (Dufty-Jones/Gibson 2022: 340; The SIGJ2 Writing Collective 2012).

Im vorliegenden Fall handelte es sich um einen Sammelband, dessen Beiträge von den Herausgeber*innen ausgewählt wurden. Dies machte die Herausgeber*innen zu den für uns wichtigsten *Gatekeeper*innen*, die bereits ein anfängliches Interesse bekundet und mir in der Einladung eingeräumt hatten, den genauen Schwerpunkt meines Artikels selbst zu bestimmen. Viel wichtiger war jedoch die Tatsache, dass dem Sammelband ein Wissenschaftsverständnis zugrunde lag, das die Produktion von Wissen als Teil gesellschaftlichen Wandels begreift und damit auch jene parteiliche Wissensproduktion vorsieht, die für die (partizipative) Fluchtforschung so zentral ist. Darüber hinaus herrschte unter den Herausgeber*innen eine außerordentliche Offenheit gegenüber dekolonialer Wissensproduktion. So wurde mein Wunsch, den Aufsatz gemeinsam mit einer Person aus dem Feld zu schreiben und größtmögliche Freiheit bei der Gestaltung zu erhalten, mit offenen Armen empfangen.

Was meine eigene Rolle als *Gatekeeperin* betrifft, so behielt ich zwei zentrale Schlüssel in der Hand. Der erste Schlüssel war die Auswahl meines*r Schreibpartners*in. Im Prinzip hätte ich einen Aushang machen oder eine Informationsveranstaltung oder Ähnliches organisieren können. Ich entschied mich aus zwei Gründen dagegen, ein solches Verfahren einzuleiten: Zum einen hätte ein offenes Auswahlverfahren bedeutet, viele Menschen in etwas einzubeziehen, an dem sie letztlich nicht teilnehmen würden. In einem so prekären Kontext wie Flucht und Asyl erschien mir diese Art des Umgangs mit den Aspirationen und zeitlichen Ressourcen von Menschen unangemessen. Zum anderen war meine gesamte Feldforschung dadurch gekennzeichnet, dass ich vorrangig mit Fluchtmigrant*innen ohne akademischen Bildungshintergrund zusammenarbeitete. Die Überbrückung von Wissenshierarchien und die Vermittlung der Logik von Forschungsprozessen erwies sich während der Forschung als äußerst komplex und langwierig und nicht geeignet für verallgemeinerbare Vorgehensweisen. Deshalb erschien es auch in dieser konkreten Etappe sinnvoller, an die bereits etablierten Beziehungen anzuknüpfen. Meine Wahl fiel auf die Forschungspartnerin, zu der ich bis zu diesem Zeitpunkt die intensivste Beziehung aufgebaut hatte. Ausschlaggebend war meine Annahme, dass diese Forschungspartnerin an einem solchen Beitrag interessiert sein würde. Ich hatte Soliana als eine sehr starke, selbstbewusste Person kennengelernt, für die es wichtig war, ihre Standpunkte zu vertreten und sich Gehör zu verschaffen. Immer wieder hatten wir Situationen erlebt, in denen Behörden sie entpersonalisiert hatten und ich kannte ihre Frustration in dieser Hinsicht. Außerdem hatte ich unter allen Forschungspartner*innen mit Soliana auch die fortgeschrittenste Kommunikationspraxis entwickelt. Dazu gehörten zunächst unsere sprachlichen Verständigungsmöglichkeiten in Deutsch und Englisch. Darüber hinaus hatten wir aber im Laufe der vielen Monate des gemeinsamen Lernens auch ein gemeinsames Vokabular und eine gemeinsame Kommunikationspraxis gefunden, die auch Körpersprache und ein gemeinsames Raster von Gefühlsausdrücken einschloss. Und schließlich hatte sich mit der Zeit zwischen uns ein sehr großes Vertrauen entwickelt und das erwies sich im weiteren Verlauf als entscheidender Vorteil. Wir beide gingen mit relativ stabilen Erwartungen an das Verhalten der anderen in den Prozess, vor allem in Bezug auf Zuverlässigkeit und Transparenz.

Der zweite Schlüssel, den ich in der Hand behielt, war die Kommunikation mit den Herausgeber*innen und die anschließende Vermittlung mit dem akademischen Apparat. Zu Beginn plante ich, Soliana in die gesamte Kommunikation mit den Herausgeber*innen einzubeziehen und dafür persönliche Treffen zu arrangieren. Die Corona-Pandemie machte dies jedoch unmöglich, so dass das Feedback über elektronische Kommunikation erfolgte. Und bis zum Schluss konnte ich keinen guten Weg finden, Soliana aktiv in diese Art der Kommunikation mit den Herausgeber*innen einzubinden, die in Struktur und Sprache an die Eigenlogik des wissenschaftlichen Apparats gebunden blieb. E-Mails, die in akademischer Sprache verfasst sind, sind nicht nur für Nicht-Akademiker*innen schwer zu lesen, sondern sie ähneln auch der administrativen Korrespondenz, die oft neue Probleme, Sorgen und Gefahren für Menschen im Asylverfahren bringt. Diese Art der Kommunikation ist also nicht unschuldig, sondern birgt Trigger. Außerdem zeigte Soliana kein Interesse daran, sich an den Abstimmungsschleifen zu beteiligen, z.B. in Bezug auf Details der Argumentation oder der Textgestaltung. So reagierte Soliana auf keine der Nachrichten und jedes Mal, wenn ich sie nach ihrer Meinung fragte, antwortete sie nur: »Es ist gut, Du machst alles richtig.« In späteren Abstimmungsschleifen bezüglich der Druckfahne und ähnliches schrieben die Herausgeber*innen bereits nur noch an mich. Diesen Teil des Prozesses hätte ich gerne gemeinsam gestaltet, aber letztlich sah auch ich irgendwann keinen besonderen Mehrwert darin, meine Ko-Autorin in die Mühsal der wissenschaftlichen Abstimmungsschleifen einzubeziehen.

So blieb ich am Ende unseres gemeinsamen Projekts, wie auch zu Beginn, die zentrale Instanz zwischen dem institutionellen Apparat und dem Feld. Dies setzte sich auch in den folgenden Vorträgen fort, die ich stets allein hielt, da meine Forschungspartnerin aus Angst vor Ärger mit den Behörden im Verborgenen bleiben wollte und auch kein Interesse an dieser Art von Publikationsarbeit hatte. Trotz sehr günstiger Bedingungen blieben also einige Kernprobleme der epistemischen Macht bestehen: Sowohl die anfängliche als auch die endgültige Kontrolle des Prozesses lag bei Akademiker*innen als primären Autoritäten. Bedeutet dies aber, dass das Teilen epistemischer Macht gescheitert ist? Wie weit muss sie gehen, um epistemische Gerechtigkeit zu befördern? Und wie weit lassen sich die Grenzen verschieben, ohne dass dies zu einer unzumutbaren Belastung für alle Beteiligten, insbesondere für die Forschungspartner*innen aus dem Feld, wird? Und unter welchen Umständen können wir unsere unausweichliche Position als *Gatekeeper*innen* in die von Vermittler*innen umwandeln? Wie ich im Folgenden darlegen werde, ist dafür die Qualität der Beziehung zu unseren Forschungspartner*innen und ein nachhaltiger Umgang mit dem in uns gesetzten Vertrauen entscheidend.

8.3.3 Zeit für Entwicklung und Raum für andere Dringlichkeiten

Einer der wichtigsten Erfolgsfaktoren für unser gemeinsames Schreibprojekt war sicherlich die etablierte Arbeitsbeziehung. Dem ging allerdings eine sehr lange Vorlaufzeit von insgesamt 21 Monaten Beziehungsaufbau voraus. Wir hatten zusammen für einen Schulabschluss und die Berufsschule gelernt, Behördentermine wahrgenommen, gekocht, gefeiert uvm. Hinzu kamen die Nachbereitung der Veröffentlichung sowie die anschließende Präsentation auf öffentlichen Veranstaltungen. Und schließlich endet eine solche Arbeitsbeziehung nicht mit dem Ende des konkreten Projekts. Zeit war also ein entscheidender Faktor und Zeit ist in der Regel weder im wissenschaftlichen Betrieb noch in einer Situation zwischen Flucht und Ankommen gegeben.

Für die Wissenschaft wird dieses Problem seit einiger Zeit unter Schlagworten wie *Slow Science* oder *Slow Scholarship* diskutiert (Berg/Seeber 2016; Mountz et al. 2015; Stengers 2018). Viele der in diesen Debatten angestellten Überlegungen sind für die partizipative Forschung weiter zu radikalisieren. Denn eine Dekolonisierung der Wissenschaft kann strukturell nicht mit dem üblichen Tempo des Wissenschaftsbetriebs mithalten. Die Lebenszusammenhänge unserer Forschungspartner*innen ernst zu nehmen, bedarf eines völlig anderen Arbeitsmodus als jenem, den wir normalerweise pflegen. Es braucht Zeit für Umwege und das Eingehen von Risiken. Die zeitlichen Ressourcen unserer Forschungspartner*innen sind oft unkalkulierbar und wir müssen auch immer mit einem Abbruch durch unsere Forschungspartner*innen rechnen, deren Interesse am Prozess und am Ergebnis ein anderes ist als unseres (vgl. McAdam-Otto/Kaufmann 2023). Folglich sind solche Prozesse nur begrenzt planbar.

Außerdem bringt ein Forschungskontext wie der von Flucht und Asyl eine zusätzliche Verantwortung für den*die Forscher*in mit sich, mit der Zeit unserer Forschungspartner*innen sorgfältig und verantwortungsvoll umzugehen. Hier besteht auch durchaus eine Konkurrenz zwischen der effektiven Nutzung der zeitlichen Ressourcen der Beteiligten einerseits und der Zeitintensität kollaborativer Prozesse andererseits. In diesem speziellen Fall bedeutete es aber auch, alltäglichen Herausforderungen im Kontext von Flucht und Asyl gegenüber der Schreibarbeit Vorrang zu geben.

Es ist hinlänglich bekannt, dass die Menschen im Feld meist andere Dringlichkeiten haben als die Forscher*innen (z.B. Mitchell/Draper 1982:4). Dies gilt umso mehr in so außergewöhnlichen Lebenskontexten wie Flucht und Asyl. Menschen auf der Suche nach Asyl sind in der Regel mit einer ganzen Reihe von sehr grundlegenden Dringlichkeiten und Notwendigkeiten beschäftigt. Der Zugang zu grundlegenden Rechten wie dem Bleiberecht, zu angemessenem und bezahlbarem Wohnraum, zu Arbeit und Bildung, die Gewöhnung an einen anderen kulturellen Kontext oder besondere soziale, medizinische oder psychologische Bedarfe, die sich z.B. aus einem Trauma ergeben können: All dies prägt die Situation unserer Forschungspartner*innen in diesem Feld, ihre Prioritäten und damit die Zeit und Energie, die für Projekte wie das Schreiben eines Artikels zur Verfügung stehen.

In dem hier betrachteten Fall nahmen solche anderen Dringlichkeiten einen großen Teil der Zeit und des Raums nicht nur meiner Ko-Autorin, sondern auch unserer Forschungsbeziehung in Anspruch. Dies lag zum einen an unserer Partnerschaft im Allgemeinen, die sich als eine Beziehung der Unterstützung entwickelt hatte. Das gemeinsame Lösen von Problemen gehörte zu den Dingen, die wir im Allgemeinen taten. Aber es beeinflusste auch unseren Schreibprozess. Als die Idee aufkam, gemeinsam einen Artikel zu schreiben, wollte ich am liebsten sofort loslegen. Aber meine Ko-Autorin hatte gerade eine Wohnung gefunden und musste umziehen. Anstatt uns also gleich nach unserem ersten Treffen an die Arbeit zu machen, brachten wir erst einmal ihre Sachen von der Unterkunft in die neue Wohnung und organisierten fehlende Einrichtungsgegenstände. Es bestand kein Zweifel daran, dass die Lösung der Wohnsituation Vorrang vor dem Schreiben des Artikels genoss. Wenn wir uns zum Schreiben des Artikels trafen, sprachen wir auch immer über akute Herausforderungen. Eine Sache, die den gesamten Schreibprozess begleitete, war die Familienzusammenführung meiner Ko-Autorin mit ihrer jüngeren Tochter. Nach unserem ersten Treffen schreibe ich in mein Feldtagebuch:

>Bei unserem sehr langen Treffen ging es auch um ihren aktuellen Aufenthaltsstatus sowie den Nachzug ihrer Tochter. […] Ich habe ein merkwürdiges Gefühl, mit ihr über einen Aufsatz zu beraten, während der Nachzug ihrer Tochter noch nicht abschließend geklärt ist.« (17.01.2020).

Die anderen Prioritäten unserer Partner*innen aus dem Feld bedeuten, dass sich der gemeinsame Schreibprozess nicht isolieren lässt, sondern in ein gemeinsames Geflecht des Sorgehabens eingewoben ist, womit sein Gelingen auch davon abhängt, gemeinsam Sorge zu tragen. Dazu gehört ein Besuch im Baumarkt ebenso wie ein offenes Ohr. Nicht alle Probleme lassen sich so wie der Umzug wegschaffen, eine Schreibbeziehung kann sie aber auch nicht ignorieren. Und das bedeutet letztlich, dass zum gemeinsamen Schreiben mit vulnerablen Forschungspartner*innen auch gehört, für sich selbst zu sorgen. In

Deutschland ist es noch nicht üblich, diese Art von Forschung psychologisch zu begleiten. Da ich aber schon sehr früh während meiner Forschung einen entsprechenden Bedarf verspürte, wandte ich mich an die Universitätsleitung. Auf meine konkrete Bitte hin, startete die Universität dann einen speziellen Probelauf mit einer Psychologin, die mich als Supervisorin während des Forschungsprozesses begleitete.

Ein weiteres Thema, das ich mit dieser Supervisorin intensiv besprach, war der schmale Grat zwischen Unterstützung und Paternalismus und wie ich die Forschungsbeziehungen zu meinen Partner*innen im Feld immer wieder neu aushandeln konnte. Dies war auch für dieses Schreibprojekt fruchtbar, denn das Teilen epistemischer Autorität bedarf einer Aushandlung von Positionalität.

8.3.4 Schreibbeziehung und Positionalität

»Wir, das sind Soliana, die 2015 mit ihrer älteren Tochter Sinnit als subsidiär Schutzberechtigte nach Frankfurt kam, und Martina, die wissenschaftlich zur Aufnahme von Geflüchteten in Frankfurt arbeitet. Wir haben uns 2017 über eine ehrenamtliche Initiative zur Lernbegleitung von Geflüchteten kennengelernt und seitdem zusammen gelernt, mit Behörden gerungen, uns ausgetauscht und angefreundet. Unser Bericht ist von diesem Zusammentreffen geprägt.« (Blank/Hannes 2021: 286)

Gemeinsames Schreiben erfordert den Aufbau einer Schreibbeziehung. Und je nach Forschungskontext und den Unterschieden zwischen den Schreibpartner*innen erfordert dies eine unterschiedliche Herangehensweise. Denn die Schreibbeziehungen sind nicht nur in spezifische (Forschungs-)Kontexte eingebettet, sondern auch fundamental von den unterschiedlichen gesellschaftlichen Positionierungen der Beteiligten geprägt. Während Reflexivität generell als Grundelement der Arbeit forschender Wissenschaftler*innen zu verstehen ist und auch in der Migrationsforschung zentral ist (Dieterich/Nieswand 2020), stellt der Prozess der Konstitution einer Schreibbeziehung mit Personen aus dem Feld noch einmal spezifischere Anforderungen. Die Schreibpartner*innen sind in der Regel unterschiedlich in gesellschaftliche Machtgefüge eingebunden, womit Privilegien und Diskriminierungen verbunden sein können, die Auswirkungen auf die gemeinsame Produktion von Wissen haben.

Die Frage ist, wie der Beziehungsaufbau dann an die spezifische Situation angepasst werden kann, um den Machtwirkungen der unterschiedlichen Positionen entgegenzuwirken.

In meinem Fall bedeutete mein Feldzugang als ehrenamtliche Helferin, mit Fluchtmigrant*innen auf der Basis von Unterstützung und Hilfe in Kontakt zu kommen. Ich engagierte mich als Nachhilfelehrerin für Hausaufgaben, Deutsch und Alphabetisierung; ich unterstützte Fluchtmigrant*innen bei Behördengängen, Wohnungssuche, Sprachkursen, beruflicher Weiterbildung etc. Dies erleichterte den Aufbau vertrauensvoller Forschungsbeziehungen, was vor dem Hintergrund eines laufenden Asylverfahrens und der drohenden Abschiebung von besonderer Bedeutung war (Hugman/Pittaway/Bartolomei 2011). Darüber hinaus konnte ich als ehrenamtliche Forscherin eine Gegenleistung für die von den Akteur*innen gewonnenen Informationen erbringen, in diesem Fall praktische Unterstützung für die betroffenen Fluchtmigrant*innen.

Die Kehrseite dieser Basis für die Zusammenarbeit war eine vorher festgelegte Rollenteilung. Die Arbeit als Ehrenamtliche – wenn auch als Teil einer autonomen lokalen Gruppe, die eine antihierarchische Zusammenarbeit mit Fluchtmigrant*innen anstrebte – verstärkte vorgegebene Hierarchien des »Dispositif des Helfens« (Fleischmann/Steinhilper 2017). Soliana und ich lernten uns als Helfende und Hilfsbedürftige kennen. Darüber hinaus, und das war besonders prägend, lernten wir uns als Lernende und Lehrende kennen. Positionalität ist nicht auf feste Merkmale beschränkt, sondern wird im alltäglichen Kontakt hergestellt und verhandelt (Browne/Bakshi/Law 2010: 588). Für Soliana war ich zunächst nicht nur eine Helferin, sondern auch eine besonders hochrangige Vertreterin des Bildungsbereichs, in dem sie sich für ihre Aufenthaltsgenehmigung profilieren musste. Zunächst durch Spracherwerb, dann durch das Nachholen eines deutschen Schulabschlusses und schließlich durch eine Ausbildung an einer Berufsschule. Umgekehrt war Soliana für mich zunächst eine Schülerin, der ich half, sich Wissen anzueignen, das ich schon lange vor meiner akademischen Ausbildung erworben hatte. Unsere beiden Rollen bezogen sich während der gesamten Zeit auf einen festen, vorab definierten Wissenskanon, den es zu erlernen galt. Diese etablierte Rollenverteilung wurde durch die Verlagerung des Wissensfeldes in den universitären Bereich und die bereits besprochene recht voraussetzungsvolle Anfrage der Herausgeber*innen zunächst noch verstärkt. Als wir uns also zum Schreiben des Artikels zusammensetzten, taten wir dies mit vordefinierten Rollen, die sich sogar in unserer räumlichen und körperlichen Konfiguration materialisierten, da wir an meinem Wohnzimmertisch genau das gleiche Setting, einschließlich der Sitzplatzwahl, verwendeten. Später, aufgrund der Covid-19-Pandemie, änderte sich dies: Unsere letzten beiden Treffen fanden im Freien auf einer Parkbank am Fluss statt, genau in der Mitte zwischen unseren beiden Wohnungen – ein neutraler öffentlicher Ort. Während die Pandemie, wie oben erläutert, die traditionelle institutionelle Kommunikation mit den Herausgeber*innen gestärkt hatte, verursachte sie in diesem Fall einen Bruch mit dem früheren Muster. Die Aushandlung unserer Positionen war jedoch überwiegend nicht so sehr durch große Brüche oder explizite Verhandlungen gekennzeichnet, sondern durch kleine Verschiebungen, Nuancen und vor allem durch ständige gegenseitige Vergewisserung während der gemeinsamen Arbeit. Ein entscheidender Teil dieses Aushandlungsprozesses bestand aber auch darin, unsere unterschiedlichen Positionen zu akzeptieren und für den Prozess produktiv zu machen. Denn während ich beständig versuchte, Wege zu finden, unsere Rollenverteilung aufzubrechen, entwickelte Soliana einen ganz pragmatischen Umgang damit, indem sie bestimmte, für sie eher belastende Aufgaben an mich abgab und meine Position als Ressource nutzte.

8.3.5 Ressourcen teilen, Unterschiede produktiv machen

»17:40 Uhr: =) Wir können uns am Freitag treffen. Aber Du musst schreiben, okay?
18:03 Uhr: Ja, klar, kann ich machen :)
19:23 Uhr: Okay, wir treffen uns bei Dir.« (Blank/Hannes 2021: 285)

Es gibt grundlegende Unterschiede in den materiellen Bedingungen für das Schreiben eines wissenschaftlichen Aufsatzes – von Zeit und Raum für das Denken und Schreiben (Woolf 1929) bis hin zur technischen Ausstattung, der Erfahrung mit der spezifischen Form der Wissensproduktion und dem Zugang zu ihr. Aus der Perspektive der Schreibpartner*innenschaft können diese Unterschiede jedoch als unterschiedliche Ressourcen beschrieben werden, die die Beteiligten in den gemeinsamen Prozess einbringen und die auch mit unterschiedlichen Erwartungen an den Prozess und das Ergebnis verbunden sind. Dann werden die spezifisch wissenschaftlichen Ressourcen zu einem Teil der gemeinsamen Ressourcen, zu denen auch andere Wissensbestände und -formen sowie Zugänge gehören. Soliana hatte Einblicke in den Alltag verschiedener Unterkünfte, die ich nicht hatte, ich brachte z.B. mehr Erfahrung im Schreiben mit.

Dieser Perspektivenwechsel ist entscheidend, wenn man die Autonomie der Schreibpartner*innen aus der Praxis ernst nehmen will. Es gibt viele Gründe, mit dem Prozess, so wie er war, zufrieden zu sein. Die Prozessgestaltung erfolgte partnerschaftlich, wir konnten uns sehr schnell und problemlos verständigen und waren uns über die Herangehensweise und die Inhalte sehr weitgehend einig. Wir sind beide glücklich mit dem Ergebnis und keine von uns fühlt sich übergangen oder überstimmt. Aber lange klammerte ich mich an ein Konzept der Schreibpartner*innenschaft, das eine Gleichheit anstrebte, die gar nicht gewünscht war. Erstens hatten wir unterschiedliche Ansprüche an den Text. Soliana wollte ihre Geschichte erzählen und Missstände anprangern, ich sah mich dem Thema der Anthologie »Recht auf Stadt« und dem Stand der wissenschaftlichen Forschung zur Flüchtlingsunterbringung verpflichtet. Es war leicht, hier einen Kompromiss zu finden und es gab keine Konflikte über den Inhalt oder die Struktur des Textes. Aber zweitens hatten wir sehr unterschiedliche Anforderungen an den Prozess: Solianas Ansatz war sehr pragmatisch. Sie wollte so viel wie möglich delegieren, zum Beispiel das eigentliche Schreiben. Ich hingegen wollte so viele Tätigkeiten wie möglich teilen, um meine Rolle als *Gatekeeperin* zu überwinden.

Partner*innenschaft bedeutet aber nicht, an allem gleichermaßen teilzunehmen und das Gleiche zu tun. Während die vorgefundene Arbeitsteilung in jedem anderen Arbeitskontext für mich völlig unproblematisch gewesen wäre, stellte ich in unserem Fall mehrfach alles in Frage, um unsere bisherigen Rollenverteilungen von Wissenden und Lernenden nicht zu reproduzieren und zu zementieren. Damit einher ging aber auch die Gefahr, Soliana ihre Souveränität und ihren selbstbewussten Wunsch abzusprechen, so viel wie möglich zu delegieren und meine Ressourcen für sich zu nutzen. Um gegenseitigen Nutzen zu ermöglichen, müssen Hierarchien reflektiert werden. Aber Fluchtmigrant*innen sind dabei keine passiven Opfer. Und eine Rolle als *Gatekeeperin* lässt sich nicht einfach abgeben, aber unter Umständen durch die einer Vermittlerin ergänzen. Der Prozess eines partner*innenschaftlichen Schreibprozesses beinhaltet also nicht nur die Reflexion über die den Prozess kontextualisierenden Hierarchien, sondern gleichermaßen die Aushandlung dessen, was unter Partner*innenschaft verstanden wird und wie diese für beide gleichermaßen »nützlich« ist.

Für mich wurde die Textgestaltung in dieser Frage zum Prüfstein. Ich gehe davon aus, dass die Textgestaltung ein entscheidender Teil der Wissensproduktion ist, dass Form und Inhalt direkt miteinander verbunden sind (St. Pierre 2015). Daher wollte ich so viel konkrete Textgestaltung wie möglich gemeinsam machen. Soliana hingegen hatte deutlich gemacht, dass sie an der konkreten Form des Textes nicht besonders interessiert war. Das einzige, was ihr an der Form des Textes wichtig war, war, dass er in »gutem Deutsch« geschrieben sein sollte. Mir hingegen ging es auch um die konkrete textliche Gestaltung. Wie konnten unsere beiden Stimmen so miteinander verwoben werden, dass sie der gemeinsamen Autor*innenschaft gerecht würden? Wie konnte man beides unterbringen, allgemeine Informationen über das System und besondere Erfahrungen innerhalb des Systems, ohne das Fachwissen gegenüber der Erfahrung, die Theorie gegenüber der Praxis, das Allgemeine gegenüber dem Besonderen oder umgekehrt zu privilegieren? Durch die Covid-19-Pandemie wurde dies noch komplizierter, denn nach unserem zweiten Treffen, in dessen Folge der größte Schreibblock anstand, bestand für lange Zeit keine Möglichkeit für ein persönliches Treffen. Und so besprach ich, zu Hause isoliert mit Fragen der Textgestaltung ringend, die genaue Textgestaltung nicht wie geplant mit Soliana beim nächsten Kaffee, sondern mit zwei meiner Kolleg*innen in einer Videokonferenz.

Dann, Anfang Mai, gab uns die Aufhebung der Ausgangssperren endlich die Möglichkeit, uns zu treffen. Ich hatte für jede von uns einen Ausdruck mitgebracht und wir lasen den Artikel gemeinsam durch. Soliana befand die Textpassagen, in denen ihre Stimme zu hören war, als sehr gelungen und gut formuliert. Insgesamt konnte sie sich sehr gut in dem Text wiederfinden und sprach von »meiner Geschichte«. Ich machte mehrere Schleifen, um sicher zu gehen, dass es für sie auch wirklich passte, aber sie zeigte sich absolut überzeugt von dem Textentwurf. Ich war unglaublich erleichtert und wir machten uns an die weitere Detailarbeit. Bei späteren Treffen reproduzierte sich diese Erfahrung. Und ich verstand endlich: Bei epistemischer Gerechtigkeit geht es nicht darum, gleich zu werden oder das Gleiche zu tun, sondern darum, Ressourcen zu teilen und Raum für Unterschiede zu schaffen.

8.4 Fazit

Wie deutlich geworden sein dürfte, war der hier vorgestellte Versuch, eine kollaborative Wissensproduktion für mehr epistemische Gerechtigkeit zu schaffen, weit davon entfernt, ein Idealtypus der partizipativen Forschung zu sein. Wie ich gezeigt habe, unterlag das Projekt von Anfang an einer Reihe von Zwängen, die dem akademischen Betrieb eigen sind. So argumentiert Claudia Brunner für den Fall der Friedens- und Konfliktforschung:

>»Kritische Wissenschaft muss sich mit ihren Ressourcen, Privilegien und Freiräumen an diesen Auseinandersetzungen beteiligen und zugleich einräumen, dass sie selbst sehr tief in die Kolonialität von Macht, Wissen und Sein verstrickt und daher nur bedingt geeignet ist, diese hinter sich zu lassen.« (Brunner 2020: 299)

Dies sollte uns jedoch nicht davon abhalten, es zu versuchen. Wie ich gezeigt habe, funktioniert dekoloniale Wissensproduktion in wissenschaftlichen Kontexten nicht als »alles oder nichts«, sondern nur als »so viel wie möglich«. Es braucht mehr Mut für unvollständige Versuche. Der Anspruch, Räume für Partizipation zu eröffnen, sollte universalisiert werden, aber ihre Nutzung bleibt die Entscheidung der Forschungspartner*innen. Der Imperativ, partizipative Forschung zu betreiben, darf nicht dazu führen, dass wir unseren Forschungspartner*innen mehr abverlangen als sie selbst beizutragen bereit sind. Und er sollte uns dort, wo er nicht vollständig einzulösen ist, auch nicht von der Erforschung von Ungerechtigkeit abhalten. Trotz aller berechtigten und zutreffenden Kritik an westlicher Wissensproduktion ist es sinnvoll, ungerechte Situationen zu beleuchten, die sonst aus hegemonialen Diskursen ausgeklammert bleiben würden (Harrell-Bond/Voutira 2007, vgl. dazu auch das Konzept des hermeneutischen Tods bei Medina 2017).

Epistemische Gerechtigkeit zielt darauf ab, Menschen, deren Wissen gesellschaftlich ausgeschlossen oder missachtet wird, die Mittel und das Publikum zu geben, um sich und ihrem Wissen Gehör zu verschaffen und sich an der Verbreitung von Wissen zu beteiligen. Aber wie kann das in einem Bereich wie der Wissenschaft funktionieren, der durch eine ganze Reihe von Wissensausschlüssen und »wohldefinierten (und restriktiven) Regeln« gekennzeichnet ist, die »einigen Ideen Legitimität verleihen und andere inkonsequent oder sogar gefährlich erscheinen lassen« (Sibley 1995: 117ff., Ü.d.A.)? Wie kann man in einem Kontext, der die Sichtbarkeit alternativer Wissensbestände systematisch reduziert, indem er sie ignoriert, epistemische Autorität teilen, ohne sie zu verlieren? Als Forscher*innen stehen wir nicht außerhalb dieser Machtverhältnisse und verfügen in der Regel auch nicht über die Mittel, das Spiel grundlegend zu ändern. Viele der im Zusammenhang mit Flucht- und Entwicklungsforschung geäußerten Kritiken beziehen sich auf Forschungsarbeiten, die im Auftrag staatlicher Institutionen wie Entwicklungsagenturen oder Gremien der Vereinten Nationen oder internationaler nichtstaatlicher Hilfsorganisationen durchgeführt werden. Forschungspraktiken, die als Machtinstrumente dienen, sollten in ihren Zielen und Methoden grundsätzlich in Frage gestellt werden. Aber auch in weniger vermachteten Kontexten, sollten wir unsere methodischen Ansätze kritisch reflektieren und versuchen, die Reproduktion von asymmetrischen Machtverhältnissen in der Forschung zu minimieren und nicht-hierarchische partizipative Forschung zu befördern. Und gleichzeitig müssen wir die Unvollständigkeit unserer Mittel akzeptieren. Wir brauchen ein Programm der kleinen Schritte, das es uns ermöglicht, die Dinge so anders wie möglich zu machen, und uns ermutigt, unsere Methoden selbstkritisch zu reflektieren, um sie kontinuierlich weiterzuentwickeln. Wie ich versucht habe zu zeigen, gehört dazu mehr als eine epistemische Öffnung. So gilt es auch, eine gemeinsame Sprache zu finden, *Gatekeeping* in Vermittlung zu transformieren, Zeit für Entwicklung und Raum für andere Dringlichkeiten zu schaffen, Positionalitäten zu reflektieren, Ressourcen zu teilen und Unterschiede produktiv zu machen.

Literaturverzeichnis

Abu-Lughod, Lila (1993): Writing Women's Worlds: Bedouin Stories, Berkeley/ Los Angeles/London: University of California Press.

Aden, Samia/Schmitt, Caroline/Uçan, Yasemin/Wagner, Constantin/ Wienforth, Jan (2019): Potentiale partizipativer Fluchtforschung. Anstoß zu einer Debatte, in: FluchtforschungsBlog.

Agier, Michel (2011): Managing the Undesirables: Refugees Camps and Humanitarian Government, Cambridge/Malden: Polity.

Anderson, Mary B. (1999): Do No Harm: How Aid Can Support Peace – or War, Boulder: Lynne Rienner.

Berg, Maggie/Seeber, Barbara K. (2016): The Slow Professor: Challenging the Culture of Speed in the Academy, Toronto: University of Toronto Press.

Betz, Johanna/Keitzel, Svenja/Schardt, Jürgen/Schipper, Sebastian/Schmitt Pacifico, Sara/Wiegand, Felix (2021): Frankfurt a.M. – eine Stadt für alle? Konfliktfelder, Orte und soziale Kämpfe, in: Bielefeld: transcript.

Blank, Martina/Hannes, Soliana (2021): »Zufluchtsort Frankfurt? Leben in der Sammelunterkunft«, in: Betz, Johanna/Keitzel, Svenja/Schardt, Jürgen/ Schipper, Sebastian/Schmitt Pacifico, Sara/Wiegand, Felix (Hg.), Frankfurt a.M. – eine Stadt für alle? Konfliktfelder, Orte und soziale Kämpfe, Bielefeld: transcript, S. 285–293.

Block, Karen/Riggs, Elisha/Haslam, Nick (Hg.) (2013): Values and Vulnerabilities: The Ethics of Research with Refugees and Asylum Seekers, Toowong: Australian Academic Press.

Browne, Kath/Bakshi, Leela/Law, Arthur (2010): »Positionalities: It's not About Them and Us, It's About Us«, in: Smith, Susan J./Rain, Rachel/Marston, Sallie A./Jones III, John Paul (Hg.), The SAGE Handbook of Social Geographies, London: Sage Publications, S. 586–605.

Brunner, Claudia (2020): Epistemische Gewalt: Wissen und Herrschaft in der kolonialen Moderne, Bielefeld: transcript.

Bryant, Antony/Charmaz, Kathy (Hg.) (2007): The SAGE Handbook of Grounded Theory, Los Angeles et al.: Sage.

Castro Varela, María do Mar/Dhawan, Nikita (2020): Postkoloniale Theorie: Eine kritische Einführung, 3.Aufl., Bielefeld: transcript.

Chakrabarty, Dipesh (2000): Provincializing Europe: Postcolonial Thought and Historical Difference, Princeton: Princeton University Press.

Clarke, Adele E. (2005): Situational Analysis: Grounded Theory After the Postmodern Turn, Thousand Oaks/London/New Delhi: Sage Publications.

Clark-Kazak, Christina (2017): »Ethical Considerations: Research with People in Situations of Forced Migration«, in: Refuge 33(2), S. 11–17.

Colectivo Situaciones/MTD de Solano (2002): La Hipótesis 891: Mas allá de los piquetes, Buenos Aires: De mano en mano.

De Genova, Nicholas P. (2002): »Migrant »Illegality« and Deportability in Everyday Life«, in: Annual Review of Anthropology 31, S. 419–447.

Dieterich, Manuel/Nieswand, Boris (2020): »Reflexive Migrationsforschung. Zur Etablierung eines neuen Forschungsparadigmas«, in: Migration und Soziale Arbeit 42(2), S. 146–152.

Doná, Giorgia (2007): »The Microphysics of Participation in Refugee Research«, in: Journal of Refugee Studies 20(2), S. 210–220.

Dufty-Jones, Rae/Gibson, Chris (2022): »Making space to write ›care-fully‹: Engaged responses to the institutional politics of research writing«, in: Progress in Human Geography 46(2), S. 339–358.

Fleischmann, Larissa/Steinhilper, Elias (2017): »The Myth of Apolitical Volunteering for Refugees: German Welcome Culture and a New Dispositif of Helping«, in: Social Inclusion 5(3), S. 17–27.

Fontanari, Elena/Karpenstein, Johanna/Schwarz, Nina Violetta/Sulimma, Stephen (2014): »›Kollaboratives Forschen‹ als Methode in der Migrations- und Sozialarbeitswissenschaft im Handlungsfeld Flucht und Migration«, in: Labor Migration (Hg.), Vom Rand ins Zentrum: Perspektiven einer kritischen Migrationsforschung, Berliner Blätter 65, Berlin: Panama Verlag, S. 111–129.

Foucault, Michel (1973): Archäologie des Wissens, Frankfurt a.M.: Suhrkamp.

Foucault, Michel (1974): Die Ordnung des Diskurses, 8.Aufl., München: Hanser.

Fricker, Miranda (2007): Epistemic Injustice: Power and the Ethics of Knowing, Oxford: Oxford University Press.

Grasswick, Heidi (2017): »Epistemic Injustice in Science«, in: Kidd, Ian James/ Medina, José/Pohlhaus, Gaile Jr. (Hg.), The Routledge Handbook of Epistemic Injustice, London: Routledge, S. 313–323.

Gutiérrez Rodríguez, Encarnación (2018): »The Coloniality of Migration and the »Refugee Crisis«: On the Asylum-Migration Nexus, the Transatlantic White European Settler Colonialism-Migration and Racial Capitalism«, in: Refuge: Canada's Journal on Refugees 34(1), S. 16–28.

Haraway, Donna (1988): »Situated Knowledges: The Science Question in Feminism and the Privilege of Partial Perspective«, in: Feminist Studies 14(3), S. 575–599.

Harrell-Bond, Barbara/Voutira, Eftihia (2007): »In Search of ›Invisible‹ Actors: Barriers to Access in Refugee Research«, in: Journal of Refugee Studies 20(2), S. 281–298.

Hess, Sabine/Tsianos, Vassilis S. (2010): »Ethnographische Grenzregimeanalyse: Eine Methodologie der Autonomie der Migration«, in: Hess, Sabine/ Kasparek, Bernd (Hg.), Grenzregime: Diskurse, Praktiken, Institutionen in Europa, Hamburg: Assoziation A, S. 243–264.

Hugman, Richard/Pittaway, Eileen/Bartolomei, Linda (2011): »When ›Do No Harm‹ Is Not Enough: The Ethics of Research with Refugees and Other Vulnerable Groups«, in: British Journal of Social Work 41(7), S. 1271–1287.

Inhetveen, Katharina (2014): Die politische Ordnung des Flüchtlingslagers: Akteure – Macht – Organisation. Eine Ethnographie im Südlichen Afrika, Bielefeld: transcript.

Kidd, Ian James/Medina, José/Pohlhaus, Gaile Jr. (Hg.) (2017): The Routledge Handbook of Epistemic Injustice, London: Routledge.

Kothari, Uma (2001): »Participatory Development: Power, Knowledge and Social Control«, in: Cooke, Bill/Kothari, Uma (Hg.), Participation: the New Tyranny?, London/New York: Zed Books, S. 139–152.

Krause, Ulrike (2017): Researching forced migration: critical reflections on research ethics during fieldwork, RSC Working Paper Series, Oxford: Oxford Department of International Development, siehe https://www.rsc

.ox.ac.uk/publications/researching-forced-migration-critical-reflections-on-research-ethics-during-fieldwork vom 05.06.2019.

Mackenzie, Catriona/McDowell, Christopher/Pittaway, Eileen (2007): »Beyond »do no harm«: The challenge of constructing ethical relationships in refugee research«, in: Journal of Refugee Studies 20(2), S. 299–319.

Malkki, Liisa H. (1996): »Speechless Emissaries: Refugees, Humanitarianism, and Dehistoricization«, in: Cultural Anthropology 11(3), S. 377–404.

Mayblin, Lucy/Turner, Joe (2021): Migration Studies and Colonialism, Cambridge/Medford: Polity Press.

McAdam-Otto, Laura/Kaufmann, Margrit E. (2023): »Gemeinsam forschen und (nicht) schreiben: Herausforderungen beim kollaborativen Arbeiten im Kontext von Flucht_Migration«, in: Blank, Martina/Nimführ, Sarah (Hg.), Writing Together. Kollaboratives Schreiben mit Personen aus dem Feld, Bielefeld: transcript, S. 215-235.

Medina, José (2017): »Varieties of Hermeneutical Injustice«, in: Kidd, Ian James/Medina, José/Pohlhaus, Gaile Jr. (Hg.), The Routledge Handbook of Epistemic Injustice, London: Routledge, S. 13–26.

Mignolo, Walter D. (2007): »Delinking: The Rhetoric of modernity, the logic of coloniality and the grammar of de-coloniality«, in: Cultural Studies 21(2-3), S. 449–514.

Mignolo, Walter D. (2009): »Epistemic Disobedience, Independent Thought and Decolonial Freedom«, in: Theory, Culture & Society 26(7-8), S. 159–181.

Mitchell, Bruce/Draper, Dianne (1982): Relevance and ethics in geography, London: Longman.

Mountz, Alison/Bonds, Anne/Mansfield, Becky/Jenna, Loyd/Hyndman, Jennifer/Walton-Roberts, Margaret/Basu, Ranu/Whitson, Risa/Hawkins, Roberta/Hamilton, Trina/Curran, Winifred (2015): »For Slow Scholarship: A Feminist Politics of Resistance through Collective Action in the Neoliberal University«, in: ACME: An International E-Journal for Critical Geographies 14(4), S. 1235–1259.

Müller, Martin (2013): »Mittendrin statt nur dabei: Ethnographie als Methodologie in der Humangeographie«, in: Geographica Helvetica 67(4), S. 179–184.

Nasser-Eddin, Nof/Abu-Assab, Nour (2020): »Decolonial Approaches to Refugee Migration: Nof Nasser-Eddin and Nour Abu-Assab in Conversation«, in: Migration and Society 3(1), S. 190–202.

Nimführ, Sarah (2020): Umkämpftes Recht zu bleiben: Zugehörigkeit, Mobilität und Kontrolle im EUropäischen Abschieberegime, Münster: Westfälisches Dampfboot.

Nimführ, Sarah (2023): »Politiken und Ethiken der Namensgebung in kollaborativen Schreibprojekten. Anonymisierungs- und Pseudonymisierungsverfahren zwischen Schutz und Bevormundung«, in: Blank, Martina/ Nimführ, Sarah (Hg.), Writing Together. Kollaboratives Schreiben mit Personen aus dem Feld, Bielefeld: transcript, S. 191-214.

Nimführ, Sarah/Blank, Martina (2023): »Kollaboratives Schreiben mit Personen aus dem Feld: Annäherungen an eine dekoloniale Wissensproduktion«, in: Blank, Martina/Nimführ, Sarah (Hg.), Writing Together. Kollaboratives Schreiben mit Personen aus dem Feld, Bielefeld: transcript, S. 9-27.

Pohlhaus, Gaile Jr./Medina, José/Kidd, Ian James (2017): »Introduction to The Routledge Handbook of Epistemic Injustice«, in: Kidd, Ian James/Medina, José/Pohlhaus, Gaile Jr. (Hg.), The Routledge Handbook of Epistemic Injustice, London: Routledge, S. 1–9.

Quijano, Aníbal (2007): »Coloniality and Modernity/Rationality«, in: Cultural Studies 21(2-3), S. 168–178.

Rajaram, Prem Kumar (2002): »Humanitarianism and Representations of the Refugee«, in: Journal of Refugee Studies 15(3), S. 247–264.

Riaño, Yvonne (2012): »Die Produktion von Wissen als Minga: Ungleiche Arbeitsbeziehungen zwischen Forschenden und ›Beforschten‹ überwinden?«, in: Kaltmeier, Olaf/Corona Berkin, Sarah (Hg.), Methoden dekolonialisieren: Eine Werkzeugkiste zur Demokratisierung der Sozial- und Kulturwissenschaften, Münster: Westfälisches Dampfboot, S. 120–144.

Riaño, Yvonne (2016): »Minga biographic workshops with highly skilled migrant women: enhancing spaces of inclusion«, in: Qualitative Research 16(3), S. 267–279.

Rose, Gillian (1997): »Situating knowledges: positionality, reflexivities and other tactics«, in: Progress in Human Geography 21(3), S. 305–320.

Said, Edward (1979): Orientalism, Vintage Books Edition, New York/Toronto: Random House.

Samaddar, Ranabir (2020): The Postcolonial Age of Migration, London/New Delhi: Routledge.

Sibley, David (1995): Geographies of Exclusion: Society and Difference in the West, London: Routledge.

Sigona, Nando (2014): »The Politics of Refugee Voices: Representations, Narratives, and Memories«, in: Fiddian-Qasmiyeh, Elena/Loescher, Gil/Long,

Katy/Sigona, Nando (Hg.), The Oxford Handbook of Refugee and Forced Migration Studies, Oxford: Oxford University Press, S. 369–382.

Spivak, Gayatri Chakravorty (1988): »Can The Subaltern Speak?«, in: Nelson, Cary/Grossberg, Lawrence (Hg.), Marxism and the Interpretation of Culture, Urbana: University of Illinois Press, S. 271–313.

Squire, Vicki (2018): »Researching precarious migrations: Qualitative strategies towards a positive transformation of the politics of migration«, in: The British Journal of Politics and International Relations 20(2), S. 441–458.

Stengers, Isabelle (2018): Another Science is Possible: A Manifesto for Slow Science, Cambridge/Medford: Polity.

St. Pierre, Elizabeth Adams (2015): »Writing as Method«, in: Ritzer, George (Hg.), The Blackwell Encyclopedia of Sociology, Wiley-Blackwell, Siehe https://doi.org/10.1002/9781405165518.wbeosw029.pub2

Täubig, Vicki (2009): Totale Institution Asyl: Empirische Befunde zu alltäglichen Lebensführungen in der organisierten Desintegration, Weinheim: Juventa.

The SIGJ2 Writing Collective (2012): »What Can We Do? The Challenge of Being New Academics in Neoliberal Universities«, in: Antipode 44(4), S. 1055–1058.

Vey, Judith (2018): Leben im Tempohome. Qualitative Studie zur Unterbringungssituation von Flüchtenden in temporären Gemeinschaftsunterkünften in Berlin, discussion paper, Berlin: Technische Universität Berlin, siehe https://www.tu-berlin.de/fileadmin/f27/PDFs/Discussion_Papers_neu/discussion_paper_Nr._40_18.pdf vom 09.05.2019.

von Unger, Hella (2018): »Ethische Reflexivität in der Fluchtforschung. Erfahrungen aus einem soziologischen Lehrforschungsprojekt«, in: Forum: Qualitative Sozialforschung 19(3), Art. 6.

9 Politiken und Ethiken der Namensgebung in kollaborativen Schreibprojekten
Anonymisierungs- und Pseudonymisierungsverfahren zwischen Schutz und Bevormundung

Sarah Nimführ

9.1 Anonymisierungen und Pseudonymisierungen als unterschätzte Herausforderung im kollaborativen Schreibprozess

Forschung zu Flucht_Migration[1] und mit Geflüchteten ist ein stark politisierter und emotional aufgeladener Forschungskontext und insbesondere damit verbundene kollaborative Schreibprojekte sind deshalb mit besonderen Herausforderungen konfrontiert. Als Buba Sesay und ich beschlossen, gemeinsam einen Artikel zu schreiben (Nimführ/Sesay 2019), standen wir nicht nur vor der Herausforderung der praktischen Umsetzung dieses Vorhabens, sondern wurden auch mit der Frage der Autor*innenidentifikation konfrontiert. Das Formular zu den Autor*inneninformationen des Journals, in welchem wir publizierten, erforderte Angaben zum Namen und institutioneller Anbindung. In meiner Dissertation pseudonymisierte ich alle Forschungspartner*innen, so auch Buba. Der gemeinsame Artikel, der sich aus autoethnografischen Erzählungen von Buba und meinen erhobenen Forschungsdaten speiste, griff somit teilweise auf ähnliche oder Situationen zurück, die wir gemeinsam erlebten, aber aus einer individuellen Perspektive: Einerseits aus meiner

---

1 Flucht und Migration verstehe ich nicht als Dichotomie, sondern verweise mit dem Unterstrich auf das Spektrum zwischen Flucht und Migration. Ich gehe dabei von der Unmöglichkeit einer klaren Abgrenzung verschiedener Migrationsformen und einer Unterscheidung in Zwangs- und Freiwilligkeitsgrade aus (vgl. auch Kaufmann et al. 2019: 6).

Forscherinnensicht und andererseits aus seiner Position eines Autors, der »das Desaster erlebt hat [lived the desaster]« (Khosvari 2010: 6; übersetzt von S.N.), von dem berichtet und das analysiert wurde. Wir standen somit vor der Überlegung, welchen Autorennamen Buba für diese Publikation wählen sollte: Das Pseudonym, das er sich für die Darstellung seiner Person in meiner Arbeit selbst ausgesucht hatte, oder der Name, der in den Papieren stand, die seinen prekären Aufenthaltsstatus zu diesem Zeitpunkt dokumentierten. Diese Frage der Repräsentation durch die Namensnennung war nicht ganz unerheblich, da diese nicht losgelöst von den Buba betreffenden Grenzregimedynamiken gedacht werden konnte. Zum Zeitpunkt des Verfassens und Veröffentlichens des Artikels war Bubas Aufenthaltsstatus unsicher. Einerseits stand er zu seiner Kritik des Umgangs mit Geflüchteten durch das betrachtete Grenzregime und wollte seine Sicht auch mit einer breiten Öffentlichkeit teilen, andererseits befürchtete er aber, dass seine öffentliche Stimme negative Auswirkungen auf sein laufendes Bleiberechtsverfahren haben könnte. Das Gefühl, dass ich den geflüchteten, aber auch nicht-geflüchteten Personen mit meiner Forschung schaden könnte, dominierte auch immer mein Denken und Handeln. Denn zum Zeitpunkt des Erhebens und Verschriftlichens der Daten war nie wirklich absehbar, was mit diesem Wissen passieren könnte (vgl. auch Besteman 2013: 6). Gleichzeitig spiegelt diese fehlende freie Wahl, in der Öffentlichkeit mit seinem »richtigen« Namen aus Angst vor Repressionen zu erscheinen, sehr eindrücklich die ungleiche Machtverteilung im Grenzregime wider.

Dieser kurze Einblick zeigt, dass wir uns als Forschende im Kontext von Flucht_Migration der politischen Aufgeladenheit des Forschungs- und Schreibkontexts kaum entziehen können, so dass eine reflexive und selbstkritische Bearbeitung und auch das Hinterfragen, unter welchen Bedingungen eine solche Kollaboration überhaupt vertretbar ist, notwendig sind. Wir sind in die Grenzregimedynamiken unweigerlich eingebettet. Und dieser Umstand hat nicht nur Einfluss auf die gewählte Repräsentationsstrategie, sondern zeigt sich bereits in der forscherischen Praxis vor Ort. Denn auch zu Beginn der Reise einer potenziellen Zusammenarbeit stehen wir als Forschende vor bestimmten ethischen Herausforderungen. Buba und ich trafen uns zum ersten Mal an einer Hafenpromenade in einer kleinen Stadt in Malta. Während wir an der von Tourist*innen beliebten Spaziermeile entlanggingen, erläuterte ich ihm die Hintergründe meiner Kontaktaufnahme. Ich bemühte mich, mein Forschungsvorhaben so transparent und offen wie möglich zu kommunizieren und meine Forschungsziele offenzulegen. Buba fragte mich, was mit meinen Daten genau passieren soll. Das war aber eigentlich gar nicht so einfach zu beantworten, da ich mich noch ziemlich am Anfang meines Forschungsprojektes befand. Klar war für mich, dass nach Rücksprache mit den Personen, Teile der Gespräche und Interviews in meinem geplanten Buch in Form von Direktzitaten aufgegriffen werden sollten, aber auch in Form von Schlussfolgerungen durch die Interpretationen dieser Aussagen meinerseits. Der genaue Forschungs- und Disseminationsprozess war zu diesem Zeitpunkt aber noch nicht bis ins letzte Detail vorhersehbar. So hatte ich beispielsweise noch nicht im Sinn, gemeinsame Schreibprojekte bzw. Ko-Autor*innenschaften mit den Forschungspartner*innen einzugehen, da sich diese Idee erst zu einem späteren Zeitpunkt aus Eigeninitiative der Personen, die ich kennenlernte, entwickelte. Hinsichtlich möglicher Anonymisierungs- bzw. Pseudonymisierungsvorgehen war ich mir zu Beginn sehr sicher: Personen aus dem Feld, die sich in prekären Lebenssituationen befanden, wollte ich anonymisieren, da ich die Reichweite meiner Forschung und damit verbundene Konsequenzen für meine Forschungspartner*innen nicht einschätzen konnte. Dies gestaltete sich allerdings nicht als einfaches Unterfangen und warf im Zuge meines Schreibprozesses – sowohl in der Alleinautorinnenschaft als auch bei kollaborativen Schreibprojekten – immer wieder Fragen der Repräsentation auf. Obwohl Anonymisierungen heutzutage als selbstverständlich angesehen werden, stellen sie auch eine unterschätzte Herausforderung für ethnografisches Schreiben dar. Die Verwendung von Pseudonymen ist nicht nur eine technische oder stilistische Frage, sondern beeinflusst grundlegend das Ergebnis des Schreibens und die Art und Weise, wie dieses geteilt, gelesen und rezipiert wird (vgl. Vorhölter 2021: 16).

Im Folgenden werde ich zunächst auf allgemeine ethische Überlegungen zu einer Zusammenarbeit mit Personen aus dem Feld eingehen, die die Basis eines kollaborativen Schreibprojekts darstellen. Anschließend gebe ich Einblick in aktuelle Aushandlungen von Anonymisierungs- und Pseudonymisierungsvorgehen. Im Zuge dessen erörtere ich die Komplexität einer Repräsentationsstrategie zwischen Schutz und Bevormundung von Forschungs- bzw. Schreibpartner*innen sowie die Suche nach ausgewogenen Repräsentationsmöglichkeiten. Bei meinen Ausführungen greife ich auf meine Forschungserfahrungen und damit verbundene Ko-Autor*innenschaften zurück.[2]

---

2   Die hier dargestellten Ko-Autor*innenschaften und Schreibpartnerschaften entstanden im Rahmen eines ÖAW-Forschungsprojektes zu Nichtabschiebungen in Malta, das zwischen 2015–2018 durchgeführt wurde (vgl. Nimführ 2020a).

9.2   Ethische Beziehungen in der Flucht_Migrationsforschung

Basierend auf meinen Forschungserfahrungen sehe ich als oberstes Kriterium einer jeden akteurszentrierten Forschung – unabhängig davon, ob es sich um Flucht_Migrationsforschung handelt oder nicht – den kompetenten Umgang mit den Interaktionspartner*innen. Die Aufklärung über die Forschung kann dabei auf mündlicher Basis stattfinden oder in Form einer schriftlichen informierten Zustimmung. Letztere ist insbesondere seit der neuen EU-Datenschutzverordnung bei aufgezeichneten Interviews notwendig (vgl. Verordnung (EU) 2018/1725). Bei Interviewpartner*innen, die als Repräsentant*innen von Institutionen agieren, gestaltet sich dies meist unproblematisch. Aber gerade bei Privatpersonen können wir mit verschiedenen Herausforderungen konfrontiert sein. Im Fall meiner Forschung habe ich nur ein Gespräch mit Geflüchteten mit dem Aufnahmegerät aufgenommen, da es sich in diesem Fall um ein gedolmetschtes Gespräch handelte und die Rekonstruktion des Gesprächs im Nachhinein so einfacher war. In allen anderen Fällen habe ich aber auf Tonaufzeichnungen verzichtet, da die Gesprächsatmosphäre ohne Aufnahme entspannter war. Einige Gesprächspartner*innen erklärten mir, dass sie eine Aufnahme zu sehr an die Asylinterviews erinnern würde und wenn meine Aufnahme dann vielleicht doch einmal in falsche Hände geriete, könne man sie ggf. anhand ihrer Stimmen identifizieren (vgl. hierzu auch Driessen 1996: 296).[3] In einigen Fällen lagen aber auch Sprachbarrieren und eine fehlende Lesekompetenz vor, so dass ein solches Formular verständlicherweise nicht einfach »blind« unterzeichnet werden wollte.

Eine weitere Problematik ergibt sich in diesem Kontext, wenn der Kontakt zu Gesprächspartner*innen über sogenannte Gatekeeper oder Organisationen sowie Behörden verläuft, von welchen die Gesprächspartner*innen in irgendeiner Weise abhängen. Hier ist es oft schwierig zu differenzieren, ob Auskunft gegeben wird, weil die Personen dies tatsächlich möchten oder weil sie sich gegenüber der jeweiligen Institution oder Person verpflichtet fühlen, Auskunft zu geben. In einer solchen Situation war ich, als ich meinen Ko-Autor Gabriel Samateh kennenlernte, der mir völlig spontan nach einem Interview mit einer Sozialarbeiterin einer Asylunterkunft vorgestellt wurde. Der Kontakt zwischen Gabriel und mir war zunächst sehr distanziert, was mitunter

---

3   Ob mit Geflüchteten überhaupt Interviews aufgenommen werden sollten, wird aktuell innerhalb der Flucht_Migrationsforschung vielfach diskutiert (siehe z.B. Block et al. 2013; Crawley/Skleparis 2018).

auch an der Art der Bekanntmachung lag. Die Sozialarbeiterin sagte zu Gabriel, dass ich eine Forscherin wäre, die ihn jetzt auf eine Cola einladen würde und er ein bisschen von seiner Geschichte erzählen könne. Mir war diese Situation sehr unangenehm und auch Gabriel fühlte sich in dieser Rolle nicht wohl. Nachdem wir das Gelände der Asylunterkunft verlassen hatten, kamen wir an einem kleinen Supermarkt vorbei. Gabriel schnappte sich zwei Flaschen Cola aus dem Kühlschrank und bezahlte diese für uns. Er unterband jegliche Intervention von mir, dass ich mein Getränk selbst zahlen könnte und entgegnete, dass er auf keine Almosen angewiesen sei. Was anfangs sehr holprig begann, entwickelte sich im Laufe der Jahre auch zu einer Freundschaft, aus der schließlich eine Ko-Autorenschaft im Rahmen eines Beitrags für einen Sammelband entstand.

Der Anspruch meiner Forschung war es mit den Forschungs- sowie Schreibpartner*innen in den Dialog zu treten und nicht nur ihre Geschichte »abzugreifen« wie etwa im Sinne eines »knowledge grabbing« (Hutta et al. 2013: 164). Der Einbezug meiner Forschungsgegenüber ging einher mit einer Anerkennung ihrer Kompetenz als Expert*innen von Flucht_Migration und ihrer eigenen Biografie. Als Forschungspartner*innen bezeichne ich deshalb all die Personen, mit denen ich geforscht habe und die dazu bereit waren, mit mir in der Forschung zu interagieren. Damit designiere ich diese nicht als passiv Befragte und betone gleichzeitig, dass Wissensproduktion ein situativer Interaktionsprozess ist, in welchem »die Beforschten« aktiv an der Wissensproduktion beteiligt waren, wenn auch in anderem Maße als ich als Forschende. Als Schreibpartner*innen bezeichne ich all diejenigen, die sich im Rahmen der Forschungspartnerschaft mit schriftlichen Kommentaren, Interpretationen und Ko-Autor*innenschaften eingebracht haben. Diese offen-dialogische Ausrichtung der Forschungs- sowie Disseminationssituation schafft auch bessere Voraussetzungen dafür, in der Situation selbst auf unerwartete Wendungen und mögliche Risiken angemessen einzugehen, sowohl vom Standpunkt der Forschenden als auch von dem der Forschungs- und Schreibpartner*innen aus (vgl. auch von Unger 2018).

Das Abwägen von Risiken und Vorteilen sehe ich als wichtiges ethisches Prinzip, da Forschung innerhalb des Kontextes von Flucht_Migration auch »gefährliches« Wissen produzieren kann, wie die Migrationsforscherin Christina Clark-Kazak betont: »Researchers should think carefully about the messaging that will be disseminated through interactions with media and policy makers. Researchers must also consider how their mere presence in a specific location might heighten risks for workers and those in situation of forced migration« (Clark-Kazak 2019: 14f.). Deshalb ist es wichtig, die möglichen Folgen für die Forschungs- und Schreibpartner*innen immer mitzudenken. Eine Frage, die wir immer Hinterkopf behalten sollten, ist, wie die Medien und Behörden veröffentlichte Ergebnisse nutzen könnten. Viele der Geflüchteten, die ich in Malta kennenlernte, haben bereits vor der Begegnung mit mir mit zahlreichen anderen Personen über ihre Situation gesprochen. Das waren NGO-Mitarbeitende, Behörden, aber natürlich auch andere Forschende. Was passiert nun, wenn die Geschichten der Geflüchteten, die wir erheben oder die wir mit ihnen gemeinsam schreiben, sich von denen unterscheiden, die den Behörden vorliegen? Je nach Vertrauensverhältnis können die Erzählungen der Betroffenen ausführlicher sein. Und das kann im schlimmsten Fall dazu führen, dass eine Person ihren Anspruch auf ihren Schutzstatus verliert oder schlechtere Chancen in laufenden Verfahren hat. Besonders in Malta, einem verhältnismäßig kleinen Inselstaat, sind Personen aufgrund der permanenten Ko-Präsenz der Akteur*innen leichter identifizierbar wie beispielsweise in Deutschland (vgl. Otto/Nimführ 2019: 74f.).

Sollten Publikationen an den jeweiligen Forschungs- oder Lebensorten der Ko-Autor*innen öffentlich zugänglich sein, sollte der Aspekt der Auswirkungen der relativen Kleinheit mitgedacht werden. Nach Veröffentlichung eines englischsprachigen Buchkapitels mit den Ko-Autor*innen Laura McAdam-Otto und Gabriel Samateh wurden wir mit einer solchen Situation konfrontiert. In den sozialen Medien wurde unser Kapitel diskutiert und erregte somit auch das Interesse eines ehemaligen Interviewpartners, dem damals amtierenden maltesischen Integrationsminister. Er kontaktierte mich persönlich via E-Mail und erläuterte seine Unzufriedenheit mit unserer Darstellung der maltesischen Integrationspolitik. Nachdem er ein Interview, das Laura und ich 2015 gemeinsam mit ihm geführt hatten, abgebrochen hatte, bot er uns nun ein weiteres Interview zur Klärung an. Die ersten Fragen, die mir beim Lesen dieser E-Mails durch den Kopf gingen, waren: »Haben wir gründlich genug anonymisiert? Lässt sich zurückverfolgen, wer Gabriel ist?« Glücklicherweise hatten wir vor der Publikation entschieden, auch bei der obligatorischen Autor*innenbiografie des Buches nur eine sehr knappe Notiz zu schreiben und den Sachverhalt der Pseudnonymisierung zu klären: »The author has opted for a pseudonym, fearing that this co-authorship could jeopardise his status. Therefore, no further biographical information is given here« (Nimführ/Otto/Samateh 2020: xiii).

9.3 Ko-Autor*innenschaften und Schreibpartnerschaften

Das Forschungsprojekt, in welchem die Idee des gemeinsamen Schreibens entstand, war grundsätzlich durch partizipative und nicht-partizipative Elemente gekennzeichnet. Ich habe versucht, Machtasymmetrien im Forschungsprozess zu reduzieren, indem ich (geflüchtete) Forschungspartner*innen durch verschiedene partizipative Elemente aktiv in den Prozess der Wissensproduktion einbezogen habe (vgl. Nimführ 2020b). Dies schloss auch die Dissemination und Publikation in Form von Ko-Autor*innenschaften mit ein.

Bei allen Ko-Autor*innenschaften überließen die Ko-Schreibenden die primäre Ausgestaltung des Anonymisierungs- bzw. Pseudonymisierungsprozesses mir – in der Regel mit Ausnahme der Auswahl ihres eigenen Pseudonyms. Entscheidungen und Überlegungen zur De-Identifizierung von Daten, die in diesem Kapitel dargestellt werden, sind deshalb hauptsächlich von mir geprägt. Ich bemühte mich zwar stets um Einbezug und Rücksprache mit den Ko-Autor*innen, dennoch war die Rollenverteilung diesbezüglich im Schreibprozess relativ vorgegeben und starr: Einige Ko-Autor*innen brachten sich mehr ein, andere weniger. Dies löste bei mir zuerst ein Unbehagen aus, wie es auch Aaron Malone (2020) beschreibt, da ich zunächst eine universelle gleichberechtigte Beteiligung anstrebte, was aus verschiedenen Gründen nicht möglich war. Immer noch überzeugt von der Idee, dass es für einen dekolonialen Ansatz wichtig ist, die Dichotomie zwischen mir als Forscherin und den Schreibpartner*innen aufzulösen, löste ich mich von der idealisierenden Vorstellung, dass Zusammenarbeit und in diesem Fall Zusammenschreiben bedeutet, dass »jede*r alles macht« (vgl. auch Nimführ 2022).[4] Die Forschungspartner*innen schätzten meine Idee des gemeinsamen Schreibens und Analysierens. Die meisten von ihnen konnten jedoch nicht die notwendigen zeitlichen und technischen Ressourcen für dieses Projekt aufbringen. Das Nicht-mitschreiben-Wollen war in vielen Fällen also eher durch ein Nicht-mitschreiben-Können begründet (vgl. Nimführ 2020a: 112). Ähnlich wie bei Forschungspartnerschaften kann auch die Teilnahme bei gemeinsamen Schreibprojekten vom symbolischen bis vollständig kollaborativen

---

4   Es sollte nicht vergessen werden, dass die Interessen von Forscher*innen und Forschungspartner*innen, wie in meiner Forschung, nicht immer die gleichen sind und dass der individuelle Grad der Beteiligung oder Nichtbeteiligung immer eine freie Entscheidung der Forschungspartner*innen sein sollte (vgl. auch Gustafson et al. 2019).

Schreiben reichen (vgl. hierzu auch Lenette 2022: 65). Vor allem geflüchtete Forschungspartner*innen befanden sich in prekären Lebenssituationen, so dass das gemeinsame Schreiben eines Artikels oder gar eines Buches verständlicherweise weniger Priorität hatte als die Arbeit an lebenswichtigen Themen, wie die Vorbereitung auf eine neue Asylanhörung oder das Zusammentragen notwendiger Dokumente für eine Wiederaufnahme des Asylverfahrens. Ganz zu schweigen von den Herausforderungen der schwierigen Kinderbetreuung und der Mehrfachbeschäftigung (vgl. Nimführ 2020a: 112).

Folglich haben wir gemeinsam verschiedene Grade der Schreibbeteiligung ausgehandelt. Mit diesem Ansatz werden die Forschungspartner*innen auch in ihrer Handlungsfähigkeit wahrgenommen und können selbst entscheiden, ob sie mitschreiben oder nicht, anstatt sie als ausschließlich vulnerable Personen zu stigmatisieren, die von den Forscher*innen geschützt werden müssen. Die Sozialwissenschaftlerin Caroline Lenette argumentiert in diesem Zusammenhang, dass »[i]n refugee studies [...] the focus on cross-cultural differences and the ›vulnerable‹ label associated with people who have experienced forced migration assumes a unidirectional, top-down model of power relations« (Lenette 2022: 81), so dass kollaborative Ansätze durch die Vulnerabilisierung ihre eigentliche Intention untergraben und Machtungleichgewichte aufrechterhalten können, die der Forschung ohnehin inhärent sind, anstatt sie aufzubrechen (vgl. hierzu auch Blank 2023).

Wie eingangs erwähnt ergab sich der kollaborative Ansatz meines Projekts eher zufällig und aus der Initiative der Personen, mit denen ich interagierte. Während einer teilnehmenden Beobachtungsphase nahm ein Gesprächspartner meinen Stift in die Hand und fragte, ob er das Diagramm, das ich in meinem Forschungstagebuch gezeichnet hatte, umstrukturieren könne. Ich war zunächst skeptisch, aber dann gab ich ihm den Stift. Ermutigt durch andere ähnliche Begegnungen und Initiativen des Mitschreibens und Kommentierens beschloss ich, interessierte Gesprächspartner zu bitten, meine Notizen zu lesen und zu kommentieren, um eine kontinuierliche Diskussion der Analyse anzuregen. Die Entscheidung darüber, welche Notizen und Kommentare meiner Forschungspartner*innen ich für die Analyse verwenden und wie ich sie interpretieren würde, lag jedoch allein bei mir. Daher habe ich in einer späteren Phase meiner Forschung das Veröffentlichungsmaterial mit den Forschungspartner*innen besprochen, bevor es publiziert wurde. In einem Fall waren Forschungspartner*innen mit meiner Formulierung unzufrieden und baten um Änderungen an einem Absatz, wie ich in diesem Kapitel noch ausführen werde. Das brachte mich auf die Idee, gemeinsam zu schreiben, so dass ich begann, Texte gemeinsam mit meinen Forschungspartner*innen (mit und ohne Flucht_Migrationsgeschichte) zu verfassen. Diese Form der Zusammenarbeit ermöglichte es, einen produktiven Dialog zwischen den Forschungspartner*innen und mir als Forscherin zu initiieren. Indem ich eine Ko-Autor*innenschaft mit den Personen aus dem Feld einging, wurden die Beiträge derjenigen, die an der Formulierung der schriftlich festgehaltenen Ideen beteiligt waren, anerkannt und sichtbar gemacht.

9.4 Anonymisierungs- und Pseudonymisierungsverfahren zwischen Schutz und Bevormundung

Vertraulichkeit und die Verschleierung der Identität von Forschungspartner*innen ist seit langem ein wichtiger und selbstverständlicher ethischer Grundsatz des ethnografischen Schreibens. Sowohl bei qualitativen als auch bei quantitativen Methoden werden die Daten in der Regel anonymisiert, manchmal durch Pseudonyme, manchmal durch eine groß angelegte Aggregation der Daten (vgl. McGranahan 2021). Derartige Vorgehen beruhen oft auf der ethischen und moralischen Prämisse, dass die Leben und Geschichten, die wir beforschen und von denen wir (gemeinsam) berichten, unter einem Versprechen gehalten werden müssen, nämlich der Schutz der Forschungs- bzw. Schreibpartner*innen: »[...] that promise being that we protect those who have shared with us« (Denzin 2017: 15).

Disziplinübergreifend wurden jahrzehntelang Pseudonyme für Personen und oft auch für Orte und Organisationen verwendet, um die Personen im Feld so zu schützen, dass sie keine negativen Auswirkungen für ihre Teilnahme an der Forschung erleiden und auch nicht für Worte oder Handlungen, die ihnen von den Forscher*innen zugeschrieben wurden. Diese Praxis blieb jahrelang fast unangefochten, so dass es kaum eine kultur- und sozialwissenschaftliche Forschung gibt, die die Verwendung von Pseudonymen in der Ethnografie in Frage stellt (vgl. McGranahan 2021). In den vergangenen Jahren ist allerdings ein Wandel zu beobachten, der auch maßgeblich von kollaborativen Schreibprojekten im Zuge dekolonialer Denkansätze geprägt ist. Im Rahmen der Debatte um Ethik und Transparenz im Forschungsprozess und für wen eigentlich geschrieben wird, funktionieren Argumente des Schutzes jedoch nicht immer, so Carolin McGranahan: »They [pseudonyms] can be paternalistic and colonial, as well as misguided in presuming a single solution to political consequences of naming and claiming, or even that a pseudonym offers suffici-

ent anonymity« (McGranahan 2021: o.S.). Dies zeigt, dass kulturell vorgegebene ethische Grundsätze wie Vertraulichkeit und Anonymität möglicherweise
nicht die Intersektionalität der Probleme von Personen in komplexen Lebens-
umständen und aus unterschiedlichen soziokulturellen Gruppen berücksichtigen (vgl. Obijiofor et al. 2016). Derartige Spannungen sind vor allem dann
relevant, wenn Studien oder Texte mit Forschungspartner*innen aus benach-
teiligten, stigmatisierten oder marginalisierten Gemeinschaften und in einer
»majority-world« (Kurtiş/Adams 2017) mit sprachlichen, soziokulturellen und
ethnischen Unterschieden durchgeführt bzw. geschrieben werden (vgl. Lenette 2022: 25; 80). Für Lesley Wood steht der Begriff der Anonymität deshalb
im Widerspruch zur Idee der Koproduktion von Wissen, es sei denn, es gibt
Sicherheitsüberlegungen im Zusammenhang mit der Identifizierung (Wood
2017: 3), wie im bereits aufgeführten Beispiel mit Ko-Autor Gabriel.

Während es im Zuge der *Writing Culture Debatte* eine umfassende Auseinandersetzung mit den Praktiken und Folgen des Schreibens bzw. Repräsen-
tierens gegeben hat (u.a. Abu-Lughod 2008; Clifford/Marcus 1986), werden in
wissenschaftlichen Ausarbeitungen – wenn überhaupt – die oben skizzierten
analytischen Überlegungen zu Fragen der Identifizierung der dargestellten
Personen und Ko-Autor*innen sowie Kontexte häufig nur im Rahmen einer
Fußnote oder eines kurzen Absatzes erläutert. Eine ausführliche Beschreibung des Anonymisierungs- bzw. Pseudonymisierungsprozesses findet in
wissenschaftlichen Texten bisher nur wenig Beachtung (vgl. Thomson et
al. 2005), obwohl es sich um eine zentrale Praxis bei empirischen Untersu-
chungen handelt, die die Repräsentation maßgeblich beeinflusst. Bisherige
wissenschaftliche Analysen zu Anonymisierungspraktiken thematisieren
in erster Linie Herausforderungen der Gewährleistung des Schutzes von
vulnerabilisierten Personen (vgl. Moore 2012), die Wichtigkeit, Anonymisierungspraktiken in Bezug auf kulturelle Kontexte zu setzen (vgl. Moosa 2013;
Reckinger 2010, 40f.) oder wie zu reagieren ist, wenn Personen es vorziehen,
nicht anonymisiert zu werden (vgl. Miller 2015).

Während die Verwendung von Pseudonymen zur Bezeichnung von Personen im Feld und den rahmenden Forschungskontexten die gängigste und
selbstverständlichste Form der Anonymisierung in der qualitativen Forschung
darstellt (vgl. Jerolmack/Murphy 2017), kann auch auf andere Ansätze der Verschleierung zurückgegriffen werden, wie z.B. die Veränderung biografischer
Informationen, die Verschleierung von Kontextmerkmalen oder die Erstellung
allgemeiner, zusammenfassender Analysen über reale Erfahrungen. Wie stark
diese Veränderungen und Ausblendungen geprägt sind, sollte individuell ent-

schieden werden. So entschied sich Ko-Autor Gabriel für eine Veränderung der Geschichte seines Ankommens und einer Minimalpreisgabe biografischer Informationen: »Gabriel Samateh grew up in Gambia and has been living in Malta since 2014. [...] Gabriel has already published on the situation of non-arrival in the Maltese island state and is interested in different forms of the legal and social exclusion of refugees at Europe's external borders« (Nimführ/ Otto/Samateh 2020: xiii). Ko-Autor Buba hingegen war es trotz Schreibens mit Pseudonym wichtig, auf den mit seiner Frau gegründeten Verein hinzuweisen, der bei genauer Recherche sodann sein Pseudonym aufdeckte (vgl. Nimführ/ Sesay 2019).

Durch die Veränderungen oder das Ausblenden bestimmter Informationen können wichtige Kontextualisierungen verloren gehen. So argumentiert Niamh Moore, dass eine Anonymisierung nie einfach ist, da diese in der Vergangenheit nicht (nur) Personen schützte, sondern insbesondere auch Frauen in Autor*innenschaften und dem Eigentum an ihren Worten ausschloss (vgl. Moore 2012: 332). Dieses Beispiel veranschaulicht, dass Verletzbarkeit nicht eine inhärente Bedingung für alle Forschungssubjekte sein muss. Stattdessen kann es auch durchdachte, ernsthafte und ethische Gründe geben, warum wir den tatsächlichen Namen einer Person in unserer Forschung oder im Rahmen von Ko-Autor*innenschaften verwenden sollten, nämlich um die Geschichte und die Beiträge der jeweiligen Person sowie die Anerkennung ihres Wunsches, namentlich genannt zu werden, zu würdigen (vgl. McGranahan 2021).

Im Folgenden erörtere ich, wie ich versucht habe, auftretende Herausforderungen beim kollaborativen Forschen und Schreiben zu bewältigen und gebe Beispiele wie ich in Bezug auf die Anonymisierung von Namen von Personen, Namen von Institutionen und Ortsnamen sowie biografische Informationen vorgegangen bin.

9.4.1 Anonymisierung von Personennamen

Die Anonymisierung von Personen geht weit über die einfache Änderung des Namens hinaus, da Namen viel über einen Menschen aussagen. Ich habe mich gegen eine einfache Anonymisierung mittels Nummerierung oder Initialen entschieden. Mit ein Grund hierfür war, dass meine Gesprächspartner*innen nach Ankunft in Malta während ihrer Haftzeit mit einer Identifikationsnummer versehen wurden, die sogenannte »Bootsnummer«. Während die Praxis von Nummerierungen den Behörden hilft, Geflüchtete zu verwalten, bedeutet dies gleichzeitig für Geflüchtete, dass ihre Namen keine primären Kennzeichen mehr sind, nachdem sie Malta erreicht haben. Darüber hinaus wird ein Teil ihrer persönlichen Geschichte – die Erfahrung der Flucht_Migration – unfreiwillig offenbart, da die Bootsnummer ein Schlüsselaspekt in ihrem Leben in Malta darstellt. Wo auch immer Geflüchtete auf die maltesische Bürokratie angewiesen sind, werden sie auf ihre Bootsnummer reduziert. Dies zeigte sich auch während einer Beobachtungsszene, als ich in der Wartehalle des Polizeipräsidiums auf einen Interviewtermin wartete. Ein Mann bat am Aufnahmeschalter um einen Gesprächstermin. Er nannte seinen Namen und der Mitarbeiter verwies jedoch umgehend auf seine Bootsnummer. Auch im alltäglichen Leben nehmen die Geflüchteten immer wieder Bezug auf ihre Bootsnummer, die sie quasi als »Bootsfamilie« zusammenfasst.

Ein weiterer Grund gegen eine Nummerierung oder Initialisierung stellte der Verlust der Individualität der Geflüchteten dar, da durch eine Pseudonymisierung relevante Details und Nuancen der Namen, mit denen sich die Forschungspartner*innen identifizierten, verloren gingen. Des Weiteren erleichtern Namen die spontane Einschätzung des jeweiligen Menschen (vgl. hierzu auch Reckinger 2010: 40). Dem Namensforscher Luis Ramón Campo Yumar zufolge ist die Wahl des Vornamens nicht nur eine Frage des Geschmacks der Eltern, sondern stellt häufig auch eine Frage der Soziolinguistik des jeweiligen Herkunftslandes dar (Campo Yumar 2020: 80). In einigen Fällen habe ich die Forschungs- und Schreibpartner*innen direkt um gewünschte Pseudonyme angefragt. Diese wichen manchmal erheblich von ihrem eigenen Namen ab, z.B. wählten sie Namen ohne religiöse Bedeutung oder aus einem anderen Herkunftsland. In anderen Fällen habe ich versucht, Vor- und Nachnamen zu wählen, die eine ähnliche Bedeutung aufweisen wie die realen Namen der Forschungs- und Schreibpartner*innen. Das heißt, dass Pseudonym und realer Name sprachlich eine ähnliche Herkunft haben und je nach Möglichkeit in der jeweiligen Generation ähnlich häufig im jeweiligen nationalen oder regionalen Kontext auftreten (vgl. Reckinger 2010: 40). Dies erforderte eine aufwendige Konstruktions- und Recherchearbeit. So habe ich z.B. maltesische Nachnamen durch andere maltesische Nachnamen ausgetauscht und nicht aus Frau Mifsud, Frau Müller gemacht oder Namen mit einer religiösen Konnotation beibehalten, also aus Fatma wurde dann z.B. Hatice, aber nicht Julia. Bezogen auf meine Ko-Autoren unterschied sich die Pseudonymisierungspraxis. Buba suchte sich seinen Namen selbst aus und entschied sich dabei für den Namen und die Schreibweise, mit dem er in seinem Heimatdorf bekannt war. Gabriel überließ die Auswahl seines pseudonymisierten Nachnamens mir und segnete diesen am Ende nur ab. Das ausgewählte Pseudonym seines Vornamens wählte er hingegen selbst aus, wobei dieses stark von seinem realen Namen abweicht, da dieser nur sehr selten vorkommt und er jedmögliche Identifizierungsmöglichkeit ausschließen wollte.

Im Zuge meiner Überlegungen zu Pseudonymisierungen von Repräsentant*innen diverser Institutionen ist mir aufgefallen, dass in vielen ethnografischen Studien institutionelle Akteur*innen oder wichtige Amtsinhaber*innen mit Vor- und Nachnamen genannt, während Geflüchtete in denselben Studien häufig nur mit einem Vornamen präsentiert werden. Diese Repräsentationspraxis wollte ich nicht fortführen. Das andauernde Aufführen der Personen mit all ihren Namen fand ich aber auch unpraktisch. Anonymisierungen lassen sich dem Kulturwissenschaftler Persson Perry Baumgartinger zufolge als situierte soziale und politische Praxis begreifen (vgl. Baumgartinger 2014: 107ff.). Dies zeige sich, so Baumgartinger, bereits bei der Abbildung der (interpretierten) zwischenmenschlichen Beziehungen zwischen Protagonist*innen und Forschenden (ebd.). Gesprächspartner*innen, die ich in verfassten Texten namentlich genannt habe, habe ich bei erstmaliger Nennung sowohl mit ihrem Vor- als auch Nachnamen genannt. Einige Forschungs- und Schreibpartner*innen haben mich während unseres Kontaktes geduzt, weshalb ich bzw. wir sie nach der Erstnennung nur noch mit dem Vornamen benannt habe/n. Dies ist unter anderem auch auf den kontinuierlichen, über Jahre andauernden Kontakt zu den entsprechenden Personen zurückzuführen. Die hier angewandte Benennungspraxis schließt geflüchtete und nicht-geflüchtete Akteur*innen ein. Personen, mit denen ich nicht »per Du« war, habe ich ausnahmslos und durchgängig mit ihrem vollen Namen benannt. Diese Vorgehensweise wurde auch im Rahmen von kollaborativ angefertigten Texten übernommen.

9.4.2 Anonymisierung von Namen der Institutionen

Ähnlich gestaltete es sich bei den verschiedenen Institutionen, die ich für Interviews aufgesucht hatte. Je nach Mitwirkungs- und Anerkennungsgrad einer Nichtregierungsorganisation (NGO) im »Spielfeld der internationalen Politik« (Furtak 2015: 17) genießen bestimmte Organisationen die Position zu »eine[r] Art Elite« (ebd.: 22) zu gehören. NGOs lassen sich nach Tätigkeitsschwerpunkten oder dem Grad an Politikimplementierung unterscheiden. Diese verschiedenen Typen von NGOs, die sich mit bekannten Namen quasi gleichsetzen, lassen sich nur schwer pseudonymisieren, ohne den Bekanntheits- sowie Anerkennungsgrad zu verlieren. So wird mit *Amnesty International* umgehend eine Menschenrechtsorganisation verbunden und der *World Wide Fund for Nature* wird sofort mit Umweltschutz in Verbindung gebracht. Deshalb fragte ich bei den jeweiligen Institutionen an, ob ich den Organisations- oder Abteilungsnamen nennen dürfte und lediglich die Namen der Interviewten pseudonymisieren solle. Von behördlicher Seite, aber auch von den meisten NGOs, erhielt ich die Erlaubnis, den offiziellen Namen der Institution zu nennen.

Zu Beginn meiner Forschung war ich noch fest davon überzeugt, dass ich insbesondere bei institutionellen Akteur*innen mit ihrer Zustimmung die richtigen Organisationsnamen verwenden würde, um Teile des Grenzregimes, die über Intransparenz funktionieren, nicht zu reproduzieren und damit auch umstrittene Praktiken unsichtbar zu machen. Am Ende habe ich mich aber trotz Zustimmung für eine umfassende Anonymisierung entschieden, da mir im Verlauf meiner Forschung klar wurde, dass einige Mitarbeitende von NGOs, aber auch Behörden, die Reichweite meiner Forschung nur schwer einschätzen konnten und dies für sie womöglich Konsequenzen hätte haben können. Ich wusste zum Zeitpunkt meiner Erhebung selbst nicht genau, wieviel Aufsehen meine Studie erregen könnte. So war ich sehr überrascht, dass nach Veröffentlichung meines Buches zum besagten Forschungsprojekt im Bibliothekskatalog ein Erwerb durch das Bundesverfassungsgericht Karlsruhe vermerkt war. Womöglich hat der Titel meiner Monografie – »Umkämpftes Recht zu bleiben« – die Aufmerksamkeit des Justizapparats erregt.

Unter meinen Ko-Autoren und Schreibpartner*innen herrschte bezüglich der Anonymisierung institutioneller Akteur*innen Unstimmigkeit. Während Buba am liebsten die Namen seiner »Peiniger« genannt hätte, wollte Gabriel unter keinen Umständen eine Verbindung zwischen den genannten Amtsträger*innen und seiner Person herstellen. Schreibpartner*innen, die NGOs angehörten, änderten ihre Meinung im Verlauf des Publikationsprozesses. Die Hilfsorganisation, bei der ich mich während meiner Forschungsaufenthalte monatelang engagierte, bestand zunächst sogar darauf, dass ich die Institution namentlich in meinen Aufzeichnungen nenne, um ihr Mitwirken in Form der Ermöglichung meiner Freiwilligenarbeit publik zu machen. Allerdings änderte sich der Wunsch der namentlichen Nennung, nachdem ich den Entwurf einer bevorstehenden Publikation im Sommer 2016 der Hilfsorganisation per Mail zuschickte. Da ich meine interpretierten Daten auch wieder zurück ins Feld spielen wollte, schickte ich vor dem Einreichen des Artikels meinen Beitragsentwurf an den Teamleiter der Hilfsorganisation sowie an zwei Ehrenamtliche. Nach wenigen Tagen erhielt ich eine Antwort des Teamleiters, dass er

mit dem Direktor der Hilfsorganisation sprechen müsse, welche Rolle die NGO
in meiner Forschung spiele, da es nicht so aussehen soll, dass sie ihre Rolle als
Hilfsorganisation missbrauchen, indem sie Volunteers die Möglichkeit geben,
außerhalb des Interesses der NGO, im Rahmen der NGO-Volunteer-Rolle zu
forschen:

> »I will need to consult with our Director about the role the Refugee Sup-
> port Service played in the research... mainly because we have sensitive rela-
> tions with authorities that give us privileged access to beneficiaries of our
> services... and I do not want it to look as if we abuse our position and ac-
> cess by allowing volunteers to be following an outside interest under the
> NGO volunteer role. There may need to be a clearer separation of these 2
> roles. I have copied Elisabeth in to check with her and ask her opinion also.«
> (E-Mail_GC160621)

Die Nachricht irritierte mich zunächst. Von Beginn an, bereits bei der ersten
Kontaktaufnahme mit der Hilfsorganisation, hatte ich meine Forschungsinteressen transparent gemacht. Während meines zweiten Forschungsaufent-
haltes bot mir die Hilfsorganisation an, mich neben meiner Forschung auch
als Freiwillige in der Organisation zu engagieren. Eine ähnliche Rolle übte zur
gleichen Zeit eine Studentin aus, die im Rahmen ihrer Masterarbeit eine Forschung über die Zusammenarbeit der NGOs in Malta anfertigte. Ich machte
mir Gedanken, ob ich meine Rolle als Forscherin richtig artikuliert hatte und
ob ich mich in meinen Rollen als Forschende und Freiwillige richtig verhalten
hatte. Bereits am nächsten Tag meldete sich die Ehrenamtliche bei mir. Der
Beitrag wäre gelungen, allerdings würde sie mich stellvertretend für die Hilfsorganisation bitten, einen Satz zu ändern, da dies insbesondere dem Wunsch
der Managementabteilung entspräche:

> »Thanks for sending us your article, it looks good and is very informative.
> George has emailed you regarding an area of concern, and I hope you don't
> mind but I have just reworded some of the parts to make it more acceptable
> to us, and more importantly to our management! See below. Hope this is
> ok with you and please send back the edited version. Well done for all your
> work!« (E-Mail_EA160622)

Ich glich meinen Absatz mit dem Entwurf von Elisabeth ab. Tatsächlich be-
inhaltete mein Absatz eine gewisse Zweideutigkeit. Ich führte dies darauf zurück, dass Englisch nicht meine Erstsprache ist und ich deshalb vermutlich die
falschen Worte gewählt hatte:

»You are definitely right, my wording was misleading which may be caused by the fact that I'm not writing in my first language and that sometimes only a few words can lead to manifold interpretations.« (E-Mail_SN1606222)

Ich habe daraufhin den gewünschten Absatz wortgleich übernommen, da ich die Organisation nicht in Schwierigkeiten bringen wollte. Allerdings brachte mich diese Situation zum Nachdenken darüber, wie sinnvoll eine Nicht-Anonymisierung der Institutionen ist, obgleich ich deren Erlaubnis dazu hatte. Zum einen schienen George und Elisabeth die Reichweite meiner Forschung unterschätzt zu haben, zum anderen zeigte sich in diesem Moment, welche Konsequenzen die Kleinheit Maltas mit sich bringen konnte: Es kann schnell herausgefunden werden, wer mir welche Information gegeben hat, da es jede Organisation nur einmal auf der Insel gibt und Personen in leitenden Funktionen bekannt sind. Besonders beim Zugang zum *Open Center* und dem *Detention Center* konkurrierten die NGOs darin, mögliche Beratungsangebote für Geflüchtete anbieten zu können. Eine Freiwillige einer NGO, die außerhalb des Interesses der Hilfsorganisation Forschungen durchführte, hätte zu Missverständnissen führen können, die Konsequenzen für das Vertrauensverhältnis zwischen der Hilfsorganisation und dem Staatsapparat hervorrufen hätte können. So übernahm ich den überarbeiteten Textabsatz von Elisabeth in meinen Beitrag auf und ließ das Team der Hilfsorganisation gleichzeitig an meinen Gedanken zur Nicht-Anonymisierung teilhaben:

»This situation made me think about, if I really should use the names of the organizations I was interviewing, even if I have the permission of nearly all to do so (only few particularly asked me to anonymize). All has its pros and cons. I think it might be better to anonymize all the organizations I have talked to. Unless you (or the management of the MHWO) don't want me to do so, I would also anonymize your NGO and appoint my involvement as volunteering at an international, humanitarian NGO.« (E-Mail_SN160719)

Diese Situation brachte mich zum Nachdenken darüber, wie sinnvoll eine Nicht-Anonymisierung der Institutionen ist, obgleich ich deren Erlaubnis dazu hatte. Nach einem Gespräch haben wir uns dann gemeinsam auf eine Anonymisierung der Hilfsorganisation geeinigt. Im Anschluss daran entschloss ich mich, sämtliche Institutionen und Personen im Rahmen der jeweiligen Möglichkeiten zu pseudonymisieren, auch wenn diese mir explizit die Zustimmung für die namentliche Nennung gegeben hatten.

Da ich nicht allen Akteur*innen meine Beitragsentwürfe zuspielte und nicht absehen konnte, ob die Interpretationen meiner Erhebungen auch für weitere Organisationen nicht intendierte nachteilige bzw. schadenanrichtende Folgen haben könnten, entschloss ich mich zur Pseudonymisierung ausnahmslos aller Akteur*innen. Für Malta gestaltete sich dies aber besonders herausfordernd, da es sich um einen kleinen Inselstaat handelt. Die Kleinheit bedeutete nicht nur, dass sich Wege immer wieder kreuzten, sondern auch, dass gewisse Positionen nur einmal vergeben waren. Die Ministerien waren überschaubar und hatten nur wenig Mitarbeitende. Auch bei noch so ambitionierten Pseudonymisierungsversuchen ließ sich in bestimmten Fällen die jeweilige Institution identifizieren. In Bezug auf mein Forschungsthema kam vor allem der Person, die an den Asylentscheidungen maßgeblich beteiligt ist, eine bedeutende Rolle zu. Aufgrund der hohen symbolischen Bedeutung innerhalb des Forschungskontextes war diese*r Amtsinhaber*in kaum anonymisierbar. Hinsichtlich der allgemein ihn*sie betreffenden Aussagen habe ich die Funktion des Amtes nicht verändert, den Namen der amtsinnehabenden Person allerdings schon. Womöglich lässt sich diese aber unter ortskundigen Personen dennoch identifizieren.

9.4.3 Anonymisierung von Ortsnamen

Auch die Anonymisierungen von Städten, Orten und Schauplätzen des physischen Raums gestaltete sich kompliziert. Die Relegation in periphere Räume, aber auch die aktive Raumnutzung der Geflüchteten sowie bestimmte »Ortseffekte« (Reckinger 2010, 40) der maltesischen Städte oder jeweiligen *Open Center* sind für die alltäglichen Lebensgestaltungen der Geflüchteten zentral. Es ist nicht unerheblich in welcher Stadt die Geflüchteten lebten oder arbeiteten, da diese auch mit Zuschreibungen versehen waren, wie z.B. dass *St. Julians* als Tourist*innenhochburg gilt und *Msida* beispielsweise als kosmopolitischer *Melting Pot*. Gleichzeitig wusste ich, dass aufgrund der Kleinheit des Inselstaates über bestimmte Wohn- und Arbeitsorte schnell Rückschlüsse auf die Forschungs- und Schreibpartner*innen gezogen werden und diese dann trotz meiner Pseudonymisierung »enttarnt« werden könnten. Ich habe mich daher – auch auf expliziten Wunsch der Forschungs- und Schreibpartner*innen – dazu entschieden, die Ortsnamen und Schauplätze zu anonymisieren, was folglich nicht ohne Verzerrungen möglich gewesen ist. Mit Ausnahme größerer Städte, wie die maltesische Hauptstadt Valletta oder die italienische

Hauptstadt Rom, habe ich alle Orte und Schauplätze durch fiktive oder andere Ortsnamen ersetzt.

9.4.4 Anonymisierungs- und Pseudonymisierungsverfahren als erste Interpretation

Baumgartinger versteht »Anonymisierung als politische Praxis« (Baumgartinger 2014: 105), da die Namen nicht in einem ahistorischen, wertfreien Raum stehen. Das von mir angewandte Anonymisierungs- bzw. Pseudonymisierungsverfahren ist deshalb als erste Interpretation zu verstehen, da es in einem bestimmten sozialen Feld stattfindet. Obgleich der in meiner Forschung ausgeführte Pseudonymisierungsprozess auf einer aufwändigen Konstruktions- und Recherchearbeit fußte, spielten mein spezifischer Wissensstand und auch disziplinäre Konventionen eine zentrale Rolle. Das Ersetzen von Namen, Berufen, Orten und Institutionen ist beeinflusst von gesellschaftlichen Wertungen und Hierarchisierungen und meinen daraus resultierenden Zuschreibungen. Besonders bei Berufen, denen unterschiedliches Prestige sowie ein hierarchischer Status und Bildungsstand zugeschrieben wird, kommt es zu ersten Interpretationen. So würde ich den Beruf von Gabriel, ein studierter Ingenieur, nicht durch den Ausbildungsberuf eines Mechanikers ersetzen, obgleich es eventuell thematische Überschneidungen der Berufsgruppen gibt. Diese Nuancen und Hintergründe, sowohl bei institutionellen Akteur*innen als auch bei den Geflüchteten, wurden durch meine Vorgehensweise reduziert bzw. manche gingen auch komplett verloren. Das zeigt eben auch, dass Forschung und Repräsentation begrenzt und immer von Aushandlungen geprägt sind. Dabei spielt auch eine Rolle, vor welchem Hintergrund Anonymisierungs- oder Pseudonymisierungverfahren geschehen: Wenn »Interaktionen, Gespräche und Agieren der Akteur*innen im Vordergrund« (vgl. Otto 2021: 79) der Analyse stehen und keine Einzelfallporträts, kann oder muss sogar die oben aufgeführte Reduktion von Informationen in Kauf genommen werden.

9.5   Für eine feministische Ethik der Namensgebung

Meine Reflexionen haben gezeigt, dass Anonymisierungs- und Pseudonymisierungsverfahren in der Praxis keinen Automatismus innehaben, der nach dem Motto »one size fits all« funktioniert. Für mich waren Anonymisierungen und Pseudonymisierungen ein ständiger Aushandlungsprozess: Manchmal haben wir, die Ko-Autoren und ich, einen Teil der Integrität der Daten geopfert, um die Anonymität zu maximieren, und manchmal haben wir riskiert, die Anonymität zu gefährden, um die Integrität der Daten zu erhalten. Um ein notwendiges Gleichgewicht zu finden, empfiehlt es sich, die Forschungs- und Schreibpartner*innen in das Anonymisierungs- und Pseudonymisierungsvorgehen nach Möglichkeit miteinzubeziehen. Ob und wie Forschungsdaten und Namen anonymisiert bzw. pseudonymisiert werden können und sollen, ist in hohem Maße kontextabhängig. Gerade deshalb ist es wichtig, dass sich Forscher*innen und Schreibpartner*innen vor Beginn eines Schreibprojektes überlegen, wie sie mit der Anonymisierung umgehen wollen – und zwar immer wieder aufs Neue. Wenn möglich, sollten sich Forschende zudem in verschiedenen Phasen der Forschung sowie des Publikationsprozesses mit den Schreibpartner*innen darüber beraten, was ihrer Meinung nach die richtige Strategie für die Anonymisierung wäre – auch wenn das bedeutet, dass ihre Präferenzen nicht immer berücksichtigt werden können. Ohne paternalistisch zu agieren, kann es aber durchaus Situationen geben, wie ich aufgezeigt habe, in denen bedacht werden sollte, dass Forscher*innen berufliche Pflichten haben (vgl. Verordnung (EU) 2018/1725) und in Bezug auf Anonymität geschult sind, die Kollaborationspartner*innen jedoch möglicherweise nicht. Dennoch wird die Diskussion zwischen Forscher*innen und Forschungs- und Schreibpartner*innen somit zu einem wesentlichen Bestandteil der Aushandlung des Grades der Anonymisierung oder ihrer Aufhebung unter bestimmten Umständen geprägt sein – ein Prozess, der wertvoll, aber auch zeitaufwändig ist und bei Projekten, die solche Ansätze verfolgen, wiederum einkalkuliert werden sollte.

Basierend auf meinen Ausführungen schlage ich vor, sich in den verschiedenen Schreibphasen mit den Forschungspartner*innen und Ko-Autor*innen darüber auszutauschen, welche Anonymisierungsstrategie sie bevorzugen würden. Häufig lässt sich die Komplexität der Anonymisierung bzw. Pseudonymisierung von Ko-Autor*innen zu Beginn einer Zusammenarbeit nicht vollständig erörtern, weshalb ich die finale Entscheidung diesbezüglich vor einer möglichen Publikation nochmals gemeinsam besprechen würde. Dennoch sollten wir uns in Anlehnung an Alexandra Panos und Jessica Lester bewusst machen, dass wir unsere Forschungspartner*innen und Ko-Autor*innen womöglich nie vollständig schützen können oder je nach Situation auch gar nicht müssen (vgl. Panos/Lester 2021: 787). Die Sorge um Anonymität und die De-Identifizierung von Daten als »normalisierte« Notwendigkeit spiegelt Annahmen über die Art der Verletzbarkeit der Forschungspartner*innen und Ko-Autor*innen wider (vgl. Lenette 2022: 81). Die Fokussierung auf das Label »Verletzbarkeit« von Personen, die Flucht_Migration erlebt haben, geht von einem unidirektionalen, von oben nach unten gerichtetem Modell der Machtbeziehungen aus, das eine dekoloniale Denkweise untergräbt. Anstelle anzunehmen, dass Anonymisierung und Schutz gleichbedeutend sind, schlagen Panos und Lester deshalb die Anerkennung eines relationalen Schutzes vor, um einen Forschungs- und Schreibprozess zu schaffen, der die Besonderheit, die Gerechtigkeitsorientierung und das Politische der Arbeit in verschiedenen Kontexten würdigt, die zwangsläufig immer in Beziehung zu anderen Orten und Zeiten stehen (vgl. Panos/Lester 2021: 787).

Schlussfolgernd möchte ich festhalten, dass ich eine Neuausrichtung der Anonymisierungsdebatte für notwendig erachte: weg von der Annahme, dass Anonymität als ethische Notwendigkeit fungiert, hin zu einer Diskussion über die Ethik der Namensgebung, die gemeinsam mit den Schreibpartner*innen geführt wird. Dieses Verständnis knüpft an Konzeptionen einer feministischen Fürsorgeethik – *care of ethics* – (Gilligan 2008) oder einer Ethik der Achtsamkeit (Conradi 2001) an, die sich induktiv und kontextbezogen sowie interrelational auf eine Vielfalt von Stimmen und Beziehungen stützen. Anstatt von einer Ethik der Schadensvermeidung zu einer paternalistischen Vorstellung von Schutz abzuleiten, ließen sich mithilfe eines partizipativ-inklusiven Ansatzes Fragen der Namensgebung in Ko-Autor*innenschaften emanzipativ und produktiv erörtern. Auch wenn die asymmetrische Beziehung zwischen Forschenden und Schreibpartner*innen womöglich nie vollständig aufgehoben werden kann, kann zumindest auf eine gleichberechtigte Mitsprache aller Beteiligten im Rahmen von Anonymisierungs- und Pseudonymisierungsprozessen hingearbeitet werden.

Literaturverzeichnis

Abu-Lughod, Lila (2008): Writing Women's Worlds: Bedouin Stories, Berkeley/ Los Angeles/London: University of California Press.

Baumgartinger, Persson Perry (2014): »Mittendrin: kritische Analyse im Spannungsfeld von Machtverhältnissen der staatlichen Regulierung von Trans* in Österreich«, in: von Unger, Hella/Narimani, Petra/M'Bayo, Rosaline (Hg.): Forschungsethik in der qualitativen Forschung: Reflexivität, Perspektiven, Positionen, Wiesbaden: Springer, S. 97–114.

Besteman, Catherine (2013): »Three Reflections on Public Anthropology«, in: Anthropology Today 29(6), S. 3–6.

Blank, Martina (2023): »Aber Du musst schreiben«: Epistemische Gerechtigkeit durch kollaboratives Publizieren mit Fluchtmigrant*innen?«, in: Blank, Martina/Nimführ, Sarah (Hg.): Writing Together. Kollaboratives Schreiben mit Personen aus dem Feld, Bielefeld: transcript, S. 165-190.

Block, Karen/Riggs, Elisha/Haslam, Nick (Hg.) (2013): Values and Vulnerabilities: The Ethics of Research with Refugees and Asylum Seekers, Toowong: Australian Academic Press.

Campo Yumar, Luis Ramón (2020): Necesidad de una política lingüística para la normalización de la construcción y escritura de los nombres de pila. Análisis del modelo jurídico cubano desde la perspectiva comparada. IS-LAS 62(195), S. 78–97.

Clark-Kazak, Christina (2019): »Developing ethical guidelines for research«, in: Forced Migration Review 61, siehe https://www.fmreview.org/ethics/clark kazak

Clifford, James/Marcus, George E. (1986) (Hg.): Writing Culture. The Poetics and Politics of Ethnography, Berkely/Los Angeles/London: University of California Press.

Conradi, Elisabeth (2001): Take Care. Grundlagen einer Ethik der Achtsamkeit, Frankfurt a.M.: Campus Verlag.

Crawley, Heaven/Skleparis, Dimitris (2018): »Refugees, migrants, neither, both: categorical feminism and theb politics of bounding in Europe's »migration crisis«, in: Journal of Ethic and Migration Studies 44(1), S. 48–64.

Denzin, Norman K. (2017): »Critical qualitative inquiry.«, in: Qualitative Inquiry 23(1), S. 8–16.

Driessen, Henk (1996): »What am I doing here? The anthropologist, the mole and the border ethnography«, in: Kokot, Waltraud/Dracklé, Dorle (Hg.): Ethnologie Europas: Grenzen, Konflikte, Identitäten, Berlin: Reimer, S. 287–299.

Furtak, Florian T. (2015): »Internationale nichtstaatliche Organisationen (IN-GOs/NGOs)«, in: ders. (Hg.): Internationale Organisationen. Staatliche und nichtstaatliche Organisationen in der Weltpolitik, Wiesbaden: Springer, S. 13–25.

Gilligan, Carol (2009): »Moral Orientation and Moral Development«, in: Bailey, Alison/Cuomo, Chris J. (Hg.): The Feminist Philosophy Reader, Boston: McGraw-Hill.

Gustafson, Diana L./Parsons, Janice E./Gillingham, Brenda (2019): »Writing to transgress: knowledge production in feminist participatory action research«, in: Forum Qualitative Sozialforschung/Forum: Qualitative Social Research 20(2): S. 1–25.

Hutta, Jan Simon/Laister, Judith/Nieden, Birgit zur/Hess, Sabine (2013): »Kollaborationen und GrenzGänge zwischen akademischen und nicht-akademischen Wissenspraktiken. Ein Gespräch mit Jan Simon Hutta, Judith Laister, Birgit zur Nieden und Sabine Hess«, in: Binder, Beate/von Bose, Friedrich/Ebell, Katrin/Hess, Sabine/Keinz, Anika Hg.): Eingreifen, kritisieren, verändern!? Interventionen ethnographisch und gendertheoretisch, Münster: Westfälisches Dampfboot, S. 151–173.

Jerolmack, Colin/Murphy, Alexandra K. (2017): »The ethical dilemmas and social scientific trade-offs of masking in ethnography«, in: Sociological Methods & Research 18(4), S. 801–827.

Kaufmann, Margrit E./Otto, Laura/Nimführ, Sarah/Schütte, Dominik (2019): »Forschung und Praxis zwischen Handlungsdruck und Orientierungsunsicherheit im Kontext von Flucht_Migration«, in: dies. (Hg.): Forschen und Arbeiten im Kontext von Flucht. Reflexionslücken, Repräsentations- und Ethikfragen. Wiesbaden: Springer, S. 1–17.

Khosvari, Shahram (2010): ›Illegal‹ traveller. An auto-ethnography of borders, Basingstoke/New York: Palgrave Macmillan.

Kurtiş, Tuğçe/Adams, Glenn (2017): »Decolonial intersectionality: Implications for theory, research, and pedagogy«, in: Case, Kim A. (Hg.): Intersectional pedagogy: Complicating identity and social justice, Routledge/Taylor & Francis Group.

Lenette, Caroline (2022). Participatory Action Research. Ethics and Decolonization, Oxford: Oxford University Press.

Malone, Aaron (2020): »Migrant communities and participatory research partnerships in the neoliberal university«, in: Migration Letters 17(2), S. 451–457.

McGranahan, Carole (2021): »The Truths of Anonymity: Ethnographic Credibility and the Problem with Pseudonyms«, in: McGranahan, Carole/Weiss, Erica (Hg.): Rethinking Pseudonyms in Ethnography, American Ethnologist, siehe https://americanethnologist.org/features/collections/rethinking-pseudonyms-in-ethnography/the-truths-of-anonymity-ethnographic-credibility-and-the-problem-with-pseudonyms

Miller, Kyle Elizabeth (2015): »Dear critics: Addressing concerns and justifying the benefits of photography as a research method«, in: Forum Qualitative Sozialforschung/Forum: Qualitative Social Research 16(3), S. 27.

Moore, Niamh (2012): »The politics and ethics of naming: questioning anonymisation in (archival) research«, in: International Journal of Social Research Methodology 5(4), S. 331–340.

Moosa, Dheeba (2013): »Challenges to anonymity and representation in educational qualitative research in a small community: a reflection on my research journey«, in: Compare: A Journal of Comparative and International Education 43(4), S. 483–495.

Nimführ, Sarah (2020a): Umkämpftes Recht zu bleiben: Zugehörigkeit, Mobilität und Kontrolle im EUropäischen Abschieberegime, Münster: Westfälisches Dampfboot.

Nimführ, Sarah (2020b): »Reflections on collaborative knowledge production in the context of forced migration«, in: Feministische GeoRundmail 83 (Themenheft: »Feminist research practice in geography: Snapshots, reflections, concepts), S. 29–33.

Nimführ, Sarah (2022): »Can collaborative knowledge production decolonize epistemology?«, in: Migration Letters 19(6), S. 781–789.

Nimführ, Sarah/Otto, Laura/Samateh, Gabriel (2020): »Denying while demanding integration. An analysis of the Integration Paradox in Malta and refugees' coping strategies«, in: Hinger, Sophie/Schweitzer, Reinhard (Hg.): Politics of (Dis)Integration, Cham: Springer, S. 161–181.

Nimführ, Sarah/Sesay, Buba (2019): »Lost in Limbo? Navigating (im)mobilities and practices of appropriation of non-deportable refugees in the Mediterranean area«, in: Comparative Migration Studies Journal 7(26).

Obijiofor, Levi/Colic-Peisker, Val/Hebbani, Aparna (2016): »Methodological and ethical challenges in partnering for refugee research: Evidence from two Australian studies«, in: Journal of Immigrant and Refugee Studies 16(3), S. 217–234.

Otto, Laura K. (2021): Junge Geflüchtete an der Grenze. Eine Ethnografie zu Altersaushandlungen, Frankfurt/New York: Campus.

Otto, Laura/Nimführ, Sarah (2019): »Ethnografisch forschen und die Wirkmächtigkeit der Kleinheit. Methodentheoretische Überlegungen und empirische Einblicke zur Produktion, Wahrnehmung und Repräsentation von räumlichen Zuschreibungsdiskursen, gem. mit Laura Otto«, in: Kaufmann, Margrit E./Otto, Laura/Nimführ, Sarah/Schütte, Dominik

(Hg.): Forschen und Arbeiten im Kontext von Flucht. Reflexionslücken, Repräsentations- und Ethikfragen, Wiesbaden: Springer, S. 69–93.

Panos, Alexandra/Lester, Jessica (2021): »Interrogating (un)masking in qualitative inquiry at the intersections of critical geographies and spatial justice«, in: International Journal of Qualitative Studies in Education 34(9), S. 783–789.

Reckinger, Gilles (2010): Perspektive Prekarität. Wege benachteiligter Jugendlicher in den transformierten Arbeitsmarkt, Konstanz: UVK Verlagsgesellschaft mbH.

Thomson, Denise/Bzdel, Lana/Golden-Biddle, Karen/Reay, Trish/Estabrooks, Carole A. (2005): »Central questions of anonymization: A case study of secondary use of qualitative data«, in: Forum Qualitative Sozialforschung/ Forum: Qualitative Social Research 6(1), S. 29.

Verordnung (EU) 2018/1725 *Siehe* https://eur-lex.europa.eu/legal-content/DE/ TXT/PDF/?uri=CELEX:32018R1725

von Unger, Hella (2018): »Ethische Reflexivität in der Fluchtforschung. Erfahrungen aus einem soziologischen Lehrforschungsprojekt«, in: Forum: Qualitative Sozialforschung 19(3), Artikel 6.

Vorhölter, Julia (2021): »Anthropology Anonymous? Pseudonyms and Confidentiality as Challenges for Ethnography in the Twenty-First Century«, in: Ethnoscripts 23(1), S. 15–33.

Wood, Lesley (2017): »The ethical implications of community-based research: A call to rethink current review board requirements«, in: International Journal of Qualitative Methods 16, S. 1–7.

10 Gemeinsam forschen und (nicht) schreiben
Herausforderungen beim kollaborativen Arbeiten im Kontext von Flucht_Migration

Laura McAdam-Otto und Margrit E. Kaufmann

»Wenn das Schreiben Teil eines Systems intellektueller und politischer Unterdrückung der Anderen ist, wie können wir vermeiden, zu dieser Unterdrückung beizutragen, solange wir fortfahren zu schreiben?« (Fabian 1993: 355).

10.1 Was bringt Menschen mit Flucht_Migrationserfahrung dazu, mit uns zusammen zu forschen und zu schreiben bzw. was hält sie davon ab?

Vor dem Hintergrund unserer Forschungs- und Schreiberfahrungen mit Menschen mit Flucht_Migrationsgeschichten[1] in und nach Europa thematisieren wir diese Fragen in Bezug auf verschiedene Ebenen ethnografischen Forschens und Schreibens. Mit dem Anliegen, Formen der Selbstrepräsentation zu ermöglichen, veranschaulichen und diskutieren wir hier Erfahrungen und Problemstellungen mit kollaborativen Schreibprozessen. Dafür gehen wir auf drei unserer Forschungspraxisfelder ein: Erstens beziehen wir uns auf ein Forschungsprojekt mit als minderjährig eingeteilten Geflüchteten auf Malta (Otto 2020). Hier heben wir den Aushandlungsprozess zwischen der Forscherin – Laura McAdam-Otto – und ihren Forschungspartner*innen hervor, bei dem

---

[1]   Mit der Verwendung des Unterstrichs verweisen wir darauf, dass Flucht und Migration nicht immer klar voneinander abgrenzbar sind, sondern vielmehr ein Spektrum darstellen. Mit der Schreibweise verweisen wir auf die differenten und teilweise widersprüchlichen Vorstellungen von Flucht vs. Migration. Parallel deuten wir mit der Schreibweise den dynamischen und fluiden Prozess der Mobilität unserer Forschungspartner*innen an.

die Forscherin gemeinsames Schreiben anstrebte. Im Feld musste sie jedoch feststellen, dass ihre Forschungspartner*innen weder Interesse daran hatten, noch, dass ihnen Ressourcen dafür zur Verfügung standen. Zweitens gehen wir auf ein Publikationsprojekt zu Ethik- und Methodenfragen im Kontext von Flucht ein, in dem Margrit E. Kaufmann und Laura McAdam-Otto zum Herausgeber*innen-Team gehören (Kaufmann et al. 2019). Daran erläutern und reflektieren wir Herausforderungen und Hürden, die uns beim Vorhaben des gemeinsamen Schreibens und Publizierens mit geflüchteten und nicht-geflüchteten Menschen begegnet sind. Drittens reflektieren wir Margrit E. Kaufmanns Forschung mit Frauen* mit Flucht_Migrationsgeschichten, welche die Forscherin als Kursleiterin im Programm *Mama lernt Deutsch* begleitet hat (Kaufmann 2005). Im Zentrum unserer Auseinandersetzung steht bei diesem Beispiel die Frage, wer überhaupt was schreiben kann, wer aus dem *Writing Together* herausfällt und welche Alternativen es zum gemeinsamen Schreiben gibt, die praxisorientierter, weniger voraussetzungsreich und damit möglicherweise den Lebenswirklichkeiten der Forschungspartner*innen angemessener sind.

Wir diskutieren die Beispiele abschließend mit Bezug auf nicht zu unterschätzende Trennlinien, die – trotz vielfältiger Versuche des gemeinsamen Schreibens – zwischen Forschenden und Forschungspartner*innen (re-)produziert wurden. Dabei betonen wir vor allem die situativen, positionellen und finanziellen Hürden geflüchteter Schreib- und Forschungspartner*innen, um auf ethische und materielle Implikationen der Zusammenarbeit aufmerksam zu machen. Auch wenn die gewählten Beispiele vor allem reflektieren, warum Gemeinsam-Schreiben nicht oder nur partiell realisiert werden konnte, schlagen wir abschließend Modi vor, die auf Basis unserer Erfahrungen dem kollaborativen Schreiben dienlich sein können.

Bevor wir die Beispiele reflektieren und auf die Aushandlungen um Gemeinsames-Schreiben und die Hürden eingehen, ist es uns als Ethnografinnen wichtig, unsere Ausführungen und Erlebnisse in historische und aktuelle Debatten um *Writing Culture* und um kollaborative Flucht_Migrationsforschung einzubetten. Die folgenden Ausführungen zu ethnografischer Feldforschung und -textgestaltung liegen unseren Projekten als fachspezifischer Rahmen zugrunde.

10.2 *Writing Together* im ethno-graphischen Spannungsfeld zwischen (forschungs-)ethischem Anspruch auf Selbstrepräsentation und situativen, positionellen Hürden

Wer spricht in ethnografischen Texten über was oder wen? Mit wem wird im Text gesprochen? Und wer hat ihn geschrieben? Seit der interpretativen und postkolonialen Wende der Kultur-/Sozialanthropologie stellt sich vehement die Frage nach den spezifischen Bedingungen, unter denen unsere Texte produziert werden (Fabian 1993). Zentral sind hier *Writing Culture* (Clifford/Marcus 1986), *Writing Against Culture* (Abu Lughod 1991) und die *Krise der Repräsentation* (Berg/Fuchs 1993). Fragen nach Autor*innenschaften und Selbstrepräsentation sind eng damit verbunden (Harrison 1991). Ethnografische[2] Produkte entstehen durch zwischenmenschliche Begegnungen und verschiedene Formen der Kollaboration. Sogenannte *gate keeper* nehmen uns mit, erklären, erzählen Geschichten, ermöglichen Kontakte und helfen, wechselseitiges Vertrauen aufbauen zu können. Über die Beziehung mit den Forschungspartner*innen erlangen wir Einblicke in ihre Lebenswelten und Alltage, werden Zeug*innen von sozialen Missständen, Ungerechtigkeiten und verschiedenen Formen von Marginalisierung und Ausgrenzung.

Aus der Nähe zu den Forschungspartner*innen entstehen immer wieder Wünsche und Möglichkeiten zu Kollaboration, die nicht per se von Beginn der Forschung an (ein-)geplant sind (Criado/Estalella 2018). Es sind vor allem Forscher*innen, die sich einer *Engaged, Public, Angewandten* oder *Wissenschaftsorientierten Ethnografie* bzw. *Anthropologie* zuordnen, die den Anspruch formulieren, möglichst den gesamten Forschungsprozess in Beziehung mit den Forschungspartner*innen zu entwickeln, durchzuführen und zu beschreiben (Besteman 2013; Low/Merry 2010; Lassiter 2005). Im Austausch mit marginalisierten, diskriminierten, vulnerablen Gruppen geht es hier u.a. um aktivistische Unterstützungsformen sowie Verantwortung einer Fürsprache (*advocacy*) gegenüber den Forschungspartner*innen (Haanstadt 2007). Immer wieder werden auch Forscher*innen mit spezifischen Anliegen um Unterstützung und Forschungskooperationen angefragt (Kaufmann et al.

---

2   Wörtlich und historisch meint Ethno-Graphie die objektivierende Beschreibung ethnischer Gruppen und bedeutet für uns heute die Verschriftlichung und Deutung situativer, positionierter Geschichten und Leseweisen bzw. »die Verschriftlichung von Einsichten und Lernvorgängen, Erfahrungen und Beobachtungen, Gesprächen und Diskursen« (Berg/Fuchs 1993: 13).

2022). Wissenschaftler*innen können in diesen Formen der Zusammenarbeit versuchen, ihre Privilegien für unterschiedliche Formen von Unterstützung und Solidarität einzusetzen. Fragen nach dem Wie einer kollaborativen Zusammenarbeit stellen sich nicht nur während der Phase der empirischen Forschung und des Zusammenseins im Feld. Fragen der Repräsentation und Kollaboration stellen sich ebenfalls hinsichtlich der Produktion von Texten, wobei kollaboratives Schreiben von (ethnografischen) Texten in den letzten Dekaden zugenommen hat (Rappaport 2008).

Das gemeinsame Schreiben und Publizieren von (ethnografischen) Texten kann Teil von Dekolonisierungsstrategien sein, beispielsweise durch Infragestellung vermeintlich neutraler (nicht-positionierter) Wissensproduktion (Giebeler/Meneses 2012; Pérez Daniel 2012) und dient durchaus der Intervention in Diskurse und gesellschaftliche Machtverhältnisse (Nimführ 2020: 54). Das Streben nach sozio-politischer Veränderung, gezielte Kritik an bestimmten Verhältnissen sowie das Teilen von Deutungsmacht in *weiß*-westlich geprägten Wissen-Macht-Komplexen (Nimführ 2020: 54; Eitel/Meurer 2021), kennzeichnen diese Ansätze. Der gemeinsame Prozess des Schreibens wird dabei als Aushandlung, geprägt von Konflikt und Konsens (vgl. Nimführ 2020: 54), verstanden. Zwischen den beteiligten Personen müssen Begrifflichkeiten ebenso diskutiert werden wie die Ergebnisse, die präsentiert werden sollen. Zudem stellt sich die Frage, wie zwischen akademischen Anforderungen und Selbstbestimmtheit der Teilnehmenden balanciert werden kann (Dantas/Gower 2021).

Während sich insgesamt eine Bewegung in Richtung Kollaboration, auch durch gemeinsame Schreibprozesse, abzeichnet, trifft diese Dynamik insbesondere auf das Forschungsfeld Flucht_Migration zu (Aden et al. 2019; Fontanari et al. 2014). Gerade in diesem Feld sollten wir, durch die Kolonialgeschichte der Fächer sensibilisiert, erneuten Prozessen der Objektivierung und des *Otherings* bewusst entgegentreten. Mit dem Ziel wirkmächtige Kategorien im Kontext von Flucht_Migration multi-perspektivisch und möglichst antikolonial zu analysieren (Rebelo et al. 2020) werden hier Grenzen und Möglichkeiten partizipativer Forschung ausgelotet (Dantas/Gower 2021) und Forschungs- und Schreibprozesse zwischen geflüchteten und nicht-geflüchteten Akteur*innen angeregt (Nimführ 2020). Forschende sind aufgefordert darauf zu achten, für wen die Erhebung, Analyse und Publikation inwiefern gut ist bzw. wem diese schaden könnte (Kaufmann 2019). Diese Fragen nach dem »Wie gut zusammenarbeiten und -schreiben?« werfen wir in den Beispielen aus unserer Forschungspraxis auf und teilen in den folgenden Abschnitten unsere Erfahrungen und Überlegungen zum *Writing Together.*

10.3 Wer möchte mitschreiben?

Zwischen 2013 und 2018 forschte ich, Laura McAdam-Otto, ethnografisch auf dem mittelmeerischen Inselstaat Malta, der zwischen Italien und Libyen, also Europa und Nordafrika, liegt, zum Ankommen von jungen Geflüchteten aus sub-Sahara Afrika. Mich interessierte dabei vor allem, wie mit der Kategorie »Alter«, primär in Form von »Minderjährigkeit«, an der EU-Außengrenze umgegangen wird, welche Kriterien dieser Kategorisierung zugrunde gelegt werden, und welche Selbst- und Fremdpositionierungen mit der Einteilung des unbegleiteten, minderjährigen Flüchtlings (»UMF«) produziert werden.

Während der Forschung, die ich in einer staatlichen Unterbringungseinrichtung für als »UMF« eingeteilte Geflüchtete begann, erzählten die jungen Menschen mir im Laufe der Jahre ihre Geschichten, ließen mich an ihrem Alltag teilhaben, stellten mich ihren Freund*innen vor: Kurzum, sie vertrauten sich mir an. Dass es mir gelang, ihr Vertrauen zu gewinnen, lag nicht zuletzt daran, dass sie annahmen, dass ich mit meiner Forschung gute Absichten haben würde und ich wurde des Öfteren gebeten, möglichst breit über ihre Situation auf Malta aufzuklären und zu berichten.

Immer wieder stellte ich mir während meiner Forschung die Frage: Werde ich dem Wunsch meiner Forschungspartner*innen gerecht oder dient die Forschung allein dem Voranbringen der eigenen wissenschaftlichen Karriere? Silke Betscher formulierte pointiert, was wohl zahlreiche Ethnograf*innen umtreibt: »Did I come to build my career upon their shit?« (Betscher 2019: 243). Diese Frage diskutierte ich immer wieder mit meinen Forschungspartner*innen und ich teilte meine Zweifel mit ihnen: Finden sie es in Ordnung, dass ich über sie schreibe? Sehen sie für sich einen Mehrwert in der Forschung? Und würden sie mir überhaupt ein Nein entgegenbringen? Als Antworten auf meine Frage hörte ich Verschiedenes: Auf der einen Seite seien sie froh darüber, dass ich über ihre Situation auf Malta berichten würde – wer würde es sonst tun? Es gab die Hoffnung, dass ich als Sprachrohr fungiere und versuche, bei Dritten Empathie und Verständnis für die Situation junger Geflüchteter an der EU-Außengrenze zu erwirken. Auf der anderen Seite wurde mir entgegengebracht, dass ich aufhören solle, wegen meiner offensichtlichen und nicht zu ignorierenden Privilegien zu klagen: Das würde die Welt nicht besser machen, stattdessen sollte ich sie lieber sinnvoll nutzen. Die Aussagen der Teilnehmenden motivierten mich, nach Möglichkeiten zu suchen, die das Teilen von Privilegien möglich machen würden – wenn auch nur partiell. Schließlich war es mir ein Anliegen, Forschung *mit* und nicht nur *über* Geflüchtete (vgl. Otto/Kaufmann 2018; Kleist 2015) zu realisieren. Aber wie kann das in stark durchmachteten und von sozio-politischer Ungleichheit gekennzeichneten Feldern überhaupt gehen?

Wie zahlreiche andere Wissenschaftler*innen hoffte ich in kollaborativen Formen des Schreibens als dekolonisierende Wissensproduktion einen Weg im Umgang mit Hierarchisierung und Privilegien zu finden. Meine Euphorie und Überzeugung, dass dies sicherlich gut funktionieren würde, basierte auch auf meiner eigenen Erfahrung des Verfassens von gemeinsamen Buchkapiteln mit Sarah Nimführ und Gabriel Samateh (vgl. Nimführ/Otto/Samateh 2019, 2017). Die Zusammenarbeit mit Gabriel Samateh war vor allem auch deshalb fruchtbar, weil er vor seiner Flucht nach Malta bereits wissenschaftliche Texte verfasste und akademisch tätig war. Er kannte die Spielregeln der Wissenschaft, hatte Freude am Schreiben und sah für sich einen Mehrwert in der Zusammenarbeit mit uns. Motiviert von dieser Erfahrung fragte ich auch meine jungen geflüchteten Forschungspartner*innen, ob sie nicht Lust hätten, mit mir gemeinsam zu schreiben und argumentierte, dass sicherlich mehr Menschen meine Texte lesen würden, wenn sie selbst am Verfassen beteiligt sein würden. Dies würde ein Weg sein, mehr Menschen über die Situation auf Malta, über die im Vergleich zu Italien deutlich weniger bekannt ist, zu informieren, was auch der Wunsch der jungen Geflüchteten war. Recht schnell wurde mir zu verstehen gegeben, dass die Wissenschaft meine Aufgabe sei. Zudem waren meine Interessen als Forscherin nicht deckungsgleich mit ihren und Zeit am Schreibtisch zu verbringen lockte uns nicht gleichermaßen. Absimil[3], den ich 2013 kennenlernte, nachdem er Malta aus Mogadischu in Somalia über Äthiopien, Sudan und Libyen mit dem Boot erreichte, holte mich auf den Boden der Tatsachen zurück, als er im Sommer 2015 zu mir sagte: »It is your book and it takes too much time. I better want to go play football, and you can write the book. It is boring anyway.«

Es war im Kontext meiner Forschung nicht nur so, dass Gemeinsam-Schreiben von einigen als langweilig verstanden wurde: Zahlreiche meiner

---

3   Es handelt sich bei den Namen aller Forschungspartner*innen in diesem Text um Pseudonyme.

Forschungspartner*innen waren zu beschäftigt mit ihren eigenen Aufgaben, erzählten mir zwar von ihren Geschichten, aber hatten keine zeitlichen Kapazitäten, diese mit mir zusammen aufzuschreiben oder gar einen wissenschaftlichen Text zu verfassen. Dies ist nachvollziehbar, wenn wir uns die Situation veranschaulichen: Die jungen Geflüchteten haben oft in zwölf Stunden langen Schichten in Hotels, Restaurants oder auf dem Bau gearbeitet, um Geld zu verdienen, da das Taschengeld, welches ihnen in ihrer staatlichen Unterkunft ausgehändigt wurde, bei Weitem nicht ausreichte. Anschließend mussten sie kochen, ihre Zimmer reinigen und hatten auch ihre sozialen Netzwerke zu pflegen. Als Forscherin zu erwarten, dass sie an der kollaborativen Wissensproduktion in Form von Schreiben Interesse hätten, war nicht mit ihnen und ihren Lebensrealitäten mitgedacht. Ein gemeinsamer Besuch einer Fotoausstellung in Maltas Hauptstadt Valletta, die ausschließlich von Geflüchteten gemachte Bilder zeigte, wurde von den jungen Geflüchteten, mit denen ich im Kontakt war, als inspirierend wahrgenommen. Sie haben es als sinnvoll empfunden, dass diese Fotos gezeigt werden, damit auch andere sehen können, wie es in den Camps und Heimen aussieht. Meine Vermutung als Forscherin ist, dass einige von ihnen durchaus Interesse an solchen Formen der Zusammenarbeit gehabt hätten, wenn es mehr Kapazitäten und Freiräume gegeben hätte – im Kleinen ist dies im Rahmen meines Projektes geschehen, denn es gab Momente der Kollaboration, die aber nicht im gemeinsamen Schreiben von in der Wissenschaft anerkannten Texten mündeten. Einige junge Geflüchtete machten Fotos für meine Forschung, einige zeichneten Landkarten, wieder andere diskutierten erste Analyseideen mit mir, einige brachten mich mit potentiellen Gesprächspartner*innen zusammen. Das passierte, ohne dass ich danach fragte: Kollaboration in Forschung heißt also nicht, dass nur die Forschenden diese initiieren, sondern es entwickeln sich Eigendynamiken, die durchaus unvorhersehbar sind. Während der Forschung wurde mir klar, dass Kollaboration nicht heißen darf, dass Forschende überzogene Ansprüche stellen und erwarten, dass ihre Gegenüber in das passen, was sie selbst als »normal« kennen: Zum Beispiel das Schreiben von Texten als akademische Alltagstätigkeit. Kollaboration heißt hier folglich nicht »alle machen alles«, sondern ist vielmehr die Verbindung komplementärer und sich ergänzender Kompetenzen und Kenntnisse. Ein solcher Zugang kann im Sinne von Shuayb und Brun (2021: 2539) als »friendship approach« bezeichnet werden, dem es eben nicht darum geht, standardisierten Abläufen zu folgen oder Gütekriterien abzuhaken, sondern der als Idee hat, gemeinsam die Kollaboration möglichst so zu gestalten, dass sie im gegenseitigen Wohlwollen stattfindet, verschiedene Zwänge und Lebensrealitäten reflektiert und die relationalen Aspekte der Forschung ernst nimmt.

10.4 Wer kann mitveröffentlichen?

Im Rahmen der Exzellenzinitiative der Universität Bremen konnten sich Forschende der Geisteswissenschaften, die zum selben Themenfeld arbeiteten, zu Themengruppen zusammenschließen und sich auf eine Förderung durch die Universität bewerben, um z.b. Vortragsreihen, Workshops und Publikationsvorhaben durchzuführen. Wie an zahlreichen anderen Universitäten auch, haben sich – nicht zuletzt gefördert vom sogenannten »Hype um Migration« (Schwertl 2015) – spätestens seit dem »langen Sommer der Migration« (Hess/Karakayali 2016) auch an der Universität Bremen immer mehr Forschende unterschiedlicher Statusgruppen mit den Themen Flucht, Asyl, Grenzregime, Ankommen und Integration beschäftigt. Es sind Bachelor- und Masterarbeiten entstanden, aber auch Dissertationen und PostDoc-Projekte umgesetzt worden. 2016 haben wir, Margrit E. Kaufmann und Laura McAdam-Otto, mit einer Gruppe von Forschenden an der Universität Bremen eine Themengruppe zum Schwerpunkt gegründet. Ziel war es, uns zu den emotional und (forschungs-)ethisch herausfordernden Arbeiten im Feld von Migration und Flucht auszutauschen und kollegial zu unterstützen. Der Themengruppe *Flucht & Asyl – transdisziplinär und intersektionell* schlossen sich rund zwanzig aktive Forschende, Ehrenamtliche und die Gruppe Unterstützende an. Unter denjenigen, die sich an uns wandten, waren auch Künstler*innen, Doktorand*innen und Studierende mit Fluchterfahrung, die inhaltlich dazu arbeiteten und deren Stimmen und Perspektiven für die Publikation wichtig gewesen wären. Sie hatten jedoch – im Gegensatz zu anderen, die sich am Projekt beteiligten – keine finanziellen Mittel oder (zumindest temporäre) Absicherungen durch Anstellungen an der Universität oder Stipendien, die ihnen die Partizipation ermöglichten. In der Zusammensetzung der Gruppe wurde deutlich, dass geflüchtete Akademiker*innen weniger Möglichkeiten hatten, an der Themengruppe zu partizipieren und wir mit den uns zur Verfügung stehenden Mitteln hier nicht immer die Unterstützung, die sie sich wünschten oder die sie brauchten, anbieten konnten.

Im Frühling 2018 entstand die Idee, gemeinsam einen Sammelband herauszugeben, der sich mit Repräsentations- und Ethikfragen im komplexen Handlungsfeld von Flucht_Migration befassen sollte. Motiviert wurden wir dabei vor allem durch die Tatsache, dass bei gleichzeitigem Anstieg von Publikationen zu Flucht und mit Geflüchteten verhältnismäßig wenig dazu geschrieben wurde, welche Dilemmata und Herausforderungen, wie z.B. Fragen nach Kollaboration, ungleichen Beteiligungsmöglichkeiten, Forschungsethik, Verantwortung, Retraumatisierung, Fremdrepräsentation, sich hier stellen. Wichtig war uns ein statusübergreifendes Schreibprojekt, welches von einem Workshop in Bremen im November 2018 flankiert wurde, zu initiieren und auch beruflich und ehrenamtlich im Feld Arbeitende für Beiträge zu gewinnen, um nicht nur aus der Sicht von Wissenschaftler*innen zu schreiben. Zudem hatten wir den Anspruch, dass geflüchtete Menschen selbst Texte schreiben. Entstanden ist ein Band mit 14 Beiträgen, von BA- und MA-Studierenden, Promovierenden, Post-Doktorand*innen, Senior Researcher sowie aus der Sozialen Arbeit und dem Ehrenamt. Entsprechend unserer Hoffnung sind auch Textpassagen und Beiträge von geflüchteten Menschen vertreten.

Im Verlauf der Zusammenarbeit mit Menschen mit Flucht_Migrationserfahrung haben sich unterschiedliche Herausforderungen ergeben: Zunächst stellte sich die Frage, wie es gelingen kann, Schreibende für ein solches Projekt zu gewinnen. Wir diskutierten unseren Wunsch, einen Sammelband zu veröffentlichen, der eben nicht allein von Stimmen aus dem (akademischen) Westen geprägt ist, mit anderen Autor*innen des Sammelbandes. Die statusgruppenübergreifende, transdisziplinäre Arbeit und der Austausch zwischen Forschenden und außerakademisch Tätigen war herausfordernd und fruchtbar. Das Thema »Nicht über uns ohne uns«, die Frage nach der Zusammenarbeit mit Menschen, die in der ersten Person zum Thema sprechen und schreiben, war im Falle des Buchprojekts schwierig.

Bei einer Person mit eigener Fluchtgeschichte, die gerne mitgeschrieben hätte, lag die Barriere darin, dass uns kein Geld zur Verfügung stand, um die Textarbeit zu bezahlen. Wie viele andere promovierte Wissenschaftler*innen, ist sie weder befristet noch gar unbefristet an der Universität angestellt, sondern finanziert sich u.a. über Projekte, Lehraufträge und Beratungstätigkeiten. Hier schloss der Mangel an finanziellen Ressourcen den Beitrag von Anfang an aus. Über eine der am Projekt beteiligten Personen gelang es uns dann, einen entsprechend positionierten Textbeitrag für den Sammelband zu gewinnen. Sie stand im Kontakt mit Personen mit Flucht_Migrationserfahrung, die bereit waren, mit ihr auf Englisch ein Interview zu führen, das im Buch veröffentlicht wurde. Darin reflektieren und diskutieren sie die Wissensproduktion zu Flucht_Migration und was sie sich von einem wissenschaftlichen Zugang zu Migration, Asyl und Flucht wünschen würden. Die Kommunikationswege verliefen ausschließlich zwischen der Interviewenden und den Herausgebenden, also ohne Kontakt zwischen den Interviewten und den Herausgebenden. Im Verlauf des Projekts entstanden zahlreiche Missverständnisse und erst nach Projektabschluss erfuhren wir, dass es offenbar sehr verschiedene Erwartungen an die Publikation gab. Als Herausgebende beschäftigten uns Fragen wie: Soll das Interview, wie alle anderen Texte auch, durch eine*n englische*n Muttersprachler*in redigiert werden? Wenn ja, wie kann dies gelingen, ohne übergriffig einzuwirken? Wo können wir das Interview im Buch platzieren? Aufgrund des ausschließlich indirekten Kontaktes konnten wir diese Fragen nicht mit den Interviewten klären und im Nachgang stellte sich heraus, dass wir die Problempunkte aus ihrer Perspektive nicht befriedigend beantworten und adressieren konnten und als Wissenschaftler*innen wahrgenommen wurden, die nicht teilen wollten. Auch die Erwartung, ein Belegexemplar zu versenden, konnten wir nicht einfach erfüllen – weder für die Herausgeber*innen und die Autor*innen, noch die Interviewten. Wir hatten aufgrund unseres kleinen Etats beim Verlag das kostengünstigste Veröffentlichungspaket gebucht, welches keinerlei Belegexemplare enthielt.

Als Herausgebende waren wir zunächst erleichtert darüber, dass wir es geschafft hatten, ein statusgruppenübergreifendes Buch zu realisieren, in dem das Problem einer *weiß*-westlich dominierten Wissensproduktion auch kritisch von Personen mit Flucht_Migrationsgeschichte diskutiert wird. Rückblickend stellen wir fest, dass es in kollaborativ angedachten Schreib- und Publikationsprojekten von Anfang an essenziell ist, mit allen Beteiligten die Produktionsbedingungen zu thematisieren und gegenseitige Erwartungen offenzulegen. Nur dann kann gemeinsam nach Wegen gesucht werden, einen für möglichst alle akzeptablen Umgang zu finden. Wichtig ist dabei eine transparente, direkte Kommunikation unter den Beteiligten.

10.5 Wer hat Möglichkeiten zum Schreiben und welche Alternativen gibt es?

Es ist schon länger her, dass ich, Margrit E. Kaufmann, als Lehrerin im Projekt *Mama lernt Deutsch* einen Kurs mit Frauen* mit Flucht_Migrationsgeschichten aufgebaut und geleitet habe. Im Verlauf der Arbeit mit den Frauen* habe ich mit ihnen zu ihren Biografien und Lebenssituationen zu forschen begonnen. Anhand unserer Zusammenarbeit rund um den Kurs möchte ich Grenzen kollaborativen Schreibens veranschaulichen sowie auf weitere kollaborative Praxisformen und nichtwissenschaftliches Schreiben hinweisen.

Die Forschung hat bereits damit angefangen, dass ich auch bei nicht als Forschung deklarierten Tätigkeiten teilnehmend beobachtend wahrnahm und mir vertraute Analysewerkzeuge anwendete. Entsprechend habe ich versucht, den Kurs als transkulturellen Raum (Kaufmann 2005) im Sinne des Aushandelns, Aushaltens und Anerkennens von Differenzen und dem Betonen von Gemeinsamkeiten zu gestalten, wobei es mir ein Bedürfnis war, die einzelnen Frauen* und ihre Geschichten genauer kennenzulernen. Angefangen zu schreiben habe ich vor allem zu meiner Entlastung und zur Reflexion der heftigen, traumatischen Themen und Erlebnisse, über die wir oftmals sprachen und mit denen ich die Teilnehmenden begleitet habe. Ich habe also, wie für mich als Forscherin üblich, damit begonnen ein Forschungstagebuch zu führen. Im weiteren Verlauf haben wir systematischer zu Themen, die für die Teilnehmenden wichtig waren, gearbeitet. Die gemeinsame Verständigung über unsere Gesprächsthemen, die sich an ihrem Alltag orientierten (und nicht am Stoff für den Deutschunterricht), erhöhte die Motivation zum Deutschlernen. Auch Pausen nutzten wir für intensive Gespräche. Zentrale Motive für die Teilnahme am Kurs waren, dass die Frauen*, meist Mütter, ihre Kinder weiterhin verstehen und ihnen bei den Hausaufgaben helfen, aber auch selbstständiger sein wollten. Für manche war es der einzige Ort außerhalb des Hauses, zu dem sie alleine gehen konnten. Auch Studierende kamen über meine Studienforschungsprojekte in den Deutschkurs und haben die Frauen* beim Lernen unterstützt. Darüber haben sie sich gegenseitig kennengelernt. Später haben Studierende die Frauen* in ihrem Alltag begleitet und Interviews mit ihnen durchgeführt.

Deutlich wurde für mich in der Zusammenarbeit im und rund um den Kurs, dass die Frauen* nicht Deutsch lernen konnten, wenn es ihnen oder ihren Familien und Verwandten psychisch oder körperlich nicht gut ging, sie gestresst oder verängstigt waren und unter Druck standen. Es war deshalb naheliegend, dass Körper und Gesundheit zu zentralen Themen wurden, mittels derer wir teilweise auch den Deutschunterricht gestaltet haben. Über die Verbindung aus Kursleitung und Forschung konnte ich, im Sinne engagierter Anthropologie, das Projekt durch Vorträge und Tagungsbeiträge zu dessen Bedeutung bundesweit stärken. Zu einem späteren Zeitpunkt hat ein Teil der Frauen* bei der Vermittlungsarbeit zum Bereich Flucht_Migration und reproduktive Gesundheit mit mir zusammengearbeitet. Wir haben gemeinsam Fortbildungen für Frauen*ärzt*innen und Hebammen/Geburtshelfer*innen durchgeführt. Durch *Face-to-Face*-Kommunikation lernten wir Voneinander und Miteinander mit dem Ziel der transkulturellen Sensibilisierungsarbeit und Vermittlung von diversen Körper- und Gesundheitsverständnissen. Für die Teilnehmenden wurden die Fortbildungen bei der Ärzt*innenkammer angekündigt und von dieser mit Fortbildungspunkten anerkannt. Die im Deutschkurs bereits fortgeschrittenen Mütter waren als Expert*innen geladen, konnten auf ihre Kenntnisse und Erfahrungen zurückgreifen und erhielten für ihre Teilnahme, wie ich, ein Honorar, das ihre Arbeit und eingebrachte Kompetenz vergütete. Damit sie teilnehmen konnten, brauchten wir für ihre Kleinkinder Kinderbetreuer*innen vor Ort. Als schriftliche Dokumente dienten, von mir verfasst, der Ankündigungstext, der Programmflyer und die Powerpoint-Präsentation. Kollaboratives Schreiben war uns hierfür nicht möglich.

Die Teilnehmenden in den so wichtigen Adressatinnen-spezifischen Deutschkursen können unterschiedlich gut Deutsch schreiben und brauchen hierbei meist Hilfe. Schreiben ist für die Frauen* nachrangig zum Deutschsprechen-Können. Zugleich wird es als Kompetenz vorausgesetzt. Beispielsweise sollten in dem von mir geleiteten Kurs alle Teilnehmenden, selbst die Analphabet*innen, Fragebögen für die Kursabrechnungen ausfüllen. In solchen Fällen war es wichtig, gemeinsam und mit Übersetzungshilfen zu thematisieren, was gefragt wird und beim Ausfüllen zu helfen. Kollaboratives Lesen und Schreiben – nicht für die Wissenschaft, sondern für die Frauen* selbst – kam über das gemeinsame Lernen und Üben im Kurs hinausgehend auch dort zustande, wo sie mich um Hilfe angefragt haben, wie z.B. bei Briefen für die Behörden oder Bewerbungen, also bei Formen von strategischem Einsatz von Privilegien und Kenntnissen durch die Lehrerin und Forscherin. Kollaboratives Schreiben für wissenschaftliche Publikationen zielt auf ein anderes Lesepublikum als Formen gemeinsamen Schreibens, die für unsere Forschungspartner*innen alltagsbezogen relevant sein können.

Es stellt sich somit weitergehend die Frage, wer in welchem Kontext was schreiben kann und möchte und für wen geschrieben wird. So kann der Anspruch, kollaborativ zu schreiben, gerade indem er inkludieren will, exkludierend wirken, weil er durch den Wunsch nach Gleichstellung die bestehenden Trennlinien zu wenig in den Blick nimmt. Die Möglichkeit zum Schreiben von (ethnografischen) Texten basiert zudem auf Privilegien, die auch nicht allen Forschenden gleichermaßen zur Verfügung stehen. Zu diesem langjährigen Projekt mit den Frauen* habe ich kein Buch schreiben können. Zwar habe ich Forschungstagebücher geführt, Skizzen und Memos verfasst, die Forschungsarbeiten der Studierenden betreut, einzelne Bereiche reflektiert, analysiert und interpretiert, Vorträge gehalten und wissenschaftliche Texte zu Einzelthemen sowie Texte für Broschüren u.a. zur Stärkung des Projekts verfasst (bspw. Kaufmann 2009, 2005), aber die Bedeutung des Projektes für die Teilnehmenden und deren Perspektiven nicht tiefergehend und ausführlicher beschrieben. Ich habe sehr viel gelernt und weitergegeben; doch für einen längeren Schreibprozess fehlte mir damals neben meinen Lehrtätigkeiten und anderen Aufgaben sowohl die Zeit als auch das Geld.

In die ungleichen Zugänge zum Schreiben-Können/-Wollen im Kontext von Flucht_Migration wirken auch die regionalen und historischen Machtbeziehungen hinein. Für die Frauen* im Projekt war die Oralität gegenüber der Literalität vorrangig. Nach westlichem Wissenschaftsverständnis wird die Schrift jedoch der Oralität gegenüber als höherwertig eingestuft und ein hierarchisches Verhältnis gegenüber anderen Kommunikationsformen erzeugt. Dagegen wenden sich bspw. die dekolonisierenden Strategien der Universidad Andina de Simón Bolivar in Südamerika durch ihren Bezug auf die *Historia Oral* (Rivera Cusicanqui 2010). Hierzu stellt sich also konkret die Frage, ob die Schreibkollaboration vorrangig dem Wunsch der Forschenden entspringt, der eventuell die Partner*innen geradezu zum Mitschreiben nötigt, oder beiderseits vorhanden ist. Denn die Idee zum Schreiben setzt voraus, dass dieses als gewinnbringend für die*den Schreibenden, Lesenden und/oder das darin vertretene Anliegen betrachtet wird. Für uns Wissenschaftler*innen im globalen Norden trifft dies in der Regel zu. Zudem gilt hier das zahlreiche Veröffentlichen als höchst erstrebenswert, da es mit Prestige und Aufstieg konnotiert ist. Doch wissenschaftliches Veröffentlichen setzt einen jahrelangen darauf ausgerichteten Bildungsweg voraus, durch den eine spezifische Form von Texten angelernt und praktiziert wird. Nicht-akademische Partner*innen sind hierbei benachteiligt. Formen von bewusstem Einsatz von Privilegien von Wissenschaftler*innen für die Forschungspartner*innen sind Handlungsoptionen im Umgang mit ungleichen Möglichkeiten und Barrieren. Bezogen auf die Teilnehmenden am Deutschkurs geht es darüber hinaus auch um Lese-, Schreib- und Sprachkenntnisse sowie um Freiräume, Zeit und Ressourcen zum Nachdenken, die Gedanken strukturieren und zu Papier bringen.

Für Praxisfelder im Bereich Flucht_Migration ist es gemäß meinen Erfahrungen wichtig, gemeinsam mit den Projektpartner*innen auszuloten, welche Formen der Kommunikation und Vermittlung den Beteiligten und Projektzielen dienlich sind und wer diese ausführen kann. So kommt es des Öfteren vor, dass die Kooperationspartner*innen zwar nicht mitschreiben, aber über den Text in Form und Inhalt mitberaten und -bestimmen. Dies trifft sowohl auf das Projekt Mama-lernt-Deutsch zu als auch auf das aktuelle kollaborative Studienforschungsprojekt zu vorurteilsgeleiteten Straftaten gegenüber als »fremd« markierten Personen in Bremen (Kaufmann 2022).

10.6   Wer verfügt über welche Privilegien zum Schreiben? – Fazit und Ausblick

Gemeinsames Schreiben mit Forschungspartner*innen unterliegt, wie unsere drei Beispiele des (nicht) Gemeinsam-schreiben-Könnens illustrieren, komplexen Dynamiken, die nicht immer vorhersehbar sind:

Das erste Beispiel zeigt, dass es für Menschen mit Flucht_Migrationsgeschichten nicht per se attraktiv ist, über die eigenen Erfahrungen und Erlebnisse zu schreiben. Das hat insbesondere damit zu tun, wie belastet sie sind, wieviel Zeit sie haben und was sie sich davon versprechen. Das Verfassen von Büchern und Artikeln mag für Wissenschaftler*innen mit Prestige verbunden sein, im besten Fall entspricht es auch ihrem persönlichen Interesse. Dass Interessen und Anliegen im Feld und in den Forschungsbeziehungen ungleich verteilt sind, zeigt sich deutlich an dem Beispiel Malta. Hier musste die Forscherin auf der einen Seite akzeptieren, dass die jungen Geflüchteten ihre Forschung zwar als wichtig empfanden und sie baten, andere über die Situation auf Malta aufzuklären, aber selbst weder Interesse noch Kapazitäten zum Schreiben hatten. Ihr Wunsch und ihre Erwartung unterstreicht hier die Wichtigkeit des Transfers von Wissen aus der Forschung in die Praxis. Der Aushandlungsprozess zwischen der Forscherin und den jungen Geflüchteten, der nicht zum gemeinsamen Schreiben von in der Wissenschaft anerkannten Texten führte, zeigt, dass Interessen und Privilegien nicht nur ungleich verteilt sind, sondern sich auch nicht einfach auf andere Menschen übertragen lassen. »Einfach schreiben«, so, wie es in der Wissenschaft häufig gängig ist, braucht einen bestimmten Rahmen und Voraussetzungen, die der Situation der Forschungspartner*innen auf Malta nicht entsprachen. Mit jungen geflüchteten Menschen gemeinsam zu schreiben benötigt Zeit, Raum und Begleitung. Dies ist im Fall von Qualifikationsarbeiten – wie der Dissertation von Laura McAdam-Otto auf Malta – in der Regel nicht der Fall. In diesen Kontexten finden Forschungs- und Schreibkooperationen aufgrund der strukturellen Rahmensetzungen nicht auf gleicher Ebene statt (Betscher 2019; Eiting 2019;

Anhang

Gauditz 2019). Der Rahmen der Zusammenarbeit mit geflüchteten Menschen ist – auch bezüglich des Schreibens – klar abzustecken und zu kommunizieren; dabei ist es die Aufgabe der Forschenden, die ungleichen Bedingungen, Möglichkeiten und Zielsetzungen mitzudenken ohne sich aus dieser Position heraus über die Forschungspartner*innen zu erheben.

Das zweite Beispiel zeigt, dass zu bedenken ist, wer flexibel und zum Schreiben freigestellt ist und wer überhaupt Zugang zu Veröffentlichungsmöglichkeiten hat. Von zahlreichen Menschen wird im Wissenschaftsbetrieb erwartet, mehr zu arbeiten als die entlohnten Stunden. Der Sammelband verdeutlicht, wer (sich) dies leisten kann und wer nicht, bzw. wer auch nicht (mehr) möchte. Zwar befanden sich die Doktorand*innen und Kolleg*innen, die Teil des Sammelbandes waren, in der Zeit, in der sie die Texte verfassten, größtenteils in finanziell durchaus prekären Situationen, einige finanzierten sich mit Stipendien oder halben Stellen, nahezu alle waren befristet. Sie vereinte jedoch die Hoffnung, eines Tages eine unbefristete Stelle oder zumindest ein nächstes Projekt in der Wissenschaft zu bekommen. Sie verstanden das Arbeiten weit über ihre Verträge hinaus als Investition in die eigene Karriere, schließlich sind lange Publikationslisten die Währung, mit der auf dem akademischen Arbeitsmarkt Erfolge erzielt werden. Im Kontakt zu der bereits erwähnten Person mit Flucht_Migrationserfahrung zeigte sich, dass unter Wissenschaftler*innen und Menschen mit Bildungszugängen signifikante Unterschiede bestehen. Die Person hatte bereits Erfahrung damit machen müssen, was die Nicht-Anerkennung von Bildungsabschlüssen bedeutet, und im Zuge wissenschaftlicher Tätigkeiten kamen über viele Jahre immer wieder die ungleichen Chancen durch begrenzte Zugänge zu Arbeit und Bildung ebenso zum Vorschein wie strukturelle Ungleichheiten und Rassismuserfahrungen. Die Person rechnete sich die Aussichten auf dem wissenschaftlichen Arbeitsmarkt im Vergleich zu den am Projekt beteiligten Doktorand*innen und Post-Docs deutlich geringer aus, weshalb es für sie nicht in Frage kam, Texte ohne Honorar zu schreiben. Sie machte deutlich, dass sie nur noch Arbeit und Projekte annimmt, die entlohnt werden. Da wir in unserem Projekt kein Honorar für den Text bezahlen konnten, fehlt ihre Stimme leider im Sammelband.

Im Kontext des Interviews für den Band zeigte sich zudem einmal mehr, wie wichtig es ist, zu Beginn eines Projektes die jeweiligen Erwartungen und Möglichkeiten auszuloten. Beim Planen kollaborativer Arbeiten ist es zentral, Unterschiede und Differenzen unter Forschungspartner*innen zu berücksichtigen, bestehende Grenzlinien von Beginn an zu thematisieren und ihnen entgegenzuwirken. Wichtig ist hier auch anzuerkennen, dass es verschiedene Vorstellungen davon gibt, was ein gelungenes Projekt kennzeichnet.

Das dritte Beispiel zeigt noch deutlicher, dass Schreiben-Können mit vielen Privilegien verbunden ist und kollaborative Schreibprozesse, -produkte und deren Veröffentlichung Möglichkeiten bedingen, die sehr voraussetzungsvoll sind. Im vorgestellten Feld geht es um mit Flucht_Migrationsgeschichten und Gender verbundene spezifische Bedingungen. Zugleich zeigt das Beispiel andere Formen kollaborativen Arbeitens und praktischen Vermittelns auf, die unseres Erachtens in der Wissenschaftslandschaft mehr wahrgenommen und gewürdigt werden sollten. Dass wissenschaftlicher Erfolg über die Publikation von Artikeln und Büchern bewertet und bemessen wird, schließt Menschen in prekären, vulnerablen Lebenssituationen häufig aus; sie brauchen eventuell andere Ausdrucksformen, um ihre Erfahrungen und ihr Wissen vermitteln zu können. Zudem führen Publikationsdruck und -ziele vor allem bei Wissenschaftler*innen, die (noch) keine entfristete und gesicherte Stelle bzw. sich noch zu qualifizieren haben, dazu, dass kollaboratives Forschen und Schreiben nicht auf ihrer Prioritätenliste steht.

Unsere praktischen Erfahrungen des (nicht) Gemeinsam-schreiben-Könnens zeigen, dass es auch jenseits der Textproduktion zu vielschichtigen Formen des kollaborativen Arbeitens mit Personen, die sich in mehrfacher Hinsicht in besonders vulnerabilisierten und prekären Situationen befinden, kam. Vor allem die Ideen, Versuche und Umsetzungen gemeinsamen Schreibens machen bestehende Trennlinien zwischen uns *weiß*-westlich sozialisierten Wissenschaftlerinnen des globalen Nordens und unseren Forschungspartner*innen sichtbar. Während für uns Forschen und Schreiben tendenziell zum (bezahlten) Arbeitsalltag gehört, wozu wir je nach Lebens- und Arbeitssituation mehr oder weniger die Chance haben, ist dies für viele Menschen mit Flucht_Migrationsgeschichten aufgrund diverser situativer, positionaler und finanzieller Hürden keine Option. Dabei spielen intersektionelle Formen der Benachteiligung und Diskriminierung, sowohl in Bezug auf die Fluchterfahrungen als auch den Aufenthaltsstatus, eine wichtige Rolle. Um diese in gemeinsamen Projekten möglichst adressieren zu können, geht es um das Fördern und Anerkennen verschiedener Kompetenzen, Interessen und – mit Bourdieu (1983) gedacht – die ungleiche Verteilung kulturellen, sozialen und ökonomischen Kapitals. Dabei sind Gender, Alter, Familienstand, Status und sozio-ökonomischer Stand und Gesundheit wichtige Dimensionen, die weiterführend einzubeziehen sind.

Anhand von drei Beispielen und deren Reflexion ging es in diesem Text einerseits darum, auf ethische und materielle Implikationen für gemeinsame Arbeits- und Schreibprozesse aufmerksam zu machen. Andererseits ging es darum, Herausforderungen und Limitationen gemeinsamen Schreibens, zumindest teilweise und wo gegenseitig gewünscht, zu überwinden. Die Beispiele regen durchaus dazu an, zu überlegen, ob Gemeinsam-Schreiben per se erstrebenswert ist, vor allem aber zuerst zu erkunden, wie unsere Partner*innen dazu stehen, welche Ressourcen und Kompetenzen sie dafür benötigen und was dies wiederum für uns selbst bedeutet. Bezogen auf die eingangs mit einem Zitat von Fabian (1993) gestellte Frage nach dem wie Weiter-Schreiben ohne zu unterdrücken, möchten wir festhalten, dass Schreiben und auch Gemeinsam-Schreiben durchaus der Emanzipation und Selbstrepräsentation dienlich sein kann, aber stark exkludierend wirkt, wenn Ressourcen fehlen, Dritte die Regeln machen und akademischer Publikationsdruck die Zusammenarbeit dominiert.

Das Nicht-gemeinsam-schreiben-Können offen zu thematisieren und zu reflektieren, war uns für diesen Beitrag wichtig – bei allen Herausforderungen und Hürden sollen unsere Ausführungen aber nicht bedeuten, dass ein Experimentieren mit dem Gemeinsam-Schreiben unmöglich ist. Im Gegenteil: Auch wir suchen nach geeigneten Formen der Zusammenarbeit, wie aktuell durch Beteiligung in einem *GINGER*-Projekt an der *Universität Bremen*. *GINGER* ist als *Citizen-Science*-Projekt konzipiert und zeichnet sich durch die Zusammenarbeit von Wissenschaftler*innen mit Personen und Gruppen aus der Zivilgesellschaft aus, mit deren Perspektiven Fragestellungen zum gesellschaftlichen Zusammenhalt erforscht werden. Hier soll der ganze Prozess von der Entwicklung eines Forschungsdesigns, Fragestellungen, Materialerhebung und -auswertung sowie Textgestaltung kollaborativ angegangen werden. Die Ergebnisse sollen sowohl für akademische als auch nicht-akademische Kontexte aufbereitet werden. In diesem Rahmen wird auch eine Gruppe geflüchteter junger Frauen* beim eigenen Forschen und Schreiben ihrer Geschichten begleitet. Die Rolle der Wissenschaftler*innen besteht beispielsweise darin, theoretische Einbettungen und methodisches Werkzeug dafür zur Verfügung zu stellen (Kaufmann 2022). Dadurch werden Menschen mit Flucht_Migrationserfahrungen zu den zentralen Akteur*innen der Materialerhebung und -deutung. Zwar können wir hier auf die bereits gemachten Erfahrungen und Erlebnisse mit *Writing Together* zurückgreifen, aber das Spannungsfeld zwischen (forschungs-)ethischem Anspruch auf

Selbstrepräsentation und situativen, positionalen Hürden wird letztlich in jedem Projekt neu verhandelt.[4]

Literaturverzeichnis

Abu-Lughod, Lila (1991): »Writing against culture«, in: Fox, Richard G. (Hg.), Recapturing anthropology. Working in the present, Santa Fe: School of American Research Press, S. 137–162.

Aden, Samia/Schmitt, Caroline/Ucan, Yasemin/Wagner, Constantin/ Wienforth, Jan (2019): »Partizipative Fluchtmigrationsforschung. Eine Suchbewegung«, in: Z'Flucht. Zeitschrift für Flucht- und Flüchtlingsforschung 3(2), S. 302–319.

Berg, Eberhard/Fuchs, Martin (1993): Kultur, soziale Praxis, Text. Die Krise der ethnographischen Repräsentation, Frankfurt a.M.: Suhrkamp.

Besteman, Catherine (2013): »Three reflections on public anthropology«, in: Anthropology Today 29(6), S. 3–6.

Betscher, Silke (2019): »›They come and build their careers upon our shit‹ oder warum ich 2014/15 nicht über Geflüchtete geforscht habe und sie dennoch maßgeblich zu meiner Forschung beitrugen – Reflexionen über strukturelle Hürden und Grenzen der Wissensproduktion«, in: Kaufmann, Margrit E./Otto, Laura/Nimführ, Sarah/Schütte, Dominik (Hg.): Forschen und Arbeiten im Kontext von Flucht. Reflexionslücken, Repräsentations- und Ethikfragen, Wiesbaden: Springer, S. 237–259.

Bourdieu, Pierre (1983): »Ökonomisches Kapital, kulturelles Kapital, soziales Kapital«, in: Kreckel, Reinhard (Hg.), Soziale Ungleichheiten, Göttingen: Schwartz, S. 183–198.

Breidenstein, Georg/Hirschauer, Stefan/Kalthoff, Herbert/Nieswand, Boris (2013): Ethnografie. Die Praxis der Feldforschung, Konstanz/München: UVK Verlagsgesellschaft.

Clifford, James (1993): »Über ethnographische Autorität«, in: Berg, Eberhard/ Fuchs, Martin (Hg.), Kultur, soziale Praxis, Text. Die Krise der ethnographischen Repräsentation, Frankfurt a.M.: Suhrkamp Verlag, S. 109–157.

---

4   Für ihre Kommentare und Anregungen danken wir in alphabetischer Reihenfolge: Samah Abdelkader, Schirin Al Madani, Martina Blank, Mark McAdam, Rebecca C. Müller, Sarah Nimführ, Horst Otto, Klara Pechtel, Marion Pokorny-Otto, Lukas Schäfermeister, Joachim Schroeder und Karen Ulferts.

Clifford, James/Marcus, George E. (1986): Writing culture. The poetics and politics of ethnography, Berkeley: University of California Press.

Criado, Tomás Sánchez/Estalella, Adolfo (2018): Experimental collaborations. Ethnography through fieldwork devices, New York: Berghahn.

Dantas, Jaya/Gower, Shelley (2021): »From ethical challenges to opportunities: Reflections on participatory and collaborative research with refugees in Australia«, in: Ethics and Social Welfare 15(2), S. 185–199.

Eitel, Kathrin/Meurer, Michaela (2021): »Introduction. Exploring multifarious worlds and the political within the ontological turn(s)«, in: Berliner Blätter 84, S. 3–19.

Fabian, Johannes (1993): Präsenz und Repräsentation. Die Anderen und das anthropologische Schreiben, in: Berg, Eberhard/Fuchs, Martin (Hg.), Kultur, soziale Praxis, Text. Die Krise der ethnographischen Repräsentation, Frankfurt: Suhrkamp Verlag, S. 335–364.

Fontanari, Elena/Karpenstein, Johanna/Schwarz, Nina Violetta/Sulima, Stephen (2014): »Kollaboratives Forschen als Methode in der Migrations- und Sozialarbeitswissenschaft im Handlungsfeld Flucht und Migration«, in: Berliner Blätter 66, S. 111–129.

Giebeler, Cornelia/Meneses, Marina (2012): »Geben und Nehmen im Forschungsprozess. Reflexionen über trans-, inter- und intrakulturelle Räume im Forschungsprojekt Juchitán – die Stadt der Frauen: Vom Leben im Matriarchat. Eine Retrospektive nach 20 Jahren«, in: Corona Berkin, Sarah/Kaltmeier, Olaf (Hg.), Methoden dekolonisieren. Ansätze zur Demokratisierung der Sozial- und Kulturwissenschaften, Münster: Westfälisches Dampfboot, S. 145–169.

Haanstadt, Eric (2007): »Anthropology revitalized: Public anthropology as student activism. In: Public Anthropology«, siehe https://web.archive.org/web/20070716025855/www.publicanthropology.org/Journals/Grad-j/Wisconsin/haanstad.htm vom 01.03.2022.

Harrison, Faye V. (1991): Decolonizing anthropology. Moving further toward an anthropology of liberation, Arlington: American Anthropological Association.

Hess, Sabine/Karakayali, Serhat (2016): »Fluchtlinien der Migration. Grenze als soziales Verhältnis«, in: Hess, Sabine/Kasparek, Bernd/Kron, Stefanie/Rodatz, Matthias/Schwertl, Maria/Sontowski, Simon (Hg.), Grenzregime III. Der lange Sommer der Migration, Hamburg: Assoziation A, S. 25–37.

Kaufmann, Margrit E. (2005): »Mama lernt Deutsch«. Ein Deutschkurs als transkultureller Übergangsraum«, in: Tsantsa, Zeitschrift der Schweizerischen Ethnologischen Gesellschaft 10, S. 123–134.

Kaufmann, Margrit E. (2009): »Migration und reproduktive Gesundheit. Zur Betreuungs- und Beratungssituation in Bremen«, in: Falge, Christiane/ Zimmermann, Gudrun (Hg.), Interkulturelle Öffnung des Gesundheitssystems, Baden-Baden: Nomos, S. 133–144.

Kaufmann, Margrit E. (2022): Fluchtforschung intersektionell am Beispiel junger Frauen*. Arbeitspapier zum Forschungsstand für die Studie zur Lebenssituation junger geflüchteter Frauen* in Hamburg im Rahmen des Citizen-Science-Projekts GINGER – Gemeinsam Gesellschaft erforschen, Bremen: bik.

Kaufmann, Margrit E. mit Studierenden des BA Kulturwissenschaft und des MA Transkulturelle Studien (2022): Sichtbarmachung von vorurteilsgeleiteten Straftaten gegenüber als *fremd* markierten Personen in Bremen. Ergebnisse des im Sommersemester 2021 durchgeführten Studienforschungsprojekts, Bremen: bik, siehe https://www.uni-bremen.de/filead min/user_upload/fachbereiche/fb9/fb9/redak_kuwi/PDFs/PDFs_Kalen der_News/Bericht_Sichtbarmachung_Ma__rz_22_Endfassung.pdf vom 11.06.2022.

Kaufmann, Margrit E./Otto, Laura/Nimführ, Sarah/Schütte, Dominik (2019): Forschen und Arbeiten im Kontext von Flucht: Reflexionslücken, Repräsentations- und Ethikfragen, Wiesbaden: Springer.

Kleist, Olaf (2015): »Über Flucht forschen. Herausforderungen der Flüchtlingsforschung«, in: Peripherie 35(138/139), S. 150–169.

Laister, Judith (2013): »Kollaborationen und GrenzGänge zwischen akademischen und nicht-akademischen Wissenspraktiken. Ein Gespräch mit Jan Simon Hutta, Judith Laister, Birgit zur Nieden, Sabine Hess«, in: Binder, Beate/Ebel, Katrin/Hess, Sabine/Keinz, Anika/von Bose, Friedrich (Hg.): Eingreifen, Kritisieren, Verändern. Interventionen ethnographisch und gendertheoretisch, Münster: Westfälisches Dampfboot, S. 151–173.

Lassiter, Eric (2004): »Collaborative ethnography«, in: AnthroNotes 25(1), S. 1–20.

Lassiter, Eric (2005): »Collaborative ethnography and public anthropology«, in: Current Anthropology 46(1), S. 83–106.

Low, Setha/Merry, Sally Eagle (2010): »Engaged anthropology: Diversity and dilemmas. An introduction to supplement 2«, in: Current Anthropology 51(S2), S. 203–226.

Nimführ, Sarah (2020): »Forschungspraxis als Aushandlung. Kollaboratives Forschen im Wissen(schafts)feld Flucht_Migration«, in: Kuckuck. Notizen zur Alltagskultur 1(20), S. 54–59.

Nimführ, Sarah/Otto, Laura/Samateh, Gabriel (2017): »Gerettet, aber nicht angekommen. Von Geflüchteten in Malta«, in: Hess, Sabine/Kasparek, Bernd/Kron, Stefanie/Rodatz, Mathias/Schwertl, Maria (Hg.), Der lange Sommer der Migration. Grenzregime III. Hamburg: Assoziation A, S. 137–150.

Nimführ, Sarah/Otto, Laura/Samateh, Gabriel (2019): »Denying, while demanding integration: An analysis of the integration paradox in Malta and refugees' coping strategies«, in: Schweitzer, Reinhard/Hinger, Sophie (Hg.), Regimes of dis-integration, Wiesbaden: IMISCOE/Springer, S. 170–189.

Otto, Laura (2020): Junge Geflüchtete an der Grenze. Eine Ethnografie zu Altersaushandlungen, Frankfurt: Campus.

Otto, Laura/Kaufmann, Margrit E. (2018): »Minderjährig«, »männlich – »stark«? Bedeutungsaushandlungen der Selbst- und Fremdzuschreibung junger Geflüchteter in Malta. Eine intersektionelle Leseweise ethnografischer Forschungsausschnitte«, in: Gender 2, S. 63–78.

Pérez Daniel, Rebecca (2012): Autor und Autorität. Zwischenkulturelle Kommunikation im Forschungsprozess, in: Corona Berkin, Sarah/Kaltmeier, Olaf (Hg.), Methoden dekolonisieren. Ansätze zur Demokratisierung der Sozial- und Kulturwissenschaften, Münster: Westfälisches Dampfboot, S. 209–226.

Rappaport, Joanne (2008): »Beyond participant observation. Collaborative ethnography as theoretical innovation«, in: Collaborative Anthropologies 1, S. 1–31.

Rebelo, Dora/Abdullah, Ahmed/Hussein, Mubarak (2020): »Solidarity with refugees in Portugal: A collaborative research«, in: Community Psychology in Global Perspective, S. 36–51.

Rivera Cusicanqui, Silvia (2010): Ch'ixinakax utxiwa. Eine Reflexion über Praktiken und Diskurse der Dekolonisierung, in: von Garbe, Sebastian/Cárdenas, María/Sempértegui, Andrea (Hg.), Münster: Unrast.

Schwertl, Maria (2015): Faktor Migration. Projekte, Diskurse und Subjektivierungen des Hypes um Migration & Entwicklung, Münster: Waxmann.

Shuayb, Maha/Brun, Cathrine (2021): »Carving out space for equitable collaborative research in protracted displacement«, in: Journal of Refugee Studies 34(3), S. 2539–2553.

Schlussbetrachtung

11 Handlungsempfehlungen für kollaboratives Schreiben in der Wissenschaft

Martina Blank und Sarah Nimführ

Wie dieser Band gezeigt hat, bewegt sich kollaboratives Schreiben, das aus der Wissenschaft heraus zu dekolonialer Wissensproduktion beitragen möchte, in einem komplexen Spannungsfeld, in dem es darum geht, ein möglichst großes Spektrum an Wissen zu berücksichtigen und gleichzeitig Marginalisierungen von nicht akademischen Wissensproduzent*innen und Wissensformen entgegenzuwirken. Ziel wissenschaftlichen Publizierens mit Personen aus dem Feld ist es, der Tendenz entgegenzuwirken, Forschungspartner*innen in der Phase, in der Ergebnisse ausgetauscht und diskutiert werden, von dem auf sie bezogenen und mit ihnen produzierten Wissen zu »trennen«. Dabei geht es einerseits um Kontrolle und Mitbestimmung in einer durchaus entscheidenden Phase von Forschungsprozessen und andererseits um die üblicherweise akademischen Forscher*innen vorbehaltene Sichtbarkeit und Anerkennung für das zusammengetragene Wissen. Ein kollaboratives, wissenschaftliches Schreibprojekt mit Personen aus dem Feld kann aber nur dann gelingen, wenn es innerhalb einer emanzipatorischen und ethischen Wissenschaft stattfindet, die die Perspektiven von marginalisierten Akteur*innen wertschätzt und fördert. In dieser Schlussbetrachtung möchten wir daher einige Handlungsempfehlungen für kollaborative Schreibprojekte anbieten.

1. Auf pluriversale Wissensordnungen hinwirken

Wir wollen auf eine dekoloniale Wissensproduktion hinarbeiten, indem wir dominante Wissensordnungen in Frage stellen und kollaborative Schreibprojekte mit Personen aus dem Feld eingehen. Gemeinsam können wir Reflexionslücken aufdecken und beheben, marginalisierte Theorien heranziehen und damit auch transkulturelle Formen der Wissensproduktion sichtbar machen.

Grundlage dafür ist die Anerkennung »pluriversaler Wissensordnungen« (Escobar 2020), d.h. der Relevanz auch lokaler, indigener, nicht-akademischer und nicht-westlicher Wissensformen und -inhalte.

2. Machtasymmetrien reflektieren und aushandeln

Kollaboratives Schreiben ist durch unterschiedliche Machtasymmetrien gekennzeichnet. Wir sollten uns dieser Machtasymmetrien bewusst sein, die sich in hegemonialen Formen des Wissens und einer Dichotomie zwischen Wissenschaftler*innen als mächtige Wissensautoritäten und Personen im Feld als Träger*innen von »Erfahrungswissen« manifestieren. Wir sollten sorgfältig überlegen, welche Rolle die Schreibpartner*innen in unseren Publikationsprojekten spielen und ihre Handlungsfähigkeit in der gemeinsamen Wissensproduktion anerkennen und stärken.

3. Mit Erwartungen sorgsam umgehen

Wissenschaftliche Publikationen folgen speziellen Regeln und Verfahren und richten sich oft an sehr spezifische Communities. Beides sollten wir unseren Schreibpartner*innen frühzeitig und so genau wie möglich kommunizieren. Wissenschaftliche Autorität umgibt eine Aura, die sich selten mit der realen Reichweite akademischer Wissensproduktionen deckt. Deshalb ist es wichtig, uns sowohl über die Grenzen wissenschaftlicher Interventionen als auch über die möglichen Erwartungen nicht-wissenschaftlicher Ko-Autor*innen zu verständigen.

4. Transparente Fahrpläne gestalten

Kollaborative Schreibprojekte mit dekolonialem Anspruch sollten auf einem gemeinsam erstellten Fahrplan basieren, der eine Planung des Prozesses und Leitlinien zum gemeinsamen Arbeiten umfasst und allen beteiligten Autor*innen zur Verfügung steht. In der Regel sind es privilegierte Forscher*innen, die darüber entscheiden, welchen Grundsätzen kollaborative Schreibprozesse folgen sollen. Für eine Wissensproduktion, die sich für dekoloniale Veränderungsprozesse einsetzt, ist es aber zentral, dass auch über diese Grundsätze eine Verständigung zwischen allen Beteiligten stattfindet.

5. Ressourcen teilen

In der Regel sind die Ressourcen in kollaborativen Schreibprojekten zwischen Wissenschaftler*innen und Personen aus dem Feld sehr unterschiedlich verteilt. Während das Publizieren zum Kerngeschäft wissenschaftlichen Arbeitens zählt und Wissenschaftler*innen dafür eine entsprechende Ausbildung besitzen, passende Arbeitsmittel bereitgestellt bekommen und bezahlte Arbeitszeit zur Verfügung haben, beteiligen sich unsere Schreibpartner*innen zumeist in ihrer Freizeit und weniger gut ausgestattet an solchen Kollaborationen. Deshalb ist es an uns als Wissenschaftler*innen, unsere Ressourcen so zu teilen, dass sich alle Autor*innen gleichermaßen am Prozess beteiligen können. Eine der wichtigsten Ressourcen ist dabei Zeit. Auch wenn solche Arbeitsprojekte häufig nicht die gleiche akademische Anerkennung erfahren wie andere von uns zu bewältigende Aufgaben, sollten wir jederzeit bedenken, dass unsere Forschungspartner*innen zumeist weitaus größere alltägliche Widerstände überwinden müssen, um zu solchen Projekten beitragen zu können und dabei in der Regel keinen beruflichen Nutzen aus der Kollaboration ziehen.

6. Multiple Ausdrucksformen zulassen

Sprachliche Differenzen und Ungleichheiten können sich schon im Entstehungsprozess eines gemeinsamen Textes zeigen. Hier stellt sich für uns die Frage, wie weit wir für die vermeintliche Wissenschaftlichkeit eines Texts in die Sprache unserer Schreibpartner*innen eingreifen sollten. In einigen Fällen kann Schreiben als therapeutisches Moment für die Schreibpartner*innen fungieren, um erlebte Traumata zu verarbeiten. Besonders in solchen Momenten sollten sprachliche Interventionen gründlich durchdacht bzw. gemeinsam besprochen werden. Aber auch in allen anderen Fällen sollten unsere Schreibpartner*innen darüber entscheiden dürfen, inwieweit ihre Ausdrucksform editiert wird. Ein gleichberechtigter Zugang zum Lektorat muss gegeben sein, d.h. allen Ko-Autor*innen sollte ein eigener Stil zugestanden, aber ein Lektorat nicht zugunsten einer »Authentizität« vorenthalten werden. Aufgrund dieser »Brüche« kann eine »andere« Sorte von Text entstehen: ein prismatisches Textformat. Dies bedeutet aber nicht, dass weniger gehaltvolle Texte entstehen. Im Gegenteil: Reichhaltige Texte entwickeln sich erst durch verschiedene Perspektiven, die unser wissenschaftliches Wissen stärken und bereichern.

7. Vielfältiger Zitieren

In Anlehnung an Nasser-Edin und Abu-Assabs »voicing the experiences« (2020: 196) verstehen wir kollaboratives Schreiben als Teil eines *voicing of knowledges*, das nicht beim Einbeziehen einzelner Personen in unsere Publikationen aufhört. Vielstimmige Wissensproduktion bedarf auch einer entsprechenden Rezeption und Verbreitung. Im Sinne einer *affirmative action* sollten wir alle unsere wissenschaftlichen Publikationen dahingehend prüfen, welche Art von Wissen und wessen Wissen wir vorrangig reflektieren und ganz gezielt alternative und marginalisierte Wissensformen und Wissensbestände einbeziehen und durch Zitation sichtbar machen.

***

Nicht alle Barrieren haben wir in der Hand. Eine Wissenschaft, die sich öffnen will, braucht andere Verfahren und sollte »alternativen« Wissensproduktionen eine Chance geben. Nötig wären z.B. eine Umstellung auf offenere Wissens- bzw. Vermittlungsformate, eine Reform der Peer-Review-Verfahren, die kollaborative Schreibprozesse mit Personen aus dem Feld würdigt und anerkennt sowie eine erleichterte Zugänglichkeit zu Konferenzen für alle Beteiligten. Solange Wissenschaft die Inklusion nicht zu einem echten Standard macht, wird die Einbeziehung vielfältiger Perspektiven und ein Hinarbeiten auf mehr epistemische Gerechtigkeit schwierig bleiben. Trotz dieser Herausforderungen und auch der anhaltenden institutionellen Widerstände möchten wir andere Forscher*innen dazu ermutigen, das wissenschaftliche Privileg der Interpretation und Darstellung mit Personen aus dem Feld zu teilen, da dies eine »liberation of knowledge« (Mignolo 2008) unterstützen sowie die Gleichwertigkeit verschiedener Formen situierten Wissens (Haraway 1988) anerkennen kann.

Literaturverzeichnis

Escobar, Arturo (2020): Pluriversal Politics. The Real and the Possible, Duke University Press.

Haraway, Donna (1988): »Situated Knowledges: The Science Question in Feminism and the Privilege of Partial Perspective«, in: Feminist Studies 14(3), S. 575–599.

Mignolo, Walter D. (2008): »The conceptual triad. Modernity/coloniality/decoloniality«, in: Mignolo, Walter D./Walsh, Catherine E. (Hg.): On decoloniality. Concepts, analytics, praxis, Durham: Duke University Press.

Nasser-Edin, Nof/Abu-Assab, Nour (2020): »Decolonial Approaches to Refugee Migration. Nof Nasser-Eddin and Nour Abu-Assab in Conversation«, in: Migration and Society: Advances in Research 3, S. 190–202.

Autor*innenverzeichnis

Martina Blank (Dr. phil.) ist promovierte Politikwissenschaftlerin und hat als PostDoc am Institut für Humangeographie der Goethe-Universität Frankfurt zu urbanen Räumen des Asyls geforscht. Ihre Arbeitsschwerpunkte sind Migrationsforschung, soziale Produktion von (städtischem) Raum sowie reflexive und partizipative Forschungsmethoden.

Luisa Hochrein, M.A., geb. 1996, studierte zunächst im Bachelor Kommunikationsdesign an der Fakultät Gestaltung Würzburg, woran sie ein Masterstudium in Informationsdesign an derselben Fakultät anschloss. Ihr persönliches Interesse liegt besonders auf den Möglichkeiten wie Limitationen des Gestaltens von Welt durch Design und hiermit verknüpft auf den Chancen, die mit Forschung über/durch/mit Design verbunden sind. Momentan arbeitet die Gestalterin bei einer Agentur für Marketingstrategie, Design und Kommunikation in Baden-Württemberg.

Margrit E. Kaufmann (Dr. phil) arbeitet als wissenschaftliche Expertin für Critical Diversity & Intersectionality an der Universität Bremen und ist hier Senior Researcher am Institut für Ethnologie und Kulturwissenschaft. Besonderer Lehr- und Forschungsschwerpunkt ist die Dekolonisierung von Theorien, Methoden und Praktiken.

Isabella Kölz, M.A., geb. 1987, ist wissenschaftliche Mitarbeiterin am Lehrstuhl für Europäische Ethnologie/Empirische Kulturwissenschaft der Universität Würzburg – 2019 erhielt sie dort den Preis für herausragende Lehre. Die Kulturanthropologin lehrt und forscht im Bereich Design Anthropology, ethnografische Methodologie sowie Arbeitskulturen- und Wissen(schaft)sforschung. Seit 2020 hält sie Lehraufträge an den Hochschulen München und Würzburg/Schweinfurt sowie der Kunsthochschule Halle.

Laura McAdam-Otto (Dr. phil.), ist wissenschaftliche Mitarbeiterin am Institut für Kulturanthropologie und Europäische Ethnologie an der Goethe-Universität Frankfurt a.M.. Zu ihren Forschungsschwerpunkten gehören Flucht- und Migrationsforschung, Governance sowie ethnographische Methoden. Ihre Dissertation »Junge Geflüchtete an der Grenze. Eine Ethnographie zu Altersaushandlungen« (2020, Campus Verlag) wurde 2021 mit dem Augsburger Wissenschaftspreis für interkulturelle Studien ausgezeichnet.

Silvia Mc Clanahan (M.A.), geb. 1983, hat Kunstpädagogik und Ethnologie in München und Athen studiert. Ihre Interessen umfassen (post-)koloniale Wissenssysteme, Bildung, sozial-ökologische Transformation sowie das gemeinsame Forschen. Sie lebt und arbeitet momentan in München und anderswo, wo sie mit neuen Formen des miteinander Lernens und Lebens lehrt, forscht und ringt.

Greca N. Meloni, geb. 1986, ist Doktorandin am Institut für Europäische Ethnologie der Universität Wien. Sie forscht zu Imkerei in Sardinien (Italien) mit dem Schwerpunkt human/non-humans Beziehungen und Politiken und Identitäten im Kontext Moderner Honigproduktion. Sie wurde 2021 mit dem Theodor Körner Preis für ihre Forschung ausgezeichnet. Ein weiterer Forschungsschwerpunkt ist die Visuelle Ethnographie. 2022 hat sie den Film ›The Journey of the Bees – Nomadic Beekeeping in Europe‹ mit Max Leimstättner co-produziert.

Sarah Nimführ (Dr.in phil.), ist wissenschaftliche Mitarbeiterin in der Abteilung Kulturwissenschaft an der Kunstuniversität Linz. Sie forscht, lehrt und publiziert zu engagierter Anthropologie, kritischer Migrationsforschung, Island Studies sowie Erinnerungskulturen mit einem regionalen Fokus auf dem mediterranen Raum und der Karibik. Ihre Dissertation »Umkämpftes Recht zu bleiben. Zugehörigkeit, Mobilität und Kontrolle im EUropäischen Abschieberegime« (2020, Dampfboot Verlag) wurde 2019 mit dem Theodor-Körner-Preis im Bereich Kultur- und Geisteswissenschaften ausgezeichnet.

Sanelisiwe Nyaba ist Künstlerin, Autorin, co-researcher und Food-Aktivistin. Sie ist derzeit Leiterin der Öffentlichkeitsarbeit von *Food Agency Cape Town*, welche Forschungen zu Fragen der Ernährungsgerechtigkeit in Communities in Kapstadt durchführen. Sie schreibt aktuell ihre Masterarbeit zu den Schnittstellen von Ernährung und Mutterschaft mit einer qualitativ-künstlerischen Methodologie an der Universität Kapstadt. Das übergreifende Thema in Sanelisiwes Arbeit ist die Verwendung von *story-telling* als Methode für eine tiefere Analyse empirischer Daten in der Ernährungssicherheitsforschung. Zugleich wendet sie diese Methode explorativ an, um Geschichten über sich selbst, ihre Community und alltägliche Erfahrungswelten zu erzählen.

Nicole Paganini leitet das *Urban Food Futures* Programm bei TMG Research, welches das Ziel verfolgt, den Nexus von Urbanität und Ernährung neu zu denken, um Strategien für inklusivere und resilientere Städte auf dem afrikanischen Kontinent zu entwickeln. Das Programm bezieht sich dabei auf Wissen und Visionen, welche durch die Communities in den Forschungsgebieten produziert werden. Nicoles Forschungsschwerpunkte sind das Recht auf Nahrung, die Ko-Produktion von Wissen und feministische Forschungsansätze, die Kunst, Literatur und Fragen um Ernährungsgerechtigkeit verknüpfen. Nicole hat an der Hohenheim Universität zum Thema Nahrungsgerechtigkeit als Perspektive auf urbane Landwirtschaft in Kapstadt und Maputo promoviert.

Katharine Reed, geb. 1997, promoviert an der Chicago Universität in Geschichtswissenschaften. Ihre Ausbildung erhielt sie an den Universitäten Princeton und Oxford. Zwischen 2017 und 2020 arbeitete sie am Global History Lab der Universität Princeton und wirkte zwischen 2019 und 2020 am Global History Dialogues Projekt mit. Ihre Forschungsinteressen beinhalten lateinamerikanische Geschichte und Globalgeschichte sowie Arbeits- und Geschlechtergeschichte. Zusammen mit Marcia C. Schenck hat sie den Sammelband *The Right to Research: Historical Narratives by Refugee and Global South Researchers* (McGill-Queen's University Press, 2023) herausgegeben.

Leona Sandmann (M.Sc.), geb. 1996, ist eine *weiße*, nicht-binäre Person und forscht schwerpunktmäßig zu Fragen der Governance schrumpfender Räume und Prozessen der Peripherisierung als Teil des Forschungskollektivs Peripherie und Zentrum an der Fachhochschule Erfurt. Leona Sandmann ist zudem ausgebildete*r Schreibpädagoge*in und interessiert an schreibdidaktischen Fragestellungen im Kontext empirischer Forschung und Hochschullehre.

Marcia C. Schenck, geb. 1986, ist Professorin für Globalgeschichte an der Universität Potsdam. Sie studierte Internationale Beziehungen am Mount Holyoke College in Massachussetts, African Studies an der Universität von Oxford und Geschichte an der Princeton Universität bevor Sie an der Humboldt Universität zu Berlin und der Freien Universität lehrte. Ihre Forschungsinteressen umfassen Migrationsgeschichte, Arbeitsgeschichte, Oral History und afrikanische Geschichte sowie Globalgeschichte. Zuletzt erschienen ist ihre Monografie *Remembering African Labor Migration to the Second World: Socialist Mobilities between Angola, Mozambique, and East Germany* (Palgrave Macmillan, 2023) und der Sammelband *The Right to Research: Historical Narratives by Refugee and Global South Researchers* (McGill-Queen's University Press, 2023).

Lena Schweizer, M.A. (*1996) studierte Industriedesign B.A. an der Ostbayerischen Technischen Hochschule Regensburg sowie Informationsdesign M.A. an der Technischen Hochschule Würzburg Schweinfurt in Würzburg. Seit 2022 arbeitet sie dort als wissenschaftliche Mitarbeiterin am Institut für Informationssysteme und Design. Ihre persönliche Präferenz liegt auf der Beobachtung von Spannungsverhältnissen zwischen Design, Gesellschaft und Digitalität vor dem Hintergrund privatökonomischer Abhängigkeit. Insbesondere interessiert sie die Rolle von Designer:innen in Postwachstums-Strukturen sowie im partizipativen Public Interest Design.

Lukasz Singiridis, M.A., (*1990) ist ein Grafik-Designer mit Schwerpunkt auf Kommunikationsdesign. Er hat seine Ausbildung an der Akademie für Kommunikation in Stuttgart absolviert, schloss seinen Bachelor an der Merz Akademie in Stuttgart ab und erwarb seinen Master in Informationsdesign an der THWS in Würzburg. Seit 2022 arbeitet er als wissenschaftlicher Mitarbeiter am Institut für Design und Informationssysteme. Er interessiert sich für die Anwendung von psychologischen, philosophischen und soziologischen Theorien in der Gestaltung und deren Auswirkungen auf die Wahrnehmung und das Verhalten von Menschen.

Johanna Wetzel, geb. 1994, promoviert an der Universität Oxford in *International Development* zum Thema »*Quando era joven:*« eine Soziale und Konzeptuelle Geschichte der Jugend in Mosambik (1962–1986).« Ihre Forschungsinteressen schließen Oral History Methoden, transnationale Begriffs- und Ideengeschichte im 20. Jahrhundert, und die Geschichte des südlichen Afrikas ein. Gemeinsam mit Marcia C. Schenck veröffentlichte sie kürzlich den Aufsatz

»Liebe in Zeiten der Vertragsarbeit. Rassismus, Wissen und binationale Beziehungen in der DDR und Ostdeutschland« in der Zeitschrift PERIPHERIE (Nr. 165+166, Januar 2022), sowie den Aufsatz »Shifting the Means of (Knowledge) Production: Teaching Applied Oral History Methods in a Global Classroom« in der Zeitschrift *World History Connected*, 19 (3) 2022. Sie arbeitete zwischen 2020–2022 an der Professur für Globalgeschichte (Universität Potsdam) unter anderem im Global History Dialogues Project.